JN323022

人文系
博物館教育論

青木 豊 編

雄山閣

はじめに

　我が国の博物館においては、低迷する日本経済の中で、指定管理者制度の導入や団塊の世代の集団とも言える定年退職者の補充問題、更には市町村合併による混乱、私立博物館にあっては民法第34条に基づく財団法から一般社団法人・一般財団法人への移行等々で混迷を来たしているのが現状であると看取される。

　しかし、この博物館界の混迷は上記の社会の変革に拠るもののみではなく、博物館法及び関係法規の不整備な点と博物館運営者の博物館学意識が脆弱である点が抜本的原因であると考えられる。

　先ず第1点に関しては、社会教育法の精神に基づく社会教育機関である博物館に、費用対効果の判断基準が採り入れられる原因となっている館法第23条（入館料等）や、無資格者の博物館への配置を可能としている館法第6条の不適切さは基より、最大の点は昭和48年（1973）の文部省告示であった「公立博物館の設置及び運営に関する基準」（通称48基準）が平成15年（2003）6月に廃止され、改正された「公立博物館の設置及び運営上の望ましい基準」の内容の空洞化が直截的な原因であるといえよう。

　具体的には、博物館の構成要素と一般に称される"モノ・人・場"に関する示準が「規制緩和」の号令のもとに消滅し去り、結果として博物館界は混迷期に突入したものと看取されるのである。

　上記の原因の発生を許したのは、博物館学意識を有した熱心な学芸員を養成できなかった事がそもそもの原因であると考えられるのである。その理由としては、学芸員養成科目の不足があげられる。学芸員の養成科目の不足については、昭和30年より現行の改正にあたる平成8年までの40余年間、博物館学の専門科目としては「博物館学」4単位と「博物館実習」3単位であった。余りに少なく昭和26年の博物館法制定以来、今日までの59年のうち42年間を占める博物館学養成科目と単位数の不足である厳然たる事実が、現在の博物館に実相の形成であったことが窺えるのである。平成9年からは従来の「博物館学」4単位を2単位増加させて6単位とし、「博物館経営論」・「博物館資料論」・「博物館情報論」の3科目増加となり、全体で従来の5科目10

はじめに

単位から8科目12単位に引き上げられたが、まだまだ不充分で博物館学の教授には程遠い改正であったことは明白であった。

例えば、博物館を特徴づける機能であり、博物館最大の機能である展示論がこの時点でも設定されることなく欠如していたのである。展示論が養成科目に含まれていなかった事は、博物館学意識形成の上での大きな欠如であり、明治5年（1872）に始まる我が国の博物館展示が何の改良もなく、社会情勢に呼応することなく今日まで引き継がれ、博物館の集客の面で低迷の要因となったものと看取される。

つまり、展示は展示業者が行うものであって、学芸員が行うべきものではないとする考え方が従来より存在したのは事実であろう。

平成21年の改正（平成24年4月の入学生より施行）では、9科目19単位と大幅な単位増と、新たに博物館資料保存論・博物館展示論・博物館教育論が新設され、視聴覚教育メディア論が博物館情報・メディア論と科目名称及び内容変更されたことは大局的には博物館学を構成する科目群には至っていないが、大きな改正であり進歩であったところから高く評価しなければならない。

以上のような学芸員養成の推移のなかで、本博物館学シリーズを刊行するものである。当該シリーズは、平成21年の文部科学省令の改正の新設科目である「博物館資料保存論」「博物館展示論」「博物館教育論」と新設科目ではないが従来から保存論を含んだ「博物館資料論」であり、そこから保存論が科目として独立したところから再編の意味で「博物館資料論」を加えたものである。当該シリーズについては、教科書のような網羅的な構成に基づく書ではなく、実践的、具体的な内容を主とした参考書として編纂したものであることを了解願いたい。

学芸員養成の基本理念は、博物館学の体系的教授による理解を目標とするものであって、それには博物館学研究者の育成が第一義なのである。学芸員は資料さえ扱えれば良いといった職人に決して留まるものではなく、博物館学意識をもった研究者でなければならないのである。それには博物館学意識の涵養が重要なのである。

本シリーズを上梓するにあたり、雄山閣出版社桑門智亜紀氏をはじめ関係諸氏のご厚意とご協力に厚く御礼申し上げる次第である。

平成26年11月　編者

人文系　博物館教育論　目次

はじめに………………………………………青木　豊　1

第Ⅰ章　生涯学習の理念………………………駒見和夫　5
　第1節　生涯学習社会への進展　5
　第2節　日本の生涯学習施策の推移　15
　第3節　公教育に位置づけられる博物館　22
　第4節　博物館における生涯学習の方向性　30

第Ⅱ章　博物館教育の概念に関する略史………青木　豊　35
　(1)　博物館における教育基本論　35
　(2)　博物館資料保管機関論　38
　(3)　結　語　41

第Ⅲ章　博物館学教育論史・博物館教育史
　　　　　　………………………上西　亘・中村千恵　44
　第1節　博物館学教育論史　44
　第2節　博物館教育史　60

第Ⅳ章　博物館教育の目的と方法……………中村　浩　76
　第1節　はじめに　76
　第2節　博物館教育の目的　77
　第3節　博物館教育の方法　85
　第4節　むすびにかえて　87

第Ⅴ章　博物館教育の実際…………粕谷　崇・落合知子　90
　第1節　インタープリテーション　90
　第2節　レファレンス　100
　第3節　アウトリーチ　109
　第4節　ワークショップと回想法　119

第Ⅵ章　野外博物館における博物館教育
　　　　―遺跡博物館を実例にして―……池田朋生　127
　第1節　遺跡博物館における教育活動に繋がる学史的理解
　　　　（濱田耕作による装飾古墳の調査）　127
　第2節　装飾古墳を素材としたワークショップの比較
　　　　（博物館資料としての史跡遺跡に特化した教育活動の必要性）　133
　第3節　教育活動を行う遺跡博物館の持つ機能と施設　139
　第4節　遺跡博物館における館外の史跡と連携した教育活動　143
　第5節　博物館内と博物館外の活動を
　　　　リンクさせた遺跡博物館での博物館教育とは　148

第Ⅶ章　博物館と学校教育……………………相澤瑞季　153
　第1節　博物館と学校教育の関係史　153
　第2節　博学連携にいたる学校および博物館の背景　161
　第3節　学校による博物館活用の形態　164
　第4節　博学連携の主な課題点と今後の展望　165

第Ⅷ章　博物館教育プログラムの種類…………大貫英明　171
　第1節　博物館と教育計画　171
　第2節　博物館の教育事業　184

第Ⅸ章　望まれる博物館活動の指導者…………中村　浩　214
　（1）フィラデルフィア美術館　214
　（2）大和ミュージアム（呉市立海事歴史科学館）　216
　（3）高槻市立今城歴史館　220

第Ⅹ章　博物館教育の課題………………………駒見和夫　224
　第1節　博物館教育に対する認識の再考　224
　第2節　学びに向けたシステムの整備　231
　第3節　人的体制とユニバーサルサービスの確立　239

第Ⅰ章　生涯学習の理念

駒見和夫

　わが国の教育施策では生涯学習を推進する拠点的機関として、公民館、図書館、文化会館とともに、博物館が位置づけられている。生涯学習という言葉の認知度は今日ではかなり高くなっているが、博物館における取り組みのあり方と実践すべき活動については、生涯学習の理念と本質を捉えて検討することが必要である。

　本章では、生涯学習社会における博物館が果たすべき役割を把握するために、生涯学習の考え方のスタートと、それがわが国で推進されるようになった経緯と目的を述べ、生涯学習の意義について考えてみる。そのうえで、博物館が担う教育とのかかわりを検討し、博物館教育活動における方向性を探ることとしたい。

第1節　生涯学習社会への進展

　2006(平成18)年の教育基本法の改正制定により、新たに生涯学習に関する条項が設けられ、その理念が次のように記されている。
>　国民一人一人が、自己の人格を磨き、豊かな人生を送ることができるよう、その生涯にわたって、あらゆる機会に、あらゆる場所において学習することができ、その成果を適切に生かすことのできる社会の実現が図られなければならない。(第3条)

　つまり、各人が人格を磨いて豊かな人生を送ることが目的に位置づけられ、生涯のあらゆる機会と場所での学習がそのスタイルとして示されている。法律における"人格"は、権利や義務の主体となることができる資格、あるいは生存に必要な自由や独立などの権利能力を意味するが、人格を磨き

豊かな人生を送るとは具体的にどのようなことなのであろうか。それを把握するために生涯学習の考え方が提唱された出発点からみていきたい。

(1) 生涯教育の提唱

　現在の生涯学習は、当初は生涯教育（lifelong education）と呼称して提起された考え方であった。生涯教育という主張は、1965年、ユネスコ本部の成人教育推進国際委員会において、フランスの教育学者でユネスコ成人教育局成人教育部長のポール・ラングラン（Paul Lengrand）によって提唱されたアイディアである。ラングランは「生涯教育（Éducation permanente）」と題するワーキングペーパーを提出して構想の承認と達成を勧告し、これが強い共感を得て、各国の教育施策に急速に採り入れられていった。出発点となったラングランの考え方は、1970年に発表された『生涯教育入門（Introduction à l'éducation permanente）』[1]に詳述されており、そこから生涯教育の意味を読みとってみよう。

　ラングランが提起した生涯教育は、人びとの生涯にわたって全体的かつ継続的に調和化を図り、統合された教育のシステムを構築するということである。つまり、教育という仕組みを、各人が生まれてから命を終えるまでの期間に拡大し、学校だけでなく社会の多様な場で推し進めることがめざされている。このアイディアは、教育とは学校教育のことと捉えられていた従前の教育の体系と本質を、大きく変貌させるものであった。

　ラングランは、生涯教育という教育システムが求められるのは、現代の社会状況において教育の価値と意義が重要性を増大させているからだと説く。すなわち、すべての人間にとって生きることは挑戦の連続を意味するものだったとし、現代人がおかれた社会状況を次のように分析している。

　　　人間の条件の基本的既知事項に、今世紀の初頭以来、個人や社会の運命の諸条件を大幅に変え、人間の活動をさらに複雑化し、また、世界や人間行動に関する説明の伝統的な図式を疑問に付すような、一連の新しい挑戦が、いよいよ増大する鋭さをもって加わってきた。

　そして、一連の新しい挑戦のなかでもっとも重要な社会的要素として9項目を示しており、それが以下の内容である。

①　諸変化の加速（ここ十年毎に、以前の解釈ではもはやこと足りなくなるほどの大変化を呈するような、物的、知的、道徳的世界に対面させられている状況）
②　人口の急速な増大（教育に対する需要増大や、利用可能な資源との均衡にかかわる問題）
③　科学的知識および技術体系の進歩（技術体系の領域で生じている極度に急速な変化による人間性全体におよぼす影響）
④　政治的挑戦（個々人が傍観者の立場をこえて引き受けなければならない役割や機能に、決定的な諸変化を引き起こす政治的市民社会の諸構造における変革）
⑤　情報（望むと望まないとにかかわらず、他の人について責任をもつような全地球的文明の展開）
⑥　余暇活動（増大する余暇活動とその時間を、社会のためと同様、自分自身の利益のために適切に利用することが求められる）
⑦　生活モデルや諸人間関係の危機（これまで、ゆっくりとした沈殿作用によって作り出されてきた、人間生活の伝統的タイプの崩壊）
⑧　肉体（人間の存在における肉体に帰せられる諸価値の認識や承認）
⑨　イデオロギーの危機（確固とした思想の領域における疑問）

そのうえで、個人や社会の運命の諸条件を大幅に変え、人間の活動をさらに複雑化したこれらの社会事象の急激な変化に対し、

世界を、政治的次元、物理的次元の両方において、それが現にあるがままに、それが成るがままに理解することは、人生の現実と、各人がそれについて獲得しなければならない認識との間の均衡の変わることのない必要条件である。

と説明し、さらに、激変する社会事象を理解する努力を怠るならば、自分自身をも認識しなくなってしまうと警鐘を鳴らしている。

このように、ラングランは現代社会への強い危機意識を示し、その危機に対して、

人である権利は、人である義務の中にその補足をもつ。このことは、責任の受託を意味する。自分について責任的であることを。自己の思

想、判断、情感に対する責任を。自分が受諾したものと拒否したものについて責任を持つことを意味する。ひとつの精神的、宗教的、あるいは哲学的共同体に所属する仕方が百もある場合、これ以外にどのように考えることができよう。つまり現代人は、ある意味で、自律へと追いつめられている。彼は自由を命じているのだ。これはすこぶる窮屈な、しかし人を高揚させる状況である。この状況は、その代価を払うように定められた人々にしか獲得することができない。その代価とは、教育である。と捉え、危機的な状況に置かれた人間の存在に対する挑戦の克服として、教育の問題を受け止めている。

すなわち、ラングランが提唱した生涯教育は現代の人間存在に対する挑戦的課題であり、その課題を克服する手段が生涯を通じての教育なのである。この問題意識はきわめて明快かつ実践的であり、半世紀も前に提起された主張であるが、今日の状況においてはより切迫した問題と捉えられる。

なお、ラングランは生涯教育の推進策の一つに、利用者に身近な博物館を設けて活用することを、図書館や文化センター、職業訓練学校などの設置とともに示唆している。相互に補い総合的に構築された生涯教育の役割の一部が、当初から博物館に求められていたのである。

(2) 生涯教育から生涯学習へ

ラングランが提唱した生涯教育の考え方は、以後、ユネスコでの議論を中心に継承され発展していく。1972年には、ユネスコ教育開発国際委員会が『Learning to be—The world of education today and tomorrow』と題する報告書を提出した[2]。フォール・レポートとも呼ばれるこの報告は、各国が当面する教育課題の包括的な検討から根本的な変革が迫られている状況を指摘し、未来に向けて対処するための具体的提言をおこなったものである。

報告では、人間という存在について、生涯にわたり周囲の環境や自らの行動と人生観、知識内容などを形成する諸経験を通して学習と自己訓練を継続するものと捉え、そのための教育は科学的ヒューマニズムの訓練、創造性の開発、社会的責任性をめざし、さらに"完全な人間(complete man)"[3]の育成が到達目標だと主張している。そして、社会を構成するすべてのセクター

が教育活動に参加して社会が全体として教育力を発揮し、完全な人間の育成をめざす"学習社会(the learning society)"[4]の建設を提唱したのである。この学習社会の実現において、人間を教育の客体から自らおこなう主体と捉え直し、教え授けるという従来の伝統的な教授原理ではなく、教授と学習における学習尊重の原理への置換が示されている。つまり、各人がどのような道筋をたどって教育を受けたのかではなく、何を学習したかを重要とするのであり、人びとの学びを自己の力を能動的に発揮する"生きていくことの学習(learn to be)"と認識し、教育の構造の刷新を意図するものであった。

このフォール・レポートが契機となって、学習者に教えるという教育観ではなく、社会によって提供される知識を学習者が自ら学ぶとする考え方に変わり、生涯教育（lifelong education）から生涯学習（lifelong learning）へと概念が転換されていくこととなったのである。

その後、1976年の第19回ユネスコ総会で「成人教育の発展に関する勧告」が採択された。検討過程では生涯教育か生涯学習であるのかが問題となり、採択では"生涯教育及び生涯学習（lifelong education and learning）"と併記され、概念を次のように示している。

> "生涯教育及び生涯学習"とは、現行の教育制度を再編成すること及び教育制度の範囲外の教育におけるすべての可能性を発展させることの双方を目的とする総合的な体系をいう。この体系において男性及び女性は、それぞれの思想と行動との間の不断の相互作用を通じて、自己の教育を推進する。
>
> 教育及び学習は、就学期間に限られるものでは全くなく、生涯にわたり、あらゆる技能及び知識を含み、あらゆる可能な手段を活用し、かつ、すべての人に対し人格の十分な発達のための機会を与えるものであるべきである。児童、青少年及びあらゆる年齢の成人が、生涯のそれぞれの時期に参加する教育過程及び学習過程は、形態のいかんを問わず、一貫したものとして考えられるべきである。

この勧告に表された学習者の自主性と主体性を強調する教育観は、1972年にユネスコの成人教育担当となったエットーレ・ジェルピ（Ettore Gelpi）が提起した思想である[5]。ジェルピの主張は人間の普遍的価値にもとづいて

なされ、不利益を被っている人びとや、抑圧・排除・搾取されている集団の教育要求に応える人権課題として生涯教育の推進をうったえ、そのためには自らが責任をもって目標と内容、方法を決めて学習していく"自己決定学習 (self-directed learning)"へ移行すべきだとする。

　この自己決定学習についてジェルピは、

　　諸個人や諸集団による自己決定学習は、あらゆる抑圧的な力にとって脅威となる。したがって、われわれが重視しなければならないのは、この自己‐志向性なのである。…（中略）… 社会的、道徳的、美的、政治的事件の引きおこす根底的な変化は、しばしば自己決定学習の過程の産物であり、このような自己決定学習は、外的な圧力が加わってきた教育メッセージと対立するものである。

と述べ、人権保障の観点のもとで、生涯教育を社会的な圧力や差別から人びとを解放していく普段の活動と捉えた理論を組み立てている。つまり、生涯教育は変動する社会において人びとが自律的に生きていくための方策というだけではなく、多様な問題や矛盾を抱えた現在の社会を変革させる主体として機能することになる。さらに、自己決定学習に加え、個人の動機 (motivation) に応えることと、新しい生活の方法のなかで発展する学習のシステムという点が進歩的な生涯教育の構成要素だと指摘し、変化に対応するための教育という受動的な発想ではなく、学習者中心の主体的な学習こそが生涯教育の根底なのだと強調している。

　ジェルピの理念は、1985年の第4回ユネスコ国際成人教育会議で採択された「学習権宣言（The Right to Learn）」に受け継がれていく。これは、人びとが食料の生産や他の基本的な人間の欲求が満たされることを望むならば、"読み書き" "問い続けて深く考える" "想像し創造する" "自分自身の世界を読み取り歴史をつづる" "あらゆる教育の手だてを得る" "個人的・集団的力量を発達させる"という学習の権利をもたなければならないとして、学習権の重要性を再確認する内容であり、学習権の保障の価値を次のように述べている。

　　端的にいえば、このように学習権を理解することは、今日の人類にとって決定的に重要な諸問題を解決するために、わたしたちがなしうる最

善の貢献の一つなのである。

しかし、学習権はたんなる経済発展の手段ではない。それは基本的権利の一つとしてとらえられなければならない。学習活動はあらゆる教育活動の中心に位置づけられ、人々を、なりゆきまかせの客体から、自らの歴史をつくる主体にかえていくものである。

それは基本的人権の一つであり、その正当性は普遍的である。学習権は、人類の一部のものに限定されてはならない。すなわち、男性や工業国や有産階級や、学校教育を受けられる幸運な若者たちだけの、排他的特権であってはならない。

さらに宣言は、学習権を具体化してすべての人が効果的に行使できるよう、人的・物的資源を整え、より公正な教育制度の再検討を求めている。人間が生存する必要不可欠な権利として学習権を捉え、そのために生涯にわたる主体的な学習を基盤に置くとする理念を明確にしたのである。

(3) 生涯学習に対する理解の進捗

その後、1996年にはユネスコの21世紀教育国際委員会の報告書『学習：秘められた宝（Learning：The Treasure Within）』[6]が提出された。報告の核は、教育を再構築する指針として提示された学習の4本柱である。"知ることを学ぶ（Learning to know）" "為すことを学ぶ（Learning to do）" "(他者と) 共に生きることを学ぶ（Learning to live together, Learning to live with others）"、さらにそこから必然的に導き出される "人間として生きることを学ぶ（Learning to be）" が、生涯を通じた学習の基軸に置かれている。

この報告は先のフォール・レポートを発展させ、とくに共生の社会が人類生存の基本条件とする理念をもとに、国際理解や異文化理解の原点となる共に生きる学習が教育の最重要課題だと主張する。つまり、学習に向かう視点を、"知る" や "為す" という自己への見地から "共に生きる" ための他者へと拡大して、生涯学習のあり方を位置づけたのである。

翌1997年の第5回ユネスコ国際成人教育会議では、「成人学習に関するハンブルク宣言（The Hamburg Declaration on Adult Learning）」が採択された。ここでは、人権を最大限に尊重する人間中心の参加型社会のみが、持続可能

で公正な発展をもたらすことを根底に捉え、成人教育が権利であると同時に社会生活への完全参加の条件だとし、生涯にわたる学習は年齢、ジェンダー、障害、言語、文化、経済の格差などを反映する内容へと変革すべきとしている。また、成人学習と児童・青年に対する学習の内容は、経済、社会、環境、文化、人びとのニーズに応じて異なるが、生涯にわたる学習という新たな教育観では、両者は必要不可欠な要素であり、相互の補完性と継続性が要求されるとする。そして生涯を通した学習は、知的で寛容な市民の育成、経済・社会の開発、非識字の根絶、貧困の軽減、環境保全に貢献し得る絶大な可能性があると述べ、各人が直面している運命や社会の課題に対して、人びとやコミュニティが自ら対処できる力を高めることが目的だとうたっている。そのうえで、社会正義と人びとの幸福に奉仕する学習社会の実現が最終目標だとするのである。

　ハンブルク宣言は、成人教育および生涯学習の意義に関して、現時点での国際的な基本認識と位置づけられている。この理解にもとづき、1999 年にドイツのケルンで開催された経済サミット(G8)で、「ケルン憲章：生涯学習の目的と希望(Aims and Ambitions for Lifelong Learning)」が採択された。生涯学習に関する基本理念を政策課題に取り込むことを意図したもので、21 世紀を柔軟性と変化の世紀と定義し、社会や経済面で高まる流動性に対応するパスポートが教育と生涯学習であり、すべての人に提供されねばならないとする。そのためには、すべての人の学習や訓練へのアクセスを可能にして障害者のニーズは特別に配慮されるべきことと、すべての人の生涯を通した学習の継続を奨励し可能とすべきこと、さらに、開発途上国は十分な教育制度を確立するための援助をうけるべきであることを基本原則に据え、生涯学習への投資の必要性に不可欠な要素と具体的施策が述べられている。

　このケルン憲章によって、生涯学習が主要国間における政策課題に位置づけられるようになり、現在では地球規模のグローバルな取り組みとなって進捗しているのである。

　2000 年以降の動向については、2009 年に第 6 回のユネスコ国際成人教育会議が、ハンブルク宣言での理念や政策目標が十分に進展していないことの危機感から、生涯学習に対する加盟各国のかかわりを強め、政策合意を

実務的に促す「行動のためのベレン・フレームワーク(Belem Framework for Action)」を採択した。

また、経済協力開発機構(OECD)も1970年代にリカレント教育(recurrent education)を提唱して、すべての人が共存できる持続可能な社会実現を目標に新しい教育システムの構築活動を進めており、2003年に『レトリックを越えて：成人学習をめぐる政策と実践(Beyond Rhetoric : Adult Learning Policies and Practices)』、2005年には『成人学習の促進(Promoting Adult Learning)』の報告書が提出されている。両報告は、学習参加への動機づけの構造的な形成と計画的プログラムの成果を決定づけるうえで、統合的な政策枠組みの重要性を強く主張するものである[7]。

これまでみてきたように、ポール・ラングランの提起から始まった生涯教育の思考はユネスコを中心に議論が進められ、今日では生涯学習として概念形成が進んできた。その概念から捉えると、わが国の教育基本法が理念として示す「国民一人一人が、自己の人格を磨き、豊かな人生を送る」ために提供される生涯学習は、根幹が激変し流動する社会での人間存在への挑戦的課題であり、この課題を克服する手段が生涯を通じての学習なのである。つまり、生涯学習の本質的な目的は現代社会が抱える危機的な状況を人びとが正しく認識し、それを克服し生活していくことであり、生きることを考え学ぶことこそが生涯学習だと捉えられる。

この生涯学習は、受動的な教授原理から脱却した能動的な学習尊重の原理にもとづき、自らが目的や方法を決めた学習者を中心におこなわれる。生涯の各時期の学習過程は一貫性のある継続的なものに組み立てられ、すべての教育機会は体系的に統合されていくこととなる。さらに大切な点は、学習権を人間存在に不可欠な権利としてすべての人に認めたうえで、社会的不平等・不利益の是正により基本的人権を完全に保障し、自主的・主体的に学ぶことができる学習社会のもとで生涯学習が実現されることである。また、共生の社会が人類生存の基本条件であることから、共に学ぶための多様な学習機会と内容が現代の生涯学習社会の方策に求められている。

ところで、生涯学習や学習社会のスタイルは観念的であるために机上の空論と捉えられ、達成できないユートピア論だとする批評が当初から生じてい

る。OECD報告やベレン・フレームワークに示された危機感と問題意識は、実現への困難さを示したものともみられよう。たしかに、生涯学習を取り巻く理念は未来社会への希望や夢ともいえる。けれども、達成に向けたモデルと指針があるからこそ、教育や社会がより望ましい方向に進むのであろう。生涯学習の理念を正しく捉え、そこから具体的に目標を設定して取り組むことが、夢見るユートピアで終わらせないための第一歩になるはずである。

註
1) ポール・ラングラン（波多野完治 訳）1971『生涯教育入門』全日本社会教育連合会
2) ユネスコ教育開発国際委員会（国立教育研究所内フォール報告書検討委員会 訳）1975『未来の学習』第一法規出版
3) "完全な人間"の諸側面として、観察・実見して経験や情報を分類する能力、討議の過程で自己を表現したり他人の意見を聴いたりする能力、体系的な疑念をもつ力を養う能力、読む能力、科学的および詩的な精神構造を結合する方法で世界について探求する能力、が示されている。
4) "学習社会"論は、アメリカのロバート・M・ハッチンス（Robert Maynard Hutchins）が1968年に『The Learning Society』で提示した概念で、「すべての成人男女に、いつでも定時制の成人教育を提供するだけでなく、学習、達成、人間的になることを目的とし、あらゆる制度がその目的の実現を志向するように価値の転換に成功した社会」と定義している（新井郁男 訳 1979「ラーニング・ソサエティ」『現代のエスプリ』146, pp.31-32）。
5) エットーレ・ジェルピ（前平泰志 訳）1983『生涯教育―抑圧と解放の弁証法』東京創元社
6) ユネスコ21世紀教育国際委員会（天城勲 監訳）1997『学習：秘められた宝』ぎょうせい
7) OECD編著（立田慶裕 監訳）2010『世界の生涯学習―成人学習の促進に向けて』明石書店

第2節　日本の生涯学習施策の推移

　ポール・ラングランが提唱した生涯教育の考え方が日本でも議論の対象となり、観点が施策に反映・導入されるのは1965年のユネスコでの提起と討議の直後からである。本節では日本の教育施策において、これまでに提示されてきた生涯教育・生涯学習の捉え方を中心に概観していきたい。

(1) 生涯教育思想の導入

　端緒となるのは、1966(昭和41)年の中央教育審議会答申「後期中等教育の拡充整備について」である。
　ここでは後期中等教育の理念のなかで、
　　学校中心の教育観にとらわれて，社会の諸領域における一生を通じての教育という観点を見失ったり，学歴という形式的な資格を偏重したりすることをやめなければならない。
とあり、新たに提起された生涯教育に対する方向性を鋭敏に取り込もうとした姿勢が看取できる。
　この生涯教育の考え方を検討して施策化に向けた提言がおこなわれたのは、1971(昭和46)年の社会教育審議会の答申「急激な社会構造の変化に対処する社会教育のあり方について」である。ここでは、人口構造の変化と家庭生活の変化、都市化、高学歴化、工業化、情報化、国際化などの激しい社会的条件の変化現象に対して、生涯にわたる学習の継続の必要性をうったえるとともに、家庭教育、学校教育、社会教育の三者を有機的に統合することが強調されている。日本の教育施策にはじめて生涯教育の言葉が用いられ、これを社会的条件の変化への対応として捉えており、さらに、生涯の各時期にわたって学習の機会をできるだけ多く提供し、人びとの教育要求の多様化と高度化に応えることを求めるものであった。
　その後、1981(昭和56)年の中央教育審議会答申「生涯教育について」では、当面する文教課題の対応施策に生涯教育を取りあげ、ユネスコでも論議

となっていた生涯学習と生涯教育の関連性を明らかにしている。答申では生涯学習について、各人が自発的意思にもとづいて取り組むことが基本であり、必要に応じて自己に適した手段・方法を選び生涯を通じておこなうものとし、生涯教育は、生涯学習のために自ら学習する意欲と能力を養い、社会のさまざまな教育機能を相互の関連性を考慮して総合的に整備・充実するものと示した。そして、生涯教育は教育全体の上に打ち立てられるべき基本的理念であり、学習は各人が自発的意思にもとづいておこなうことであるため、これを生涯学習と呼ぶのがふさわしいとした。

つまり、生涯学習を援助・保障するための教育制度の基本的理念として生涯教育を捉えたのである。さらに、生涯教育の振興のために公民館、図書館、文化会館とともに博物館を整備し、地域の特性を生かした意欲的な実践が求められた。

ところで、内閣府設置の臨時教育審議会が1985(昭和60)年から3年間にわたり、教育改革に関する答申を提出した。4次におよぶ答申では生涯学習体系への移行の必要性を主張するとともに、推進する行政体制においては知事部局などの一般行政とも連携して一体的な展開を図り、さらに民間の力を積極的に活用することを提言している[1]。

これが施策化され、市民への狭義の教育活動だけではなくすべての生活課題を教育や学習に組織化することを意図し、教育委員会から離れ、首長部局を所管とする公立博物館が誕生してくる。博物館法で定める公立の登録博物館の条件は教育委員会の所管であり、この点で法との齟齬が生じることとなり、現在も解決には至っていない。

(2) 生涯学習の必要性に対する認識

前掲の中央教育審議会答申「生涯教育について」は、社会の活力の維持・発展のために生涯学習が要請されること指摘したのであるが、1990(平成2)年の中央教育審議会の答申「生涯学習の基盤整備について」では生涯学習実施の社会背景として、

　　所得水準の向上、自由時間の増大、高齢化の進行等に伴い、学習自体に生きがいを見いだすなど人々の学習意欲が高まっていることに加え、

科学技術の高度化や情報化・国際化の進展により、絶えず新たな知識・
　　技術を習得する必要が生じている。
ことをあげている。これは、1971（昭和46）年の社会教育審議会答申が指摘
した社会的条件の変化を根底にしているが、とくに生活のゆとりから生じる
学習欲求の高まりが強調されているといえよう。そのうえで、当面する重要
な課題として生涯学習の条件整備や環境醸成を提起しているのである。
　こうして生涯学習を政策化する基盤が整い、1990（平成2）年には"生涯学
習の施策の推進体制の整備に関する法律（生涯学習振興整備法）"が成立・施行
に至り、生涯学習に関する都道府県の事業や施策の推進体制の整備と、学習
機会の提供を促進する措置などが定められた。
　一方、1996（平成8）年に答申された生涯学習審議会の「地域における生涯
学習機会の充実方策について」では、博物館などの社会教育・文化・スポー
ツ施設について、地域住民の学習ニーズを的確に把握し、それに応えた学習
機会を提供することを求めている。すなわち、

　　変化する社会の中で充実した生活を営んでいくためには、様々な現代
　　的課題についての理解を深めることが必要になってくる。例えば、地球
　　環境の保全、国際理解、人権、高齢社会への対応、男女共同参画社会の
　　形成などの課題がある。学習機会を提供する側においては、こうした現
　　代的課題の重要性を認識し、そのための学習機会の充実を図ることが強
　　く求められる。

とし、現代的課題に関する学習の積極的拡充の必要性を主張したのである。
　また、生涯学習審議会の1998（平成10）年の答申「社会の変化に対応した
今後の社会教育行政の在り方について」では、地域住民の多様化・高度化す
る学習ニーズへの対応が、次のように説明されている。

　　戦後の著しい経済発展、科学技術の高度化、情報化、高学歴化、少子
　　高齢化等が進む中、人々のライフスタイルの変化や価値観の多様化が見
　　られる。人々の生活水準は向上し、自由時間も増大している。人々は物
　　質的な面での豊かさに加え、精神的な面での豊かさを求め、生涯を通じ
　　て健康で生きがいのある人生を過ごすことや自己実現などを求めてい
　　る。このような状況の中で人々は、高度で多様な学習機会を求めるよう

になってきている。また、近年、産業構造が急激に変化しており、継続的に知識・技術を習得することが必要になるとともに、転職等人材の流動化も高まり、リカレント教育の必要性とその充実がいっそう強く求められている。さらに、単に学習するだけではなく、その学習成果を地域社会の発展やボランティア活動等に生かしたいと考える人も多くなってきている。

　ここでは、著しい社会変化の進行に対して、対応のための学習の必要性よりも精神的な豊かさ、つまり健康で生きがいのある人生や自己実現への要求の高まりが、多様化・高度化した学習機会創出の背景の位置づけなのだと捉えられる。つまり、1996年の答申とは異なり、現代的課題に対応するための学習の積極的拡充という観点が見いだし難くなっている。一方で、学習成果の活用というスタイルを生涯学習の体系に組み入れようとする姿勢がみとめられ、次の答申で具体化されていく。

　1999(平成11)年の生涯学習審議会の答申「学習の成果を幅広く生かす―生涯学習の成果を生かすための方策について―」は、生涯学習社会をいつでも主体的にチャレンジが可能な社会であるべきだと指摘している。すなわち、

> 人々の意識を改めていくためには、自分にあった多様な生き方が可能であり、個人の特性を生かしながら、職業を得、日常生活において自分を生かす多様な生き方があること、それを見つけてチャレンジすることこそ、幸福につながるものだということを、目に見える形で示す必要がある。

と述べ、生涯学習における行政施策は、学習機会の提供だけではなく成果の活用促進が必要だとする。

　そして、生涯学習の意義を次のように示している。

> 我が国は、生涯のいつでも自由に学習機会を選択して学ぶことができ、その成果が社会で適切に評価されるような生涯学習社会の実現を目指しているが、これからはさらにその学習成果が様々な形で活用でき、生涯学習による生きがい追求が創造性豊かな社会の実現に結びつくようにしていかなければならない。

> そのような社会は、人々が画一的な組織の中でのナンバーワンを目指して競うのではなく、青少年から高齢者まで、障害者を含めて一人一人

が、社会にその人ならではの貢献ができるような、お互いの良さを認めあう社会である。

　このように、生涯学習の目的を生きがいの追求と表現し、その適切な評価が創造性の豊かなお互いの良さを認め合う社会の実現に結びつくと主張しており、共生社会に向けた生涯学習のあり方が提起されているのである。さらに答申は、生涯学習の成果の活用促進には機会や場の開発とともに社会的な仕組みの構築が課題だと指摘し、実際的対応については、個人のキャリア開発、ボランティア活動、地域社会の発展に生かすことを示している。

　その後、2008(平成20)年には中央教育審議会の答申「新しい時代を切り拓く生涯学習の振興方策について―知の循環型社会の構築を目指して―」が提出された。生涯学習の理念の実現に向けた考え方と状況を整理し、施策の方向性と推進上の視点を明示した内容で、現時点における日本の生涯学習の総括的理解と捉えられる。ここでは生涯学習を振興する背景について、

　　経済の発展に加え、科学技術の高度化、情報化、少子高齢化等の進行を背景として、人々は、物質的な豊かさに加え、精神的な面での豊かさを求め、生涯を通じて健康で生きがいのある人生を過ごし、その中でそれぞれの自己実現を図ることを求めている。人々は自己の充実・啓発や生活の向上のため、多様な学習の機会を求めており、

と述べ、人びとの側に、生涯にわたっておこなう学習活動に対する支援の要請があると指摘する。一方、社会の急速な変化による学習要請についても、

　　21世紀は、著しく急速な科学技術の高度化や情報化等により、新しい知識が、政治・経済・文化をはじめ社会のあらゆる領域で基盤となり重要性を増す、いわゆる"知識基盤社会(knowledge-based society)"の時代であると言われている。そのような社会においては、知識を創造する人への投資こそが重要となる。

として、人びとが変化に対応できるための必要性が主張されている。ほかにも、主体的に判断できる自立した個人の育成や地域社会の形成に対する要請、社会全体の活力を持続させる"循環型社会"の構築への要請を掲げており、生涯学習の考え方を施策側の視点で示したものといえる。

(3) 生涯学習を考えるベース

1966（昭和41）年以降の諸答申をたどっていくと、現時点での生涯学習の考え方や生涯学習と生涯教育の関係、生涯学習が推進される社会背景について、次のようにまとめることができる。

① 生涯学習は、人びとが自発的な意思にもとづき、自らの選択する手段と方法で、生涯のあらゆる時点と場において取り組まれる学習である。

② 生涯学習を援助・保障するための統合された教育制度上の基本的理念として、生涯教育が位置づけられる。

③ 生涯学習が求められる社会的な背景については、
　a. 学習の必要性 … 経済の発展、科学技術の高度化、情報化・国際化の進展、地球環境の保全、共生のための国際理解、人権の保障、少子高齢社会への対応、男女共同参画社会の形成など（知識基盤社会に向けた投資）
　b. 学習意欲の高まり … 所得水準の向上、自由時間の増大、高齢化の進行、家庭生活の変化など（物質的・精神的豊かさの追求）

があげられる。

このようにして、生涯学習の概念とその理念の実現に向けた方向性は示されてきており、生涯学習や生涯学習社会という言葉は広く浸透をみているといえよう。けれども、生涯学習の本質的意義、つまり生涯を通じた学びが現代社会で求められる意味については、認識に変化がみとめられるのである。

当初の生涯教育は、急速で激しい社会的条件の変化に対応するため、生涯にわたって継続する人びとの学びとして捉えられていた。しかし、1980年代になると学習の必要性を強く主張するこの観点が影をひそめ、生活のゆとりやライフスタイルの変化から生じる学習意欲の高まりに重点が移されていく。そのため生涯学習の位置づけは、人びとが生きがいを見いだして充実した生活を享受するものという見方が前面に掲げられるようになった。1990年代以降はこの傾倒性が進捗し、人びとが物質面や精神面での生活の豊かさを追求し、自己実現や社会への主体的なチャレンジを図るものと示されるようになっている。この観点で位置づけられた生涯学習は、自己の充実や啓

発、生活向上のための多様な学習機会と認識されるようになる。教育基本法に新設された生涯学習の理念を第1節で示したが、生涯学習を「国民一人一人が、自己の人格を磨き、豊かな人生を送ること」とする考え方は、このような認識の延長上で結実したものと捉えられる。

　人びとが学習に主体的に取り組むのは、楽しさやおもしろさから生じる充実感、そこから見いだされる生きがいが大きな要因となるに違いない。苦しさや辛さしか感じられない学習に自律的に挑むことは容易ではなかろう。けれども、生涯学習は、人びとが生涯を通して学習ができることであるとともに、生存していくために生涯継続して学ばなければならない事がらなのでもある。その議論の本質は、ラングランが提言した以降のユネスコの動向から看取されるように、後者の点にこそみとめることができる。

　つまり、生涯学習の理念は、各人が生きていくうえにおいて、現代社会が抱える危機的な状況を正しく認識し、それを克服していくことが人びとによる学習の基盤なのであり、この観点が見失われてはならない。人間の生存権を保障する切迫感を有する課題であり、それゆえに、学習者が主体的な存在に位置づけられるのである。生涯学習が人格を磨き自己実現や豊かな人生のためのものだと主張されても、基盤となるべき生きていくための学習という認識が隅に押しやられていると、総体的に漠然とした曖昧なイメージでしか定着しないであろう。その結果、実践すべき博物館などでの取り組みは目的が希薄となり、その場限りの活動に陥ってしまうように思われる。

　生涯学習の理念を厳密に定義づけることは難しいが、学習者である公衆の視点で捉えるならば、共に生きることを考え学ぶことが本質であり、遂行する側の基本姿勢は、あらゆる人の学習権を保障し、生きていくための多様な学習の場と継続的なプログラムを創出することだと理解すべきであろう。

註
1)　第二次(1986年)および第四次(1987年)の答申で提言されている。

第3節　公教育に位置づけられる博物館

　生涯学習の言葉と概念は20世紀に提唱されたものであるが、人間の生涯のいかなる時でも教育は重要であり、そのプロセスを継続させるという思想はけっして新しい考え方ではない。現代に生涯学習が主張される意義は、教育制度の抜本的な改革と再編成の原理としてなのであり、生涯にわたる学習の価値は、近代に成立した公教育の認識と制度のもとですでに示されている。博物館については今や生涯学習に対応する機関の要請を得ているが、その萌芽は近代のヨーロッパにおいて、博物館が公教育の機関に位置づいたことに見いだされるのである。博物館が果たすべき生涯学習の役割を考えるにあたり、まずこの点を押さえておきたい。

　なお、公教育の概念は幅広いが、すべての人が利益を享受する公共性を保持した教育という理解に立ち、ここでは述べていく。

(1) 市民貢献志向が確立した近代の博物館

　機能の面で従前と大きく変貌し、現代のスタイルの直接的起源となる博物館は18世紀後半のヨーロッパで誕生した。転換点は大英博物館法の制定と大英博物館の開館である。イギリス王立協会会長を務め博物学者としても活躍したハンス・スローン(Hans Sloane)が、自らのコレクションを国に譲渡して、一括した保管と一般への自由な公開を遺言で求めた。これに応えたイギリス議会は、1753年に大英博物館法を制定してコレクションの国家管理を決定し、1759年に大英博物館の開館に至る。

　この過程で注目すべきは、スローンが提示した保管と自由な公開という点で、コレクション継承の社会的価値を人びとへの公開、すなわち公衆への貢献にみとめているのである。この要求は、人間の未開な部分に知の光をあてる啓蒙思想の発達と、その知識を基盤に進展した近代市民社会を背景にして、新たな博物館像の骨子を提起したものと評価できる。スローンの意思を受けた大英博物館法では、博物館コレクションの役割について、

> MuseumやCollectionは保存され維持されるべきものだが、それは研究のためや学者や好奇心の強いもの達の楽しみのためばかりでなく、もっと広く一般の公衆のための利益として行なわれるべきものである[1]。

と定義しており、一般の人たちが自由に観覧し、研究できるようにすることを定めていた。4年後に取り決められた大英博物館の利用規定にも、

> 博物館は研究、勉学に志す者にとって、知識のいくつかの分野で役立つように構成されるが、国の内外を問わず一般の人たちに利用できる[2]。

ことが示され、入館料を徴収していない。ただし、実態は博物館関係者の推薦を受けた者や一定の社会的地位にある人物など、限られた人しか利用できなかったようで、現在のように市民の要望に応じた一般公開ではなかった。けれども、広く一般の利用と公衆の利益に寄与しようとする理念は、従前にはほとんどみとめられない博物館観であった。

　大英博物館法の制定は、公共博物館を支える法制度の確立と評価されるものである。しかしそれ以上に、こうした博物館理念がナショナル・ミュージアムに結実したことは、近代における博物館の社会的位置づけに大きな影響を与えたと捉えられる。また、公衆との関わりをもとに博物館の方向性が示された点は重要なポイントといえよう。このような新たな博物館理念のもとで、人びとへの利益寄与を実現させる具体的な方法として、教育機能の発揮に結びついていくのである。

(2) 公教育の意義と博物館

　大英博物館が開館して新たな博物館スタイルが起動を始めたころ、フランスでも大きな転換があった。1789年、自由と平等と友愛の市民主義の諸原理を掲げたフランス革命が起こり、人権宣言が採択される。これを受けて、1792年に「公教育の全般的組織に関する報告および法案」がニコラ・ド・コンドルセ(Nicolas de Condorcet)によってまとめられ[3]、そこでは公教育の一手段に博物館が位置づけられたのである。コンドルセは前年に立法議会に選出され公教育委員会の議長となり、公教育委員会の名によって法案を国民議会に提出した。コンドルセの法案について、博物館の役割とのかかわりを念頭に置きながら捉えてみよう。

まず、前文に指導原理が示され、国民教育は公権力の当然の義務であるとし、国民教育の第1の目的を次のように提示している。

> 自分の要求を充足し、幸福を保証し、権利を認識して、これを行使し、義務を理解して、これを履行する手段を、人類に属するすべての人々に供与すること、自分の才能を完成し、従事する権利を有する社会的職務を遂行する能力を身につけ、生得の才能を十全に発達させるための便宜を各人に保証すること、またそれによって国民の間に平等を実際に樹立し、かつ法律によって承認されている政治的平等を実際的なものとすること。

つまり、各人の人権を保障してそれを実質的なものとするために、それぞれがもって生まれた能力を十分に開花させ、社会的職務の遂行を可能にすることが国民教育の主要な目的であり、公権力が責任を負うものと位置づけたわけである。市民はフランス革命を経て、法律において自由と平等を獲得するに至ったのだが、その権利は教育によってこそ価値を発揮できるものとなる。また、この見地で取り組むべき方策について、

> 教育の全般的体制のうちで、ある部分は、全体を損ずることなくしてこれだけを分離することができ、かつ新たな体制の実現を促すためには、これを分離することが必要であるということである。このある部分とは、公教育施設の配分とその全般的な組織とである。

と述べ、法律制定の具体的な目的を示している。

そして、上記の原理をもとに公教育の実現手段として、教育を小学校、中学校、アンスチチュ（すべての公職の遂行に必要な知識、産業の完成に役立つ知識を教える）、リセー（科学と技術の最も高度なるものを教える、学者やアンスチチュの教授も養成）、国立学士院の5階梯に区分し、このうちアンスチチュとリセーの教育に、博物館施設に関する設置と機能の記載がある。まず、普通教育を完結させるアンスチチュには、

> 第5条　各アンスチチュに、図書館、物理器具・機械模型および植物用の資料室が設けられる。また、同じく、植物学および農学用の植物農園が設けられる。これらの資料は、一般的有用性のある事物、および当該デパルトマンの生産物に限られる。図書館と資料室は公開される。

第6条　これらの事物の管理は、1名の管理委員に委ねられる。管理委員は、資料を保存し、充実する責任を有する。管理委員はさらに当該教育機関の建造物および諸教室の監督を行なう。

とあり、一般的有用性の事物を収め公開する資料室の設置が、図書館・植物農園とともに示されている。この資料室は、資料の保存と収集を担った管理委員の役割と照合すると、小規模な博物館施設と捉えられる。アンスチチュは全国に110の開校を意図しており、資料室の収蔵品は当該デパルトマン（設定された地区）の生産物に限定されている点から、現代の地域博物館に近似の施設を想定していたとみられる。

さらに、リセーの条文では、

第4条　各リセーには、大図書館、植物学および農業用の植物農園、および博物館——博物学および解剖学の標本、物理器具および機械模型の収集物、古美術品、絵画、彫刻の収集品を収納する——が附設される。図書館および博物館は公開される。

第5条　各リセーにおいて、その管理は2名の管理委員に委ねられる。管理委員の職務は、事物の分類、破壊の防止、収集品の充実、および収集品を公衆に利用させることである。管理委員はさらにリセーの諸教室および建造物の監督を行なう。

第6条　パリのリセーの図書館、植物園および博物館は、王国における最も稀有かつ完全な収集品を保管するものであるので、その監督は多数の管理委員に委ねられる。管理委員の数は別の法令で定められる。

第9条　教育の全階梯を通じて、教育は無償で行なわれる

と規定されている。

リセーは、「教育を完全に終えたような青年に対しても、また成人に対しても共通に行なわれるであろう」とされる機関で、そこでの教育手段として図書館や植物農園とともに博物館が位置づけられ、それらは公開し無償で授けられるとしたのである。

また、この管理委員の職務として示されている資料の分類・破損劣化対策・収集は、今日の博物館専門職である学芸員の基本的な役割と重複する。とりわけ注目すべき点は、収集品の公衆利用への対応をあげていることで、

25

博物館がリセーのみに向けた研究や教育に資するものではなく、広く公衆に対する教育の役割を担うものであったことがわかる。

このように、コンドルセの法案が示す教育の役割を付与された資料室と博物館は、アンスチチュやリセーに附属して学校教育の一部を担うとともに、ひろく公衆の教育に寄与するとの位置づけが付託されたものであった。だれもが権利をもち、それを行使できる公教育の一機関に位置づけられたことは、博物館を公衆のなかにある社会的存在と捉えたのだといえる。

一方、法案提出理由と目的を記した前文には、国民教育で配慮されるべきこととして、

> すべての人たちに及ぼすことのできる教育を、すべての人々にひとしく与え、しかも国民全部に分配することが不可能であるような、より高度の教育をも、国民のだれに対しても拒否してはならないということであると考えた。 …(中略)…
>
> 教育は人々が学校を卒業するその瞬間に、かれらを見棄ててしまってはならないということ、教育はすべての年齢にわたって行なわれるべきであるということ、年齢によって、学習が有益でなかったり、可能でなかったりするようなことがないということ、かつまた、子どもの時代の教育がせまい範囲に限局されたものであったために、それだけますますその後の時期の教育が必要であるということ、などをわれわれは認めたのである。

と主張し、教育の機会均等を保障して権利の平等の実質化を進めることを説いているのである。さらに、

> 教育は普遍的でなければならない。すなわち全国民に広く及ぼされなければならない。教育は必要な経費の限度や、国土上の人口分布や、それが多いにせよ、少ないにせよ、とにかく子どもたちが教育に充当し得る時間などが許す範囲内で、まったく平等に分配されなければならない。教育は、その各種の階梯のうちに、人間の知識の全体系を包括しなければならず、また生涯を通じて、いつでも、これらの知識を保持するための便宜、もしくはあらたに知識を獲得するための便宜を、人々に保証しなければならない。

と述べ、公教育制度の指導原理を示している。この思考は、まさに現代の学校教育や継続性を掲げる生涯学習の軸をなすものといえる。そして、このような公教育の機能のなかに博物館を置くことにより、博物館が生涯にわたる学習にひろく貢献する場と位置づけられ、この点において、今日の生涯学習の機関として博物館が果たすべき役割と重なるのである。

　コンドルセの法案は、革命下の混乱に翻弄されて成立には至らなかった。けれども、法案の理念は以後のフランス教育制度の基盤になったと評価されており、この教育思想のもとで公教育の保障の歩みが始まった。法案提出翌年の1793年には、国民会議がルーブル宮殿を共和国立博物館とし、収蔵美術品とともに市民に無料で開放(10日間に3日の割合)することを決めた。公教育の役割を担い、社会的存在となった博物館の誕生である。

(3) 公教育を根幹とする博物館

　上記のように、イギリスやフランスでは、啓蒙思想の浸透や市民社会の発達、さらには市民革命などによって封建的諸関係が崩壊し、自由で平等な個人が保障され、権利の実質化に向けた知識面での解放が進行した。それによって博物館には公衆への教育の役割が見いだされ、人びとと共にある社会的存在になったと捉えられるのである。つまり、公教育に位置づいた教育の役割こそが、公衆社会における博物館の最大の存在意義ということができる。

　ヨーロッパで登場した近代博物館は、ほどなくアメリカでも設立される。アメリカにおける特色は、多くが住民主導のもとで、市民が設立した基金や寄付により創設されたことにある。その結果、博物館は当初より地域社会での住民の教育機関として存在し、博物館を公教育機関とする認識が住民主導の設立や運営の原動力になり、開設が推進された。

　また、1846年にワシントンD.C.に発足したスミソニアン協会では、国立博物館開設を進めたジョージ・B・グード(George Brown Goode)が、博物館を単なる陳列の場ではなく人びとに思想を養育する場と捉え、図書館や研究所とともに啓蒙を担い、国民に対する教育を目的に位置づけている。そして、博物館が果たすべきサービス機能について、知識の増大、記録と保存、学校教育との連携、ひろく質問や相談に答える、市民の興味の刺激による文化の向上、の

5項目が掲げられてたのである[4]。

アメリカの博物館は、今日に至るまで、公衆に対する教育的役割において積極的な活動が展開されている。1950年代には教育活動に特化する専門職(Museum Educator)が世界に先駆けて登場したことは、博物館における教育的役割の確立を示すものともいえよう。

欧米で発達した近代博物館は、日本にも、幕末から明治初期にその理念とともに導入される。当初、福沢諭吉は博物館が人民の教育に寄与するものであると『西洋事情』で説き[5]、博物館創設の布石の意図で開催された初期の物産会や博覧会の主旨も、同様に公教育的な性格が強いものであった[6]。ところが、博物館設置が具体化するとともに、博物館の教育的役割の対象は、公衆への教育から学校教育へと力点を移していく。

最初に設立された文部省の教育博物館（現、国立科学博物館）は、名称が示すように教育の機能を前面に出した博物館であるが、それは教育の全般ではなく学校教育を見据えたものであった。また、農商務省の博物館（現、東京国立博物館）も、教育機能は殖産興業に対する知識啓蒙的なものから次第に学校教育へと偏り、宮内省に所管が移ると教育よりも収集と保存が重視されるようになった。こうして日本では、近代博物館の根源である公教育機関の位置づけが薄らいでいったのである。市民が主導し、人権を確立する知識解放の手段として博物館を位置づける経緯をもたなかったために、博物館の役割が欧米とはやや逸れた方向に進むのは仕方なかったのかもしれない。

明治期の中ごろには社会教育と同義の通俗教育が施策化し、やがてこれが富国強兵策のもとで思想善導と社会教化をめざすものとなり、ドイツを模倣した郷土化教育と結びついていった。その結果、昭和初期には学校に郷土資料室が設置され、各地で郷土博物館も誕生する。創設された郷土博物館は民衆教育の役割を強く押し出したものであるが、教育の目的は、海外への軍事的侵略と一体化した皇国史観にもとづく思想強要の性格が強かった。

また、1933(昭和8)年には全国博物館大会に対し文部大臣の諮問「時局ニ鑑ミ博物館トシテ特ニ留意スベキ施設如何」があり、これに応えて大会は、

　　　主トシテ満蒙問題ヲ中心トスル現時ノ日本対列強ノ問題ナリト解シ答申ス尤モ思想問題等モ従属的ニ考慮スルコト、セリ当博物館大会ニ於テ

ハ目下ノ非常時局ヲ国民ニ正当ニ理解セシメ以テ民心ヲ作興シ時局ニ善処シムルコトヲ必要ナリト認ム。

と答申して、国体と時局を理解させ国民精神を作興する図表・歴史的文書・絵画・映画などを政府機関が作成し、博物館や学校へ配布することを求めた。そして各博物館がおこなうべき方法について、館内にそれらを陳列して講演会や映写会を催し、国民の思想を善導することなどをあげている[7]。戦時に向けて各博物館の運営は困難になりつつあり、活動を維持するために国策と対応して公衆への教育的役割を強く位置づけるようになったのである。しかしながら、それは人権を保障するための公教育とは懸け離れたものであった。

敗戦後、郷土を精神の拠り所とする郷土化教育に則った郷土博物館や郷土資料室は姿を消す。同時に、戦前から戦中に推進された博物館教育が軍国主義にもとづく思想的な教示に機能する部分が多かったため、戦後しばらくは、博物館での教育に対する役割が否定的にみられることとなった。1951（昭和26）年に制定に至った博物館法は、社会教育法下に置かれているにもかかわらず、博物館教育の役割が明確に定義づけられていないことも、その影響の一端と考えられる。

やがて、生涯学習の振興と施策化が進み、現在では博物館の教育的役割の重視が主張されている。しかし、生涯学習への関心が高まり、その理念の実現をめざす社会であるから博物館教育が求められるのではない。近代にスタートした博物館は公教育の役割を根幹とする機関、すなわち、すべての人への教育の役割を果たすべき存在であり、この点が社会的産物としての博物館の意義なのだといえる。だからこそ、その本質にもとづいて生涯学習に対応する博物館活動を検討し、取り組まなければならないなのである。

註
1）ジョフリー・D・ルイス（矢島國雄 訳）1989「英国博物館史　その1：1920年までのコレクション・コレクター・博物館」『MUSEUM　STUDY』1　明治大学学芸員養成課程、p.36
2）藤野幸雄 1975『大英博物館』岩波書店、p.12
3）ニコラ・ド・コンドルセ（松島鈞 訳）1962「公教育の全般的組織に関する報告および法案」『公教育の原理』明治図書、pp.130-222

4) 高橋雄造 2008『博物館の歴史』法政大学出版局、pp.301-308
5) 富田正文・土橋俊一編 1980『福沢諭吉選集』1、岩波書店、pp.126-128・225-226
6) 太政類典、明治4年3月（東京国立博物館 1973『東京国立博物館百年史』資料編、第一法規、再録）
7) 第五回全國博物館大會（1933『博物館研究』6—5・6、pp.11-12）

第4節　博物館における生涯学習の方向性

　今日の博物館は生涯学習を振興すべき機関である自覚をもとに、多様な学習機会を提供して利用者の主体的な学習に機能すべく、努力が払われている。これから求められるのは、生涯学習の本質的な意義をふまえて各博物館の活動理念にもとづく方針を立て、地域社会と連携した計画的な学習プログラムを構築することだと思われる。

(1) 博物館の動向

　生涯学習社会では博物館が担うべき教育の役割に強い期待が寄せられており、人びとの学習支援活動の多様化と充実、学習に資する資料の充実と展示の開発、学習支援に対する研究活動の充実、学校教育との緊密化などが指針として提示されている。

　現状をみると、博物館の教育機能の充実と向上、言いかえれば展示を中心に利用者の学びを引き出して高めることが、生涯学習への対応に位置づけられている場合が多い。つまり、博物館で学ぶという人びとの行動を創出することが、生涯学習に機能する博物館のスタイルと捉えているのである。そのために、地域における多様な人たちの博物館利用の促進を見据え、親しみのあるわかりやすい展示の工夫をはじめとして、主体的な学習に配慮して幅広い教養を深める意図のワークショップ、講座、講演会、学習会、研究会、見学会などの開催が、一般的に実施されている。

　また、歴史・文学・自然史系の博物館では、地域の文化活動や研究の情報センターの役割を果たすことを目的に、他機関と連携した取り組みも少なく

ない。美術館の場合、芸術作品の鑑賞方法や理解を深めるためのギャラリートークが比較的盛んであり、理工学系の博物館では、児童生徒への科学教育の振興を図る活動が特徴的である。そして、展示の解説や体験サポートを中心にした学習支援において、施設ボランティアによる活動の導入が推進されてきている。市民の学習成果の活用とも位置づけられるもので、はじめに自然史系博物館や動物園での採用が進み、現在は多種の館での実践も増えつつある。ほかには、博物館相互の連携協力や生涯学習の基幹をなす学校教育との融合、あるいは社会教育の関係施設や事業とのネットワーク化なども取り組まれている。

このような博物館の対応は、1971（昭和46）年の社会教育審議会答申以来、各答申に示された生涯学習の考え方をもとに進められてきた。すなわち、生きがいのある充実した生活の享受という認識のもと、学習機会と方法を自ら選択し、主体的に学ぶことのできる機関をめざしてきたのである。この過程で、他機関との連携協力体制や情報ネットワークの構築などの基盤整備により、生涯学習振興における博物館学習の役割が一般的にもみとめられるようになってきた。その結果、教育を見据えた各種の活動によって人びとの学習機会を広げ、楽しんで学べる博物館へと変貌しつつある。生涯学習機関としての機能を果たすべく、博物館の活動内容は変わってきている。

しかし、現状の博物館が実践している生涯学習活動は、大方において知的な情報の発信が主である。その状況はかつての博物館がおこなっていた知識伝達の機能を凌駕するものではない。人びとは博物館が用意した教育的活動に主体的にかかわることにより、博物館が発する情報を自分たちの身近に引き寄せはしたが、博物館が発信する情報は、旧来と変わらない知識や技術レベルでしかない場合が多いのである。

この点については、生涯学習の理念に関して、「人格を磨き生きがいのある充実した生活の享受」と捉える認識が作用しているものと考えられる。すなわち、博物館での学びのすべてが生涯学習に直結して包括されるものとイメージされ、漠然とした学習価値の理解がここから生じているように思われるのである。必ずしも誤った認識とはいえないが、学習の必要性を指摘する生涯学習の本質をそこに見いだすのは難しい。まずは生涯学習の意義を問い

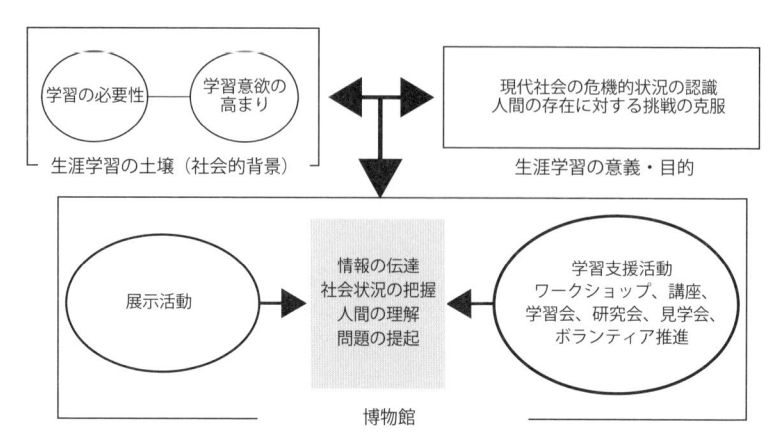

図1 生涯学習社会と博物館の関係

直し、そのうえで各博物館の基本理念(ミッション)と方針(ポリシー)を立て、展示と学習支援などの諸活動を組み立てるべきであろう。

また、前節で述べたように博物館は本来が公教育機関であり、すべての人への教育に資する役割が活動の根幹を成すのである。公教育機関に位置づく博物館が生涯学習において役割を果たすということは、単に幅広い学習機会を創出するのではない。各博物館のミッションとポリシーによって計画的に構築された学習プログラムを作成し、実践することなのである。

(2) 学びの理念の再考

生涯学習の意義を、社会的条件の変化への対応や生きがいのある生活の享受と捉えた場合、博物館教育が知識や情報の発信であることに問題はないであろう。しかし、生涯学習の本質は、現代の人間存在に対する挑戦的課題であり、人間の生存に向けた現代社会の危機的状況の克服に意義が求められるのである。この考えを基盤とするならば、生涯学習機関として博物館が取り組む現在の学びの内容は、再考すべき部分が多いように思われる。

生涯学習社会と博物館の関係は図1のように考えられよう。生涯学習が要求される社会背景には、学習の必要性と学習意欲の高揚がある。学習の必要性については、ラングランやユネスコの諸報告で示されてきたように、科学

的知識・技術の急速な変化、経済の発展、情報化の進展、共生のための異文化理解、伝統的生活様式の崩壊などによって生じている。このような必要性が、所得水準の向上、自由時間の増大、高齢化の進行、家庭生活の変化などで高まった学習意欲と結びつき、方法を自ら選択し主体的に学ぶ生涯学習の土壌が形成されることとなる。その学習は、新たな知識や技術の習得にとどまるものではない。生涯学習は、人びとが現代社会の危機的な状況を正しく認識し、それを克服し生活していくことが本質的な目的なのであり、まさに人間存在の問題に直面している。生きていること、さらに生きることを共に考え学ぶことこそが、生涯学習なのである。

　生涯学習の意義と目的をこのように捉えるならば、博物館においては、資料から学ぶ要素を引き出して学習を推進する努力だけでなく、展示や学習支援の活動が、人びとの生存や生活の課題に結びつくことを考慮すべきであろう。すなわち博物館教育の内容は、多様化した情報の伝達、社会と社会状況の正確な把握、人間と多様性の理解、現代のさまざまな問題点の提起を、資料とこれをもとにした活動で組み立てることとなる。

　現在の多くの博物館は知的な情報を発信する場となっており、発信の方法や受け手のかかわり方については多様な工夫が施されているが、それは知識や技術を要求する者に応えるものと捉えられよう。しかし、生涯学習の観点に立つならば、博物館は人びとが生存して活動することを考え、学ぶための機関でなくてはならない。つまり、生活を主体的・積極的に切り拓くことのできる人間、言いかえれば生活者を育成し、それに対応すべきなのである。

　知識要求者に対するならば、教養的な知識や技術を、資料をもとに構成して活動に置きかえることで博物館は教育の役割を果たすことができよう。けれども、生涯学習社会の学習者は知識要求者ではなく生活者なのである。生活者に対応する博物館では、人びとの生活の実態と派生する諸問題を資料で具体的に組織し、それを拠り所に物ごとを考え、組み立て、行動する、という学習の展開が求められる。そこでは、現代社会に対する問題意識をもって企画し主張を込めた展示がおこなわれ、実物資料と同様に、レプリカ、視聴覚資料、記録、文献などの資料と情報が学習材料の主要な位置をもつことになろう。資料を土台にした活動は、自己の学習を組み立て発展させることを

考慮したワークショップや講座などによって補足・強化される。さらに、自己啓発学習や相互学習を進めるためのボランティア活動の導入や、学習の補完と連携に向けて、他の博物館や生涯学習機関とのネットワーク化の推進も必要になる。

　このようにして博物館には、自らの生活に主体的に立ち向かう生活者育成の学習プログラムを構築していくことが望まれている。生活者は、人間存在にかかわる問題を自らの日常生活のなかで見つけ出し、克服をめざして共に考え、行動して、人生を送る術を学んでいく。すなわち、生涯学習に対応するための博物館は、"生きることを学ぶ博物館"と位置づけられる。

　また、博物館での生涯学習のあり方は、人びとが生活していくための知識を身につけることが基本となるが、めざすところは、博物館が発信する情報を自律的に獲得して自らの関心や問題意識に沿って学習し、変動する現代社会を生きぬく人を育てることである。さらに、博物館での生涯学習を実のあるものにするためには、博物館の機能や活動について正しい理解をもち、自己にふさわしい形で自由に博物館を活用することができる力、つまりミュージアムリテラシーを育成する観点が大切となる。このことは人びとが博物館で取り組む生涯学習のスタートといえるが、同時に博物館にとっては、リテラシーを身につけた市民を育てることは到達点なのでもある。それに加えて、現代の博物館の位置づけが公教育機関であることを明確にし、これにもとづいたシステムと活動の構築に留意しなければならない。当然ながら、そこに各人の充実感や喜びがなければ主体的な学習は起こり得ないし、生きがいを見いだすことも能動的な学習の大切な要素となる。

　そのうえで重要なのは、生涯学習は人権、すなわち人間の生存権にかかわる事柄であり、生きていくことを保障する方策だという点である。そこではすべての人に対する学習機会の提供が必須条件で、学びを享受できない人は生存権を否定されることにほかならない。したがって、博物館が生涯学習を担う機関として役割を果たそうとするならば、利用の障壁となる要素を除去し、あらゆる人たちに博物館学習の享受を保障するユニバーサルサービスの確立が不可欠なのである。

第Ⅱ章　博物館教育の概念に関する略史

青木　豊

(1) 博物館における教育基本論

　博物館の大局的目的は、博物館法第1条の目的からも明白であるように「社会教育法」の延長上での生涯教育であることは間違いの無い事実である。

　このことは、我が国での博物館の発生期である明治8 (1875) 年に、澳国博覧会事務副総裁であった佐野常民が記した「博物館設置に関する意見書」[1]からも窺い知る。すなわち、昭和22 (1947) 年の社会教育法の制定を見るまでも無く、博物館設立の目的は教育であることが既に明治時代初期においても理解されていたのであった。そこには、下記の如く記されている。

　　　博物館ノ主旨ハ、眼目ノ教ニヨリテ人ノ智巧技芸ヲ開進セシムル在リ夫
　　人心ノ事物ニ触レ其感動識別ヲ生スルハ眼視ノ力ニ由ル者最多ク且大ナ
　　リトス国ノ言語相異リ人ノ情意相通セサル者モ手様ヲ以テスレハ其大概ヲ
　　解知スベク物ノ研豈美醜ヲ別シテ愛憎好悪ノ情ヲ発スルト其形質体状ニ
　　ヨリテ製式用法ヲ了会スルト斉ク眼視ノ力ニ頼ラサルナシ古人ノ云ウアリ
　　百聞ハ一見ニ如カスト人智ヲ開キ工芸ヲ進マシムルノ最捷径最易方ハ此
　　眼目ノ教ニ在ルノミ是即チ近時欧州各国争テ博物館ヲ建設シ宇内万邦ノ
　　珍器要品ヲ展列シ人民ノ縦観ニ供シテ以テ之ヲ観導鼓舞スルノ原因タリ

　同じく明治8年に栗本鋤雲により記された、現在のところ我が国最初の博物館学の論文と比定される「博物舘論」[2]や明治21年に記された岡倉天心による「博物館に就て」[3]、明治26年の神谷邦淑の「博物館」[4]、明治32年の箕作佳吉の「博物舘ニ就キテ」[5]、同年の高山林次郎の「博物館論」[6]等の博物館の受容期から、博物館学の確立期でもあった明治時代中期後半期に於いて、既に博物館設立の主たる目的は教育であったことが以上の文献からも窺えるのである。

　また、中でも教育に特化した博物館として「東京教育博物館」が実像とし

て存在したことは周知のとおりである。「東京教育博物館」の前身は、「東京博物館」で「東京書籍館」（現国立国会図書館）を分離し明治10年に「教育博物館」となり、明治14年には「東京教育博物館」と改称された機関である。本博物館は、設立当初より学校教職員を主対象とした教育の専門博物館であると同時に、入館料は無料であったところからも市民に広く利用された施設であった、この事実からも、明治時代初期においての教育機関としての思想の確立とその具現物として把握できるのである。

さらにまた、明治時代中期を代表する教育を目的とする展示は、明治37年に実施された坪井正五郎による「東京帝国大學人類學標本展覽會」を挙げることができよう。当該展覧会展示の特質は、考古資料・歴史資料等の人文系の学術資料が、現代社会にも広く蔓延し続ける日本文化の特徴であるともいえる甘美な美術的捉え方を通常とする展示にたいして、あくまで人類学資料が内蔵する学術情報の伝達であるところの教育展示であって、その内容については、「人類學標本展覽會開催趣旨設計及び効果」[7]に詳しく報じられている。

ついで、昭和5（1930）年に下元連は欧米の各所の博物館視察を経てその報告を纏めた「歐米の博物館について」のなかで下記の如く記している[8]。

　　　　今日の博物館は教育の中心になって居ると云うことであります、新しい言葉を借りて申しますと、教育の尖端を歩んで居るのであります

さらに、教育を第一義とする考え方は、建築学専攻で技術教育を専門とし東京博物館・東京教育博物館の館長を務めた秋保安治に引き継がれ、昭和6年に「科学博物館の使命」の中で博物館は学校教育補佐を目的とする教育機関である事を下記の如く明示している[9]。

　　　　而して社会教育としての機関でありまして、学校教育を補佐していきます所の博物館が、（後略）

棚橋源太郎による博物館教育機関論は、大正元年（1912）の「博物館と教育」[10]に開始され、昭和5年の『眼に訴える教育機関』[11]、昭和25年の『博物館学綱要』[12]、昭和27年の『博物館教育』[13]へと昇華したことは周知の通りである。

木場一夫は、昭和24年に『新しい博物館　その機能と教育活動』[14]を著した。該書は、書名が示す通り正に新しい博物館思想の結集であると看取されるのである。つまり、先に述べた下元や棚橋、後述するところの黒板勝美

らの戦前期に研究の主体をなした研究者の多くは、欧州の博物館を基盤にその理論展開を企てた点で共通しているのに対し、木場は欧州の博物館ではなく教育を最優先するアメリカ合衆国の博物館を基本に理論構築を果たした点が最大の特徴であると言えよう。具体的には、美術資料・歴史資料の保管機能を優先する欧州の博物館に対し、あくまで教育機関としてのアメリカ合衆国の博物館を思考の根底に置いた故の新しい発想であったといえよう。

鶴田総一郎は、木場の教育主体の博物館論を踏襲した研究者であったと看取され、昭和31年に「博物館総論」[15]のなかで下記の通り記している。

> 収集・保存・研究の三機能の結果でき上がった「もの」とその研究成果を、広く一般に公開し、社会の一般生活水準をあげ、学術研究にも寄与し、文化・教育の進展発達に貢献し、また産業の振興にも大いに益するところあらしめんとするのが教育普及の目的である。これはいままでの三機能と異なり、教育普及そのものが目的である。概述のように、「もの」と人とを効果的に結び付けることが目的である。極論すれば、概述の三機能は教育普及のための手段であるといえる。博物館が人を対象とし、物を駆使して積極的に働きかけるのは実にこの機能においてであり、ここにすべてが集中されている。

鶴田は、博物館に於ける展示を教育に位置づけたことにより、結果として博物館の目的は教育であることを広く印象付けたことは周知の通りであった。当該論は、木場による『新しい博物館　その機能と教育活動』[16]は、昭和24年といった戦後間もない時代と異なり、落ち着きを取り戻した昭和31年の社会故に博物館界においても広く受容された思想であったと想定される。これを機に博物館における教育が明治以降再び浮上することとなった。

さらに、倉田公裕は代表的著作である『博物館学』[17]のなかで次の如く記している。

> 社会により、社会のために、社会によって作られた博物館は，あくまで人間社会に奉仕せねばならないであろう。即ち、博物館において一体何のために収集をし、保存をし、研究をするのかを問いつめると、それは、博物館活動を通して、広義の人間教育のためになされているものと言いうるであろう。

倉田の考えは鶴田の教育論を強化した理論とも評せられるもので、博物館の目的はあくまで教育であって博物館資料の収集は教育を目的に行なわれるのであり、資料の保管・保存、研究に代表される博物館のすべての機能は、教育を目的に実施されるべきであると提言したものであった。

　以上のように、博物館は教育を目的とする機関であるとする思潮の萌芽と経緯の概略は上記の通りであり、こののち伊藤寿朗等をはじめ、今日の多数の博物館学研究者へと時代を追って増幅されて来たのである。

　取り分け21世紀に入ると、博物館学の中でも博物館教育に関する研究者が増加する傾向が顕著に認められた。この現象に伴い、博物館学の研究分野の中でも博物館教育論に関する著書、論文、実践報告等も飛躍的な増加の一途を辿った。

　さらに、平成22年の文部科学省令の改正に伴い、学芸員養成科目に「博物館教育論」4単位が加えられたことにより、更なる拍車が掛かったことも事実であった。

　「展示学会」「保存学会」「ミュージアム・マネージメント」学会と言った博物館学の中での専門学会こそ未だ結成されていないが、平成24年には全日本博物館学会の中に「博物館教育研究会」が立ち上げられ今日に至っている。

(2) 博物館資料保管機関論

　前述した博物館教育機関論に対して、大正6（1917）年に黒板勝美は「史蹟遺物保存の實行機關と保存思想の養成」のなかで、博物館の必要性とその目的を次の通り記している[18]。

　　博物館の設置なき保存事業は、丁度龍を畫いて睛を点ぜぬやうなものである。折角の保存事業も遂に無効に歸するといはねばならぬ。我が国の古社寺保存會がその美を濟す能はざるは、その根本方針の誤れるによるといへども、また一は博物館を有せざるに因ることも忘れてはならない。いはゞこの博物館は一方に於て遺物の保存所であると同時に、他方に於ては史蹟遺物の保存を計畫し實行する場所となるのである。

　黒板は、博物館設立の目的を資料の保存と「史蹟遺物の保存を計畫し實行する場所」と記し、即ち研究の場であると定義したのであった。

大正8年に濱田耕作は、博物館の本義として次の如く記している[19]。

> 遺跡の保存と密接なる関係を有し、更に研究と教育との意義を有するものは博物館なり。博物館の真正なる意義は単なる倉庫にあらず、學術研究の目的を第一議とし、兼ねて社會教育に資するを旨とす可し。

濱田の考える博物館は、設立の目的の第一義は学術研究とすると同時に、教育を目的に置いたものであった。つまり、教育は並列に記されているものの、その順序からしても明確であるように学術研究を第一義とする考え方であることが理解出来よう。

濱田、黒板らに代表されるように博物館は、教育機関であることを一元としない博物館思想も存在したことも事実であった。

前述した如く鶴田の博物館教育施設論に多くの研究者が同調し、博物館界に於いて共通理解を得たかに思われたかかる思想に対し、昭和54年に疑問を呈したのは新井重三であった。新井は、「Ⅱ博物館とその役割　1博物館とは（その理念と目的）」[20]の中で次のように述べている。

> 倉田は、博物館の3本柱である①収集・保存、②調査・研究、③教育普及（展示）を充分認めながらも、なお、「要するに、博物館は法的にいう、社会教育を超えた人間教育の機関なのである。」と結んでいるが、筆者にはかくも教育にこだわる意図が理解できない。決して教育機関を否定するものではない。とくに、社会教育にこだわらない人間教育論には積極的に賛成する。けれども、前述した3本柱はどれも博物館において原則的に尊重されなければならないと思う。とくに研究と教育との間に隷属関係を持たせることは、あってはならないことである。（中略）博物館にあっては、保存機能がもっとも重要のように思えてくるのである。
>
> 博物館は見方によって教育機関である前に保存機関、研究機関である前にまず資料を確実に保存する場所でなければ、存在の意義はないのではないかと思うのである。

新井の思想は、専門領域に照らし博物館を考えた場合正鵠を射たものと評価できよう。また、理工系を専門領域とする科学館等は、原則として保存機能は不必要であるところからも自ずと教育を目的とした資料の収集・製作であり、あくまで教育のみを目的とした展示であるから棚橋・木場・鶴田・倉

田の考え方も納得出来よう。

　しかし、一方で、考古・歴史・民俗・美術系の人文系博物館に於ける資料は総じて現在に残る過去の遺産であり、これらの歴史資料を未来に伝えることが現在を生きる我々全員の責務であることは確認するまでもない。これを社会的に担うのが博物館であり、この資料保存の責務こそが人文系博物館の存在目的の一つであり、意義でもある。

　今日では、動物園に於いても種の保存を設立の目的に掲げているのである。

　また一方で、ここでいう教育の具体については従来から種々の考え方があるのも事実である。先ず、博物館法第1．2条での教育について疑問を呈したのは森田恒之[21]であり、次のように記している。

> この二つの法律がいわんとするところをまとめれば、博物館は青少年及び成人に対して、学校教育以外で組織的な教育活動を行なうために資料を収集・保管・展示し資料の調査研究、その他必要な事業を行なうことを目的に設置される、ということができる。この定義づけは、法律として公認されたものではあるが、よく考えてみると何を教育するのかの「何を」が脱落していることに気づく。逆に教育の受益権者である市民の立場からみれば、より高度の人間としての諸能力を発達・形成して行くために、自ら学ぶ「学習権」を行使しようとするとき、学習の場のひとつである博物館に何を期待したらよいのか、博物館は市民の学習権要求に対して、何をどこまで責任を持つ教育を行なってくれるのかが、かなり不明確なのである。

　森田は、博物館の教育対象は「何か」と、博物館は市民の学習権要求に対してどこまで責任を持った教育を行なってくれるのか、の2点について疑問を呈していたのであった。

　先ず、第1点の博物館の教育対象については確かに条文では明示されてはいないが、博物館法の親法である社会教育法のまた親法である教育基本法の理念を持ってすれば当然の如く、博物館教育の対象者は国民であることは博物館法の行間より十分読みとることができる。

　次いで、博物館は市民の学習権要求に対してどこまで責任を持つ教育を行なうかについては、森田の指摘するとおり曖昧模糊としている。この不明瞭

な点が、博物館の教育性自体の理念と目的を希薄な機能に未だ留めているものと看取されるのである。

博物館教育の目的は、決して学校教育の補助教育では無くあくまで生涯学習の完遂を目的に置かねばならないのである。従って、学校教育と比較すると博物館教育は生涯学習であるところから、学校教育はその関与する時間と内容とを照らし合わせた場合、生涯学習の基礎部分に比定できよう。かかる観点に立脚した場合、博学連携の理念とその具体においても再考の必要が生じてくるものと考えられる。

(3) 結　語

以上の博物館における教育の捉え方を見た場合、考古学や歴史学に軸足を置く研究者は博物館を資料保存機関であり研究機関であることを第一義とし、学校教育者や教育学に基盤を置くものは、博物館は教育を優先する機関であるとしていることが理解出来よう。この点は、今日の博物館にも同様な傾向が認められよう。すなわち、考古学・歴史学・民俗学・美術等を専門とする学芸員は研究・資料保存に重点を置き、教育学・社会学等を学問的出自とする学芸員は教育を第一義とする傾向は否めない共通現象と考えられるのである。

この点は、文化財保護法による国立博物館や風土記の丘・歴史民俗資料館と博物館法に準拠する博物館との両者の違いも主たる原因であろう。

博物館での研究の必要性は、展示という情報伝達を行う情報自体を、資料より抽出することにある。端的に記せば、博物館での研究は展示のための研究なのであり、基本的には展示のための資料の調査であり、収集で無ければならない点を原則とするが、必ずしも一元的なものではないことは確認するまでも無かろう。

そのうえで、資料をとおして紡ぎ出された学術情報を種々の展示技法により、見学者に受け入れられてはじめて博物館展示は、成立するのである。展示の基本要件が達成されて、はじめて「博物館展示は教育である」と明言でき得る展示に昇華できるものと考えられる。

そのための第一方策は、博物館学を含めた総合的な研究能力と自らの研究経験による研究への理解を有した館長と、博物館学知識と意識を有した熱心

な専門職としての学芸員の配置は無くてはならないのである。

　資料の特性、すなわち伝達しようとする展示の意図に基づく情報の種類とその数により、基本的展示技法を組み合わせた展示を実施することが教育としての展示であると考えるものである。

　この結果、"驚きと発見"の数多い魅力のある博物館に人は集まることとなり、よく言われるように"博物館が地域社会を活性化させる"原動力となることを期待するものである。

　我が国の一般的な博物館展示の現状は、教育に至っていないことを認識することが重要である。それには千場辰夫による『東京23区　区立博物館"辛口"批評』[22]に観る如く、博物館外部の利用者からの博物館批評・展示批評が必要なのである。内部組織での形式的な博物館批評・展示批評は無意味と言っても過言ではない。

　その上で、博物館における教育の形態は、あくまで展示であるとする基本的思考で、展示を変えれば博物館は変わる。展示が良くなれば、博物館は良くなるものと考えられる。拠って、展示を改善することが博物館改善の第一歩であって、具現化した展示をもとに、その展示意図の延長で当該展示に呼応する、教育諸活動を実施することが重要であると考える。

註
1)　佐野常民　1875「博物館設置に関する意見書」『わが国の近代博物館施設発達資料の集成とその研究　明治編1』日本博物館協会
2)　栗本鋤雲　1875「博物舘論」『郵便報知新聞』第七百九十號（青木豊　編　2012『明治期　博物館学基本文献集成』雄山閣、p.12再録）
3)　岡倉天心　1888「博物館に就て」『日出新聞』、1889「美術博物館ノ設立ヲ賛成ス」と改名し再掲『内外名士　日本美術論』點林堂（青木豊　編　2012『明治期　博物館学基本文献集成』雄山閣、p.19再録）
4)　神谷邦淑　1893「博物館」『建築雑誌』第七巻　第八十一、八十四、八十五號（青木豊　編　2012『明治期　博物館学基本文献集成』雄山閣、p61再録）
5)　箕作佳吉　1899「博物館ニ就キテ」『東洋學藝雜誌』第拾六巻貳百拾五號（青木豊　編　2012『明治期　博物館学基本文献集成』雄山閣、p107再録）
6)　高山林次郎　1899「博物館論」『太陽』第五巻第九號（青木豊　編　2012『明治期　博物館学基本文献集成』雄山閣、p115再録）

7) 坪井正五郎 1904「人類學標本展覽會開催趣旨設計及び效果」『東京人類學會雜誌』第 219 号（青木豊 編 2012『明治期 博物館学基本文献集成』雄山閣、p165 再録）
8) 下元 連 1931「欧米の博物館について」『建築雑誌』第 45 輯 第 541 號、p.2
9) 秋保安治 1931「科学博物館の使命」『建築雑誌』Vol.145 No.549、p.1321
10) 棚橋源太郎 1912「博物館と教育」『教育時論』開発社
11) 棚橋源太郎 1930『眼に訴へる教育機関』寶文館
12) 棚橋源太郎 1950『博物館学綱要』理想社
13) 棚橋源太郎 1952『博物館教育』創元社
14) 木場一夫 1949『新しい博物館 その機能と教育活動』日本教育出版社
    木場一夫 1952「二　教育媒体としての展示」『見学・旅行と博物館』金子書房
15) 鶴田総一郎 1951「博物館学総論」『博物館学入門』日本博物館協会、p.36
16) 同註 14
17) 倉田公裕 1979『博物館学』東京堂出版、p.17
18) 黒板勝美 1917「史蹟遺物保存實行機関と保存思想の養成」大阪毎日新聞
19) 濱田耕作 1919「考古學の栞（第 7 回）」『史林』第 4 巻第 3 號、p.111（465）
20) 新井重三 1979「博物館とその役割」『博物館学講座 1』雄山閣
21) 森田恒之 1978「序章　博物館の機能と技術」『博物館概論』学苑社
22) 千場辰夫 2013『東京 23 区 区立博物館 " 辛口 " 批評』家伝社

第Ⅲ章　博物館学教育論史・博物館教育史

上西　亘・中村千恵

第1節　博物館学教育論史

(1) 博物館学教育論研究史を試みるにあたって

　博物館機能における教育の役割は博物館機能の中でも重要な位置を占め、その機能の集合とも言うべき博物館学教育論[1]は、今日では総論としての論理学をはじめ、博物館学芸員の現場での参考に供すべく掲げられた教育事例、プログラムの一環としての事例紹介実践論等が館報や学術雑誌に毎号掲載されるなど、例を挙げれば枚挙に暇がない。

　しかしながら、近代的な博物館の機能としての教育は、当初政府が博物館に期待した「文化財を収蔵・保管する」ことをまず念頭に置き、全国に数多ある大小文化財の実態把握と収蔵・管理をするだけで精一杯であったことからも、どうしても博物館機能としての教育に力点を置くことが難しかったという、戦前の博物館行政の現実がある。

　後述する博物館教育に言及した先人たちの各論と実際のフィードバックを照らし合わせて考えて、特に黎明期～館法成立以前の我が国の博物館と教育との関わりは、優れた博物館論理学を提唱した論考こそ多く輩出されるが、博物館実践学として十全な実現までには至らず、各館・各人の努力目標に委ねられていたことが理解できよう[2]。また、博物館機能において教育と展示は密接不可分の関係にあることはいうまでもないことであるが、本章では教育論の研究史のみに言及することを目的としているため、展示論史等他の博物館史も同時に参照されたい[3]。

　当該分野に関する先行研究としては、今現在行われている「博物館教育」に関する論考および活動例のみにおいては、数多の概説書や参考書でその刊行年代の「最新の事例」紹介がなされ、体系化がなされており、基盤研究と

して多くの成果をあげている[4]。

　だが、テクニカルタームとしての博物館「学」教育、殊に「教育論史」に至っては、博物館教育論にて言及される「博物館教育の歴史」の一節において縷々概説書に見られる程度であり、殊の外情報は少ない。

　また、博物館思想を有し、論考や社会的活動において活躍した先人の人物研究においては、その博物館学思想について言及したものが見られるものの[5]、一貫した「研究史」としての「博物館学教育論史」について言及したものについては管見の限り見当たらない。

　そこで本章では、明治初年当時の博物館黎明期に求められた役割と博物館を収蔵・保管の場から、教育の場としても活用することへの模索を始めた時期を博物館学教育論の嚆矢と仮に定める。その後終戦まで我が国の博物館学教育論を辿る。

　これらの時代において、博物館学が提唱した博物館教育論が主としてどのような人物により提唱され、以後いかなる変遷を辿ったのかを時代順に見ていくことによって我が国の博物館学教育論の発展過程、特に戦前期の博物館事情を理解することが本章の目的である。

(2) 近代的博物館成立前夜－我が国博物館思想の理解の一助として－

　まず、博物館教育に言及するうえで取り上げなければならないものとして我が国の博物館概念の形成と当初の博物館設立構想の目的がある。周知のとおり、我が国の近代博物館への歩みは1868（慶応4）年の「神仏判然令」に際しての神仏分離・廃仏毀釈運動と、維新以来、文明開化の影響よる古器旧物の軽視と相まって、多くの文化財が破却されたり、売却されたりする風潮を生み出したことに端を発する。

　その後、博物局の町田久成らが「大学献言」として弁官に提出した意見書と、それを承けた1871（明治4）年「古器旧物保存方」と、各地に点在する宝物の悉皆調査を各地方に提出を令達したことや、町田の部下であった蜷川式胤が大和地方の文化財を調査するといった地道な作業を行ったことも近代博物館成立前夜の文化財保護の一営みとして念頭に置くべきことであろう

（3）教育的博物館の誕生とその人物—手島精一とその周辺—

　前述のごとく、かかる状況下での自明の理として、我が国の博物館事業とは第一に「古器旧物」の保存、即ち「文化財の保護」を目的とした調査・研究と、それをもとにした資料の把握と、その調査の元で選択された文化財を、施設に「保護・収蔵」することが目的であったといえよう。

　つまりは、現代の博物館で見られるような「展示・教育、収集・保存、調査・研究」が相まった博物館機能が当初から当然のごとく賦与されていたわけではなく、所謂「文部省博物館」（現東京国立博物館）[6]を中心とした博物館行政の施策を承け、それをフィードバックするかのように、時の教育学者や歴史学者、建築学者といった博物館に寄与する人々が持論を展開し提言を行うことによって、次第に博物館「学」という学問が興り、盛んに論議を交わしていったものととらえるべきであろう。

　上記のごとく古器旧物を「陳列」・管理する上での「器」に過ぎなかった博物館という施設を、知識の涵養を目的として一般に公開し、教育に資する資料の陳列施設として活用するべきであるといった考えが我が国の博物館黎明期に早くも生まれた。教育博物館（のち東京教育博物館と改称。現国立科学博物館）の設立がそれである。教育博物館の設立経緯についてはここでは詳細に論じることは避けるが[7]、1877（明治10）年に制定された教育博物館規則[8]については触れておく必要があろう。この全十二条からなる規則は今日の博物館理念や博物館機能にも十分通じるものであるといえよう。東京教育博物館の教育に資するべき教材を展示し、広く教育者を中心として一般の教養の涵養に資する[9]という設立の目的と趣意は未だ我が国の博物館の方針すら定まっていない当時としては誠に希有な理論であり、博物館を教育に生かすという観念がまだ醸成されていなかった日本

図1　東京教育博物館

において、最初に生まれた博物館教育論のうちの一つともいうべきものとして注目すべき内容であるといえよう。

　この教育博物館の規則や趣意書を作成したのが、1877（明治10）年3月に館長補となり、以後10年弱の間、教育博物館の経営を担った手島精一（1849～1918）である。手島は、文部大輔田中不二麿の所信を承け、教育博物館の至当性を見いだし、岩倉具視に当該博物館設立意見書を提出し、設立にこぎ着けた実質的な功労者である。手島の博物館学的業績として、まず教育博物館設立後明治11年にパリ万国博覧会に当時文部少輔であった九鬼隆一に随行し渡仏、その後明治17年に行われたロンドン衛生博覧会開設の為に渡英する。帰国後、「教育博物館に関する意見」を纏め、前述の教育博物館規則に則り、より具体的に「教具」として教育博物館を活用すべきか意見を述べ、その殆どを具現化している。1881（明治14）年には教育博物館は東京教育博物館と改称され、手島は初代館長に任命され、五年間に亘って東京教育博物館の発展に努めた。

　当該博物館の展示物は、所謂今日我々がどこに行っても見られるような総合博物館の教育に関するモデルケースを提示したものではなく、教材として利用できうる資料を展示し、教育者が教材をどのように教育に利用するかを模索することを第一の目的に掲げており、そのまま現在の博物館機能としての教育と合致したものというのは難しい所ではあるが、初めて展示物と教育を結びつけた理念とそれを見いだしたこと、そして博物館が単なる古器旧物の「陳列施設」のみではないことを提示した博物館として、評価されるべき施設であるといえよう。

　また同時期、人類学者の坪井正五郎[10]（1862～1913）は「パリ－通信」[11]、「土俗的標本の蒐集と陳列とに関する意見」[12]などを著し、博物館学展示論の濫觴ともいうべき論考を残している。特に「パリ－通信」には、我が国での博物館展示に関する具体的理論と方法論の提唱を記してあり、展示技法の創意工夫によって展示物から得られる情報が的確に見学者に周知させることを説いたものである。再三言及した通り、展示と教育は密接不可分なものであり、坪井の博物館展示論はその後に続く「博物館学教育論」の基礎となる論考と捉えることも出来よう。

(4) 博物館学教育論史黎明期とその人物 − 棚橋源太郎と黒板勝美 −

では、現在一般に見られる様々な博物館と教育との関わりについて最初に言及した人物は誰をあげるのが至当であるか。坪井や手島、後述する黒板勝美などが候補としてあげられようが、やはり東京教育博物館の要職を歴任し、日本博物館協会を設立し、のちに「博物館の父」と呼ばれた棚橋源太郎[13]（1869 〜 1961）と考えられよう。

棚橋が博物館と関わりを持つ明治30年代はかの有名な古社寺保存法が1897（明治30）年に制定される。戦前期を通して言えることではあるが特にこの時期は文化財保護に基づいた社寺

図2　棚橋源太郎博士

仏閣の保護に漸く本格的に行政としてとりかかろうとしていた時代であり、博物館機能全体を包括し規定しうるような法整備は当然ながら為されていなかったといえよう[14]。

棚橋は、1892（明治25）年、高等師範学校に入学し、博物学を専攻する。同校卒業後は高等師範学校付属小学校訓導を経て東京高等師範学校教授に任ぜられた。

棚橋は理科教授として、理科教育の実践教育に携る教育者として培った基礎学問と教授法を[15]、また1906（明治39）年に東京高等師範学校附属教育博物館[16]主事兼担に任命されたことを皮切りに教授法や博物館の各論を提唱した。

その論考は、現今の博物館の展示計画や手法に留まらず、展示から導き出される教育の効果にまで考えを巡らし、現在でも博物館学の基本文献として扱われその学術的価値は大きい。

まず棚橋は1905（明治38）年に、教育博物館について言及した小論「教育博物館」[17]を寄稿している。この時点では高等師範学校教授として教育博物館の社会教育的意義について簡単に述べるにとどまっているが、翌年当該博物館主事に任命された後に展開される博物館思想と教育論の萌芽はこの頃

より見いだせよう。

　その後、棚橋は1909（明治42）年に文部省より二年間のドイツ留学を命ぜられ、教育学の研究と我が国博物館の発展に寄与する博物館の建設とその方策についての課題を与えられた。その後アメリカにも留学し、帰国後は、所謂「通俗教育」として機能する社会教育施設としての博物館の建設とその技術論を総論・各論に亘って論考にて言及した[18]。

　その中でもとりわけ、明治末から大正期にかけての棚橋の博物館思想を見る上で重要となる論考の一つとして1919（大正8）年に寄稿された「本邦社会教育の不振」[19]があげられよう。

　棚橋は本論の文中において、「我が國では教育といへば即ち學校教育の事で、學校以外には教育上施設すべきものが殆と無い様に考へられて居る。事實また我が國には實際學校以外にはこれといふ教育の施設機關が無いのである。此の如きは實に偏頗な不健全な發達といはねばならぬ」と言及し、欧米諸国の様々な社会教育施設とその営みを紹介し、我が国の教育施設が極めて脆弱な物であることを指摘している。

　加えて棚橋は社会教育施設の運営を担う人材と、その育成機関が現状日本には存在していないことを指摘し、こと博物館に至っては「我が國には博物館従業員の養成機關が無いのである。従つて博物館の眞の任務を解し新らしい經營法を知つて居る専門家が無い。海外では近年は博物館擴張運動（ミュージアム・エキステンション）と稱して盛んに社会民衆の啓蒙や學校生徒の教育上に積極的活動を致して居る」と述べ、博物館講演や来館学級等々海外の積極的な博物館社会活動の事例を挙げ、このような活動が「社會の教育、即ち社會民衆の智識趣味の高上啓發、産業の進歩等に對して有力な教育機關として作用しつゝあるのである」と規定することによって博物館学芸員及び専門性を持つ職員の博物館の設置をこの当時において早くも指摘している。

　所謂明治末から大正期にかけて内務省主導で行われた「民力涵養運動」や、文部省が主体となって推進した「通俗教育調査委員会」、また各界の有識者が参集して結成された「史蹟名勝天然紀念物保存協会」[20]などに代表されるように、この時期は社会教育活動とそれに関連する施設や機関の創設・再検討が行われようとしていた時期であった。だが、民力涵養運動も通俗教

育調査委員会も当初期待された成果をあげることが出来ず、自然解消する形となっている[21]。

唯一残る形となった史蹟名勝天然紀念物保存協会であるが、こちらは1919（大正8）年に史蹟名勝天然紀念物保存法制定によって当初の目的を達成することとなる[22]。棚橋の理想とする博物館思想と現実の博物館行政が乖離してしまった理由としては、文化財の保護や管理維持は費用面においても博物館を新設するより安価に済み、且つ行政が十全な予算を投じなくてもその文化財を有する周辺団体及び人物が進んで文化財を維持管理する「施設」を建設する事例が多く見られたことにも起因するであろう。同じく費用の面から見て、当時の社会教育行政は施設建設を計画するのであればまず図書館の設立を第一候補としており、費用面でも維持運営面でも高額になる博物館の新設は、予算や費用対効果[23]の面で必要性に順位を付けられてしまった感が否めない。このように近代的博物館機能を有した博物館設立推進を求めた棚橋の理想はこの時期には結実せず、実質的な各論の具現化は終戦後まで俟たねばならなかった。

しかしながら棚橋はその後も博物館学の発展に尽力し、精力的に活動を続ける。

日本博物館協会の前身となる博物館事業促進会[24]が1928（昭和3）年に発足した際には常務理事となり、機関誌である『博物館学雑誌』の発行人・編集人として力を注いだ。

また、現在でも博物館学を研究する上で欠かせない基本文献中として棚橋の著作や論考は必ず登場し[25]、棚橋が斯界に与えた影響は戦前・戦後を通じて多大であった。

棚橋と同時期にやはり欧米に留学し、その経験から博物館に関して独自の意見を持ち、棚橋と異なる観点で我が国の博物館とその在り方について論を展開した人物として歴史学者の黒板勝美[26]（1874～1946）の名があげられよう。

黒板は1893（明治26）年帝国大学文科大学国史科に入学し、同大学を卒業後、同大学講師、助教授を歴任、1919（大正8）年には同大教授に就任した。黒板は歴史学者として『国史大系』や『群書類従』の校勘出版に従事した人物として、また現在の東京大学史料編纂所の基礎を築いた人物として夙に有名である。歴史学者としての学究活動の傍ら、文化財保護を目的とする

社会活動に従事し、古社寺保存会委員や史蹟名勝天然紀念物調査会委員、国宝保存会、帝室博物館顧問等を歴任した。

　黒板が博物館に対して言及した初の論考は、1912（明治45）年に著された「博物館について」[27]が嚆矢である。この中で黒板は現今我々が当たり前のように使用している「博物館学」という呼称を論考[28]の中で使用し、博物館の各論を提唱する中で「博物館学」という呼称を用いていることからも、黒板が「博物館学」なる名称を論考に使用した嚆矢である。また、棚橋のように実践的な博物館教授に基づく教育論の展開まで論は醸成されてはいないが、通俗教育に占める博物館の重要性について理解し、いかに効果的に相手に情報を伝達することが重要であるかを論じている所は共通している[29]。

図3　黒板勝美博士

　黒板の論考と棚橋の論考を比較し、まず注目すべき事は、黒板の博物館思想は教授法など特定の博物館に必要な技術論を提示することもさることながら、現今ある文化財を保護する施設を創設し続け「器」としての博物館を作り続けつつも、その文化財をいかに有効活用し国民の教化・知識の涵養に努めしむるべきか、が念頭にあるといえよう。その確固たる理念を元として活動をしていることが明治末から昭和にかけて一歴史学者の枠を越えた黒板の博物館設立運動・文化財保護運動等一連の社会活動から窺い知ることが出来よう。

　特に黒板の展開する社寺仏閣の文化財や史蹟名勝を主軸とした博物館施設の設立の必要性をうったえた論考は当時他に際立ったものがなく、当時の社寺仏閣の博物館事情を知る上で注目すべきものがある。前述の「博物館について」の後半部に於て黒板は以下の様に述べている。

　「次に新らしく建つべき博物館について、自分の希望するのは明治博物館である。之は明治天皇の記念としても、最も大事なことであるばかりで無く、我が國の歴史で明治時代ほど、三四十年の間にあれほどの大発展を遂げた事実は世界にない、軍事、教育殖産工業凡てに於いて欧州近世における

三四百年と優に相対すべきものたるは云ふに及ばず、従来の東洋文明に加ふるに、西洋文明を以てし、文化の上にも、物質の上にもほとんど比類無き盛観を呈して居るのである。」と述べ、「是れ実に明治天皇の御盛徳と御稜威から起つて居るのであるから、天皇の記念として、茲に明治博物館を建つることは誰も異存が無いばかりで無く、明治時代の文化を復現して置くことは、国民の誇りであることからも、国民の知識を啓発し、其趣味を助長する上からも必要である。」[30]と結び、明治神宮に博物館を設立する必要性と有用性について端的に論じている。

当時の博物館設立を牽引する黒板をして、かくのごとく明治神宮造営計画時から博物館設置構想が念頭に置かれ、「国民教化」に活用できることをいち早く見抜いていた着眼点については注目すべきであろう。

黒板は明治神宮の付属展示施設である宝物殿の計画・立案の他様々な社寺仏閣の宝物殿の設置構想に対し諮問に応じ、大正期から昭和初期にかけて様々な神社仏閣の博物館を創設に関与している[31]。

その後黒板は、1914（大正3）年3月21日に行われた日光東照宮宝物陳列館の新築起工式において講演を行い、旧来の神社付属の宝物館の「骨董的」陳列法と比して東照宮の宝物館は設計段階で陳列目録が出来上がっており、建築と調和の取れた陳列が可能であること、そして黒板が1912（大正元）年9月6日から計15回に亙って東京朝日新聞に連載した「誤れる古社寺保存法」でも言及していた、旧来の陳列館が防火設備に関して疎かであった所も万全を期したことを述べている[32]。

（5）昭和初期～終戦迄の博物館情勢と教育論

明治末から昭和初期にかけて、それぞれ異なる博物館意識と理想をもった棚橋・黒板といった泰斗が活躍したが、前述したように博物館設置の促進化までには至らない状況が続いていた。政府の博物館・文化財行政においての課題は、世界恐慌以降頻発した海外への文化財を流出する事を防ぐ目的で1929（昭和4）年制定された「国宝保存法」が好例で、個々の文化財を保護する法律を整備することに追われ、本来の文化財が生かされる社会教育施設としての博物館の本格的活用についてはやはり当該時期に至っても等閑視さ

第 1 節　博物館学教育論史

れてしまうのである。
　この頃になると、我が国は戦時体制へとより歩を進めていく。かかる情勢下にあって「社会教育」という概念こそ文部省内にて、1919（大正 8）年に普通学務局第四課が設置され、そして 1924（大正 13）年社会教育課と改称し、1929（昭和 4）年には社会教育局に昇格され、斯界にも影響を与えることになるのだが、そも「社会教育」という用語が本来使われるべき意味と趣を異にするものになるに従って、行政の施策も異質な物へと変容していき、終戦間際になると殆ど全ての博物館行政と博物館施設がその機能を停止させてしまうのである[33]。
　棚橋が当初期待していた「通俗教育」機関としての博物館の設置と活用とは程遠いものとなっていくのであるが、このような状況下にあっても、斯界の発展を願う人物らの論考が絶えることはなかった。この時期の学的特色として「郷土博物館論」の展開が挙げられよう。郷土博物館の濫觴は三好学が著した『天然記念物』における郷土保護思想からなる「郷土学」と「郷土誌」、そして「郷土博物館」の提唱をしたものであるといわれる[34]。黒板も同時期に「郷土保存について」[35]と題して郷土保存の思想を展開し、三好と同じくドイツからの知識を求め、ドイツ語の「ハイマートシュッツ」を訳して「郷土保存」とし、ドイツの郷土保存の事例を例証に我が国の「國體」を表わす各地の史蹟名勝や社寺仏閣の儀式等を郷土保存事業として推進すべきであることを提唱している。その他、東京教育博物館学芸官であった森金次郎による論考「郷土博物館の設立と経営」[36]においても、郷土博物館を設立すべしと言及されている郷土博物館の設立の背景には、史蹟名勝や天然紀念物の保存事業や産業開拓・国富増進の為に自然科学の博物館が今後重要となるという視点、そして社会教育局の事業として郷土資料の調査研究を奨励したことを事由として掲げている。その後『郷土史研究講座』[37]に加筆調整を行い投稿、初期の郷土博物館学を考える上での重要な論考として位置づけられている[38]。
　棚橋もこの時期は日本博物館協会の常務理事として、現在も基本文献として手に取られる『眼に訴える教育機関』、『博物館教育』、『郷土博物館』など多数の著作を遺している。このように論考や調査研究の対象として郷土博物館設

53

置の構想は概ね出来上がっていたが、戦前に設立された郷土博物館は数えるほどしか無く、本格的な設置は戦後10数年を俟たなければならなかった[39]。

その他終戦までの大きな動きとして、黒板の構想した「国史館」設立構想が挙げられよう。国史館は、皇紀二千六百年の記念事業の一つとして現千代田区霞ヶ関にあった旧帝国議会議事堂跡地に建設が構想された国立の歴史系博物館のことであり、黒板の歴史学・博物館学理論の集大成となるべきものであったが、社会情勢の変化や黒板自身の体調の悪化も重なり、構想のみで終わった大博物館計画であったとされる[40]。

(6) 結びにかえて ―戦後博物館学教育の概観―

以上、明治初期の博物館行政黎明期から終戦にかけて博物館を取り巻く論考の中で、教育に関わるものを抽出し、当時の情勢を加味した上で紹介したつもりである。この100年にも満たない我が国の博物館行政の一断片を切り取ったのみであるが、既に紙面が尽きようとしている。また、本節における棚橋と黒板が占める位置が大きいが、教育論のみならず未だに斯界に影響を与え続けている研究者である事を多少でも理解頂ければ幸甚である。

また、明治初期からの博物館行政を追っていくと、1897（明治30）年の「古社寺保存法」、1919（大正8）年の「史蹟名勝天然紀念物保存法」、1929（昭和4）年の「国宝保存法」、そして1950（昭和25）年の「文化財保護法」まで、法整備が為されたものは博物館を飾る「モノ」のみであり、こと保護すべき宝物を保存する施設に関わる事柄の法令化は、1951（昭和26）年の「博物館法」の成立を俟たねばならず、博物館法成立以前の博物館の施設概況や展示・教育の方針は、各人・各館の努力目標に委ねられていたことを本節にて理解頂ければと思う。博物館法制定によって漸く近代的博物館のスタートラインに立ち、博物館経営を担う博物館学芸員制度も棚橋の提言から遅れること数十年を経て、博物館における教育普及の担い手として本格的な始動をみるのである。しかしながら、待望の博物館法も学芸員制度も現実の博物館の実態に即した法律であったかという点においては、現在に至る博物館学関連学術雑誌等に投稿された膨大な論考の数を見れば自ずと物語るものであろう。

本来ならば、館法制定後の戦後の博物館学の動向と、木場一夫、鶴田総一郎、そして新井重三、伊藤寿朗と戦後博物館学を牽引した碩学の博物館学思想と教育理念について論じるべき所なのであるが、紙面の都合上割愛したい。

註
1)　新井重三は『博物館学講座1博物館学総論』1979雄山閣において博物館論理学を（Museology）として、博物館実践学を（Museography）と規定した。本節で問題とするのは所謂博物館論理学（Museology）の方である
2)　黎明期の博物館学に言及した論考として椎名仙卓1988年『日本博物館発達史』雄山閣、同氏2005『日本博物館成立史　博覧会から博物館へ』雄山閣がある。博物館史を体系的かつ簡潔に言及している論考としては伊藤寿朗・森田恒之編1978年『博物館概論』学苑社所収伊藤寿朗「総論編第二章日本博物館発達史」が顕著である。また、最新の研究成果として加藤有次や青木豊の提唱した博物館学史について異なる見地から論史を展開させた山本哲也2011年「博物館学史の編成について」『博物館學雑誌』37―1がある
3)　本シリーズの博物館学展示論のほかに、博物館学展示に関する著作としては青木豊2003年『博物館展示の研究』雄山閣がある。青木は具体的な博物館学展示手法の紹介のみならず、有史以来の展示史・展示論史にも言及している。教育論史と併せてこちらも参照されたい。また最近の博物館展示の傾向を記した論考として日本展示学会出版事業委員会編2010年『展示論―博物館の展示を作る』雄山閣がある
4)　博物館教育に関わる実践例としては古賀忠道・徳川宗敬・樋口清之監修1979年『博物館学講座8　博物館教育と普及』雄山閣や、註2『博物館概論』所収廣瀬鎮「機能編第四章　教育事業」、同氏1992年『博物館社会教育論』学文社等を参照。
5)　博物館学の各論研究者のみならず、日本の博物館行政・博物館研究に関わった著名な人物に焦点を当てたものとして、青木豊・矢島國男編2010年『博物館学人物史㊤』雄山閣がある。本章も各博物館学者の博物館意識について、同書に大きく依拠している。
6)　名称や所属の変遷については東京国立博物館編1973年『東京国立博物館百年史』東京国立博物館を参照。
7)　黎明期の教育博物館については国立科学博物館編1977年『国立科学博物館百年史』第一法規第3章「教育博物館の設立と展開」を参照。論考としては椎名仙卓1972年「黎明期における「教育博物館」の実態―標本に関する事項を中心として―」『博物館研究』44巻第4号や、同「教育博物館の資料収集」1973年『博物館ニュース』通巻63号等がある。

8) 教育博物館規則（1877（明治10）年8月）
　教育博物館ハ文部省ノ所轄ニシテ凡ソ教育ト必需ナル内外諸般ノ物品ヲ蒐集シ教育ニ従事スル者ノ搜討ニ便シ兼テ公衆ノ來觀ニ供シ以テ世益ヲ謀ランカ為設立スル所ナリ今其規則ヲ定ムルコト左ノ如シ本館ニ蒐集スル物品ハ教育上ニ關スル書籍器械及ヒ學校模型其他動植物金石ノ類ナリ書籍類ハ別ニ書籍室ヲ設クヘシ教育上ノ書器ヲ購求セント欲スル者ノ為メ内外國ニ於テ刊行セシ書器目録ヲ備ヘ置クヘシ府縣幷學校等ニテ教育上ニ關スル書器類ヲ外國ヨリ購致セント欲スルモノニハ時宜ニヨリ其ノ紹介ヲナス事アルヘシ館内物品中學校等ニ適應ノモノヲ倣造セン為該品ヲ借受セント要スルモノニハ事宜ニヨリ其貸與ヲナス事アルヘシ前條ノ旨趣ニヨリテ貸與スル物品中運搬ニ不便ナルモノ又ハ事由アリテ外出ヲ得セシメサルモノハ館内ニ就テ之ヲ模取セシムル事アルヘシ物品中彼此ノ得失ヲ比較シ實地應用ノ如何ヲ考究シテ其作樣未タ宜ヲ得サルモノハ或ハ別ニ之ヲ改造スル事アルヘシ物品中剥製骨製ノ動物又ハ植物金石等學科上指數ノ用具タルモノハ時宜ニヨリ拂渡ヲナス事アルヘシ物品ハ成ヘク的制作者ノ族籍姓名ヲ明記スヘシ蒐集セシ物品ハ悉ク類別シ之ニ解説ヲ附シタル目録ヲ刊行スヘシ凡本館ニ納付スル物品ハ領収證ヲ與ヘ悠久保存スルモノトス教育上ノ書器及ヒ學科ニ關シタル問題ニ渡リ談話會ヲ開ク事アルヘシ

（『国立科学博物館百年史』より）
9) 同註7
10) 坪井正五郎の略歴・業績については註5『博物館学人物史上』を参照。また、『坪井正五郎小伝』や、青木豊2008年「坪井正五郎博士の博物館学思想」『國學院大學博物館學紀要』33、辺見端1986年「明治期"博物館学"の面目－坪井正五郎博士の業績」『博物館学雑誌』等を参照。
11) 1889・1890年『東京人類學會雑誌』5―46・47を参照。
12) 1899年『東洋学藝雑誌』を参照。
13) 棚橋源太郎の略歴や博物館思想については、前掲『博物館学人物史上』を参照。また棚橋の教育論の先行研究として、福井庸子2004年「棚橋源太郎の博物館教育論の形成過程」『早稲田大学大学院教育学研究科紀要　別冊』12がある。この論文は、理科教授として実践的研究に力を注ぎ、生涯に亘って棚橋が博物館の教育研究に対しての必要性に着目し教育手法の発展に尽力してきたかを詳細に考察しているものである。その他、福田ふみ2007年「こども博物館について―棚橋源太郎と木場一夫の論を参考に―」『國學院大學博物館學紀要』32がある。こちらも、教育者としての棚橋を中心として論じ、木場との論点の相違を的確に指摘している。
14) この古社寺保存法を伊藤寿朗は「1897（明治30）年には第10回帝国議会に古社寺保存法案が政府より提出され、「第七条　社寺ハ内務大臣ノ命ニ依リ

国宝ヲ博物館ニ出陳スルノ義務アルモノトス　但シ祭典法用ニ必要ナルモノハ此限ニ在ラス」の原案が宮内省帝国博物館に対する内務省の監督権を含めて「官立又ハ公立ノ博物館」（私立は除外）となり、法律第49号として制定され、同年「古社寺保存法施行ニ関スル件」にて「国宝ヲ博物館ニ出陳セシメタルトキハ当該博物館ニ国宝監守ヲ置ク、国宝監守ハ命ヲ内務大臣ニ承ケ出陳国宝ノ監守ニ関スル一切ノ責ニ任ス」等の規定を行い、古美術品を中心とした内務省保存政策・行政が成立する。そして、それ以降の歴史美術系博物館は宝物保存を目的とした性格のものへと純化し、また古社寺保存法を通じて内務省の管理なっていく」と前掲『博物館概論』の文中にて指摘している。伊藤の言葉を借りれば「ナショナリズムの国民的自覚と保存政策の成立とを背景とした古美術品保護の気運」によって古社寺保存法成立以前と比較して数多くの神社付属の博物館が設立される時期に該当すると論じている。博物館黎明期から古器旧物の保存を求める一連の流れと、神社付属の博物館施設の設立は我が国の博物館史を語る上で切り離すことの出来ない事象である。神社付属の展示施設についての先行研究は、加藤有次1968年「宝物保存思想の発達と神社博物館への展開」『博物館研究』41—4、西牟田崇生1982年「明治以降の社寺宝物保存の歴史と神社博物館」『神道宗教』108、拙稿2013年「神社博物館史について」『神社博物館事典』雄山閣を参照のこと。

15)　註13福田論文を参照。

16)　東京教育博物館は明治二十三年に東京高等師範学校の附属博物館として、上野公園内から文部省博物館の置かれた、高等師範学校隣接地の湯島聖堂に移っている。これらの詳しい経緯は註6『国立科学博物館百年史』を参照のこと。

17)　『教育研究』第28号参照。

18)　この当時の棚橋の社会教育に関する主な論考としては、1912年「教授法近時の傾向」『中等教育』15、1912年「博物館学教授近時の傾向」『教育界』第11—5、1912年「通俗博物館」『教育時論』994などを参照のこと。

19)　1919年『教育時論』1214を参照。

20)　1911（明治44）年侯爵徳川らにより「史蹟及天然紀念物保存ニ関スル建議案」が貴衆両院に提出され、同年徳川頼倫を会長とする民間団体として史蹟名勝天然紀念物保存協会が創立された。機関紙は大正3年9月から隔月に発刊された『史蹟名勝天然紀念物』である。

21)　この時期の近時の先行研究としては高木博志1997年『近代天皇制の文化史的研究―天皇就任儀礼・年中行事・文化財―』校倉書房が有名であるが、明治末期から大正期にかけての博物館の動向を資料から地道に取り上げた最近の論考として今野農2008年「明治末・大正初期における博物館構想―通俗教育調査委員会の活動を中心に―」『國學院大學博物館学紀要』33がある。

22)　法律制定後当初の目的を達成した同会は一端解散したが、機関誌である『史

蹟名勝天然紀念物』自体は、1926（大正15）年に再び本会に関わる論考を掲載する学術雑誌として1944（昭和19）年まで存続した。
23) 同註21
24) 『博物館研究』第1巻第1号参照。
25) 伊藤寿朗監修『博物館基本文献集第1巻 眼に訴える教育機関』、初出は1930年寶文館発行のもの。博物館教育に関する物としては1930年『博物館教育 岩波講座教育科学十冊』岩波書店など。また後述する郷土博物館設置構想についての論考は1931年「郷土博物館問題」『郷土－研究と教育－』6刀江書院、1932年『郷土博物館』刀江書院など戦前期に多数上梓され、現在に於ても博物館学研究上の基本文献として位置づけられている。
26) 黒板の略歴や業績を詳細に述べている先行研究として、註5『博物館学人物史㊤』の他に、黒板勝美先生生誕百年記念会編1974年『黒板勝美先生遺文』、吉川弘文館、石井進1999年「黒板勝美」『20世紀の歴史家たち（2）』刀水書房、青木豊2008年「黒板勝美博士の博物館学思想」『國學院大學博物館學紀要』32がある。
27) 1940年『虛心文集』4、吉川弘文館、p.481を参照。
28) 黒板は欧米の博物館における展示技法をミュンヘンの大学の博物館などを例に挙げて紹介し、これらの方法論の集大成が「博物館学」であると規定している。なお、黒板の欧米視察の詳細については1911年『西遊弍年欧米文明記』文会堂を参照のこと。
29) 註27、pp.481-483を参照。
30) 註27、p.493頁を参照。事実黒板は明治神宮宝物殿の造営決定から1921（大正10）年に完成を見るまで宝物館の設置計画や展示構想を時の造営局技師大江新太郎らと共に計画を推進している。
31) 黒板が関わった社寺付属の博物館は、春日大社宝物殿や高野山霊宝館、醍醐寺靈寶館など古寺・大社が多い。黒板のその他の博物館事業については黒板博士記念会編1953年『古文化の保存と研究』吉川弘文館を参照のこと。これらの設立事業の中で最も著名なものは日光東照宮宝物館設立事業であろう。黒板は1913（大正2）年に、内務省神社局長の井上友一や史蹟名勝天然紀念物調査委員を務めていた荻野仲三郎らと共に日光東照宮に赴き視察を行っている。その際、東照宮の三百年祭の記念事業として付近の風致にマッチした陳列館を建て「崇敬信仰と趣味研究とを兼ねたもの」とし、参拝者の知識に供するべく案内記も編纂することを井上に提言されている。さらに日光の二社一寺と町の協議会は、保存活動について県庁の指示を受け史蹟名勝天然紀念物保存協会と相談するよう働きかけ、境内全体を保存の対象として意識した展示空間を構築するように指示している。
32) この起工式の講演の詳細については1914年『神社協会雑誌』通巻147号を

33) 佐藤 智子、荻野 亮吾、中村 由香 2010 年「近代社会教育政策の成立過程に関する研究」『生涯学習基盤経営研究』34 東京大学大学院教育学研究科生涯学習基盤経営コース内『生涯学習基盤経営研究』編集委員会、青木豊 2013 年「神社博物館の社会的必要性」『神社博物館事典』雄山閣等を参照。
34) 註 33 青木「神社博物館の社会的必要性」を参照。
35) 同註 27。なお、初出は「歴史地理」第 21 巻第 1 号 1913 年。
36) 1931 年『郷土－研究と教育－』6 刀江書院を参照。棚橋の論考と同じ号に寄稿されていることも興味深い。
37) 1932 年『郷土博物館』『郷土史講座』9、雄山閣を参照。
38) 註 32 青木「神社博物館の社会的必要性」を参照。
39) 加藤有次 1977 年『博物館学序論』雄山閣を参照。他、倉内史郎 1981 年『日本博物館沿革要覧』野間教育研究所を看取。
40) 註 26『黒板勝美先生遺文』、青木豊「黒板勝美博士の博物館学思想」、註 31『古文化の保存と研究』を参照。

(上西　亘)

第2節　博物館教育史

　我が国における博物館教育の歴史は、他国と比較するとまだ浅いと言えるであろう。諸外国の影響を受けて、近代国家としての道を歩み始めたばかりである1884（明治17）年に、日本で最初の博物館による学術講習会が教育博物館において開催されたことを嚆矢として、現在では多種多様な教育活動が行われている[1]。しかし、博物館の現場での多くの実践が積み重ねられているものの、現状ではそれらの体系的な変遷や歴史的意義について、博物館学ではあまり理解が進んでいないように見受けられる。ここでは、日本における博物館教育の研究・実践、及びそれぞれの社会背景との関連性より、博物館教育史を明らかにしていきたいと考える。

　まず、博物館教育の歴史的変遷を辿り、各時期によって博物館教育がどのように捉えられていたのか、またその概念がどのように推移してきたのかを明らかにする為に、編年区分を設定することが必要である。本論では、「体験」をキーワードとして考察を進める。それは、事物を文字によってではなく、資料というモノや展示、更には活動による教育が博物館のオリジナリティであるとすれば、その事を考察するにあたり最も適したキーワードだと考えるからである。また、本来ならば、博物館教育史は、近代博物館の草創期たる明治時代から論ずるのが道理ではあるが、現在に至る博物館教育の形成は第2次世界大戦後からであると考える為、その前後の時期より構成を行う点、及び当該区分は本論の考察の為のものであり暫定的である点を付記しておきたい。

　では、博物館学史全体を包括した学史研究を基礎として、博物館教育史における年代区分を試みたい。日本の博物館学史について、現在に至るまでその編成は、少数の研究者によって発表されたに過ぎないというのが現状である。博物館学史の体系的な編成を試みた代表的な人物に、加藤有次と青木豊が挙げられる。まず加藤は、学史の展開を黎明期Ⅰ（明治期～終戦期）、黎明期Ⅱ（終戦期～博物館法制定）、試行期Ⅰ（博物館法成立～昭和30年代）、試行

期Ⅱ（昭和40年代）、起動期（昭和50年代）という5期に分けている[2]。特徴として、その各期の中で特色のある文献が根拠として挙げられ、それに加えて全国大学博物館学協議会の結成等の学会動向が付加されている。だが、あくまで論文や上記のような学界の動きが中心であり、純粋な博物館学史としての記述にまとめられている為、そのままでは博物館教育の潮流を追うことは難しい。

　次に、青木は「博物館学史序論」[3]及び『新編博物館概論』「第1章第2節博物館学の歴史」[4]において、学史編成を展開している。青木によると、その始まりを1866年に出版された福沢諭吉の著書『西洋事情』にまで遡り、博物館学前夜（明治初年）、確立期（明治時代中期～後期）、発展期（大正時代）、変革期（昭和初期～戦前期）、社会への浸透期（昭和20～40年代）、乖離の時代（昭和50年～昭和末）と6期に編成を行っている。青木の編成では、学史として解明されていない部分の多い明治期にアクセントが置かれており、その緻密な文献精査は評価できる一方で、自身でも述べているように後年に至る部分では編成に説得力が欠けることも否めないであろう。

　加藤・青木両氏の研究をふまえて、山本哲也は「これまでの編成案では、明治時代、大正時代、「〇年代」など、区切りの年代を重視しているが、実際には重要な文献の登場や学問領域としての認識、そして法令等諸制度の制定や改革によってその画期を見極める必要がある」[5]と述べ、博物館史、法令の整備・改正と博物館体制・博物館学への影響、学会等の組織化という観点をより詳細に加えた。山本によると、前史（1860年以前）、胎動期（1860～1872年）、黎明期（1872～1911年）、始動期（1911～1928年）、躍動期（1928～1951年）、変革期（1951～1973年）、拡大期または発展期（1973～1995年）、第Ⅱ変革期（1995～2003年）、混迷期（2003年以降現在）という9期に類別している[6]。

　しかし、今まで取り上げた三者はあくまで博物館学史全体の体系的編成を志向するものであり、それが即座に博物館教育史に応用出来るとは言い難い。博物館教育論の視座からは、守井典子と辻夏奈子が教育論の史的変遷を明らかにする試みを行っている。守井は「博物館学に関するレビューはこれまでにもいくつかなされているが、教育に重点を置いたものは皆無に等し

い。」[7]と博物館教育論の理論構築がなされていないことを指摘し、戦後の代表的な研究者である棚橋源太郎、木場一夫、鶴田総一郎、倉田公裕の4氏の論を、①博物館としての特徴、②博物館の教育的役割／機能の捉え方、③多様な教育普及活動を捉える際の分類方法の3点から考察し、博物館学における教育概念の変遷を明らかにしている。事例報告が多くを占める教育論の分野において、このような理論的考察は注目すべきものであると考える。

　続く辻は、博物館教育概念を、博物館学史及び日本教育史という2つの観点を併せた考察を行っている[8]。博物館教育概念の確立期を昭和時代と定め、前期・中期に焦点を絞った上で、文献数のデータの比較や、文部省の動向等社会背景から、博物館学研究の動向を詳述している。従来の研究は、博物館学自体やそれに関わる社会情勢のみに焦点が絞られたものがほとんどだが、博物館は社会教育機関として学校教育とも密接に関連していることは周知の通りであり、日本における教育史の観点からも調査が為されている点が評価出来ると考える。

　以上の研究をふまえ、博物館教育史を考察するにあたり、以下の編年区分を提示した上で、博物館教育史について考察を行う。

●第Ⅰ期（昭和初期～1951）
直観教授指導から博物館法施行
●第Ⅱ期（1951～1971）
博物館法施行から体験学習室（北海道開拓記念館）の常設まで
●第Ⅲ期（1971～1981）
体験学習室（北海道開拓記念館）の常設から中央教育審議会答申「生涯教育について」まで
●第Ⅳ期（1981～1992）
中央教育審議会答申「生涯教育について」から学校週5日制導入まで
●第Ⅴ期（1992～2003）
学校週5日制導入から地方自治法改正まで
●第Ⅵ期（2003～現在）
地方自治法改正以降

　ここからは上述した編年区分を基に、博物館教育史について詳述する。博

物館における教育活動は、展示と関連して講演会やワークショップ等の多岐にわたる実践が行われているが、本論では各区分の特徴が見出しやすい体験展示及び体験学習をひとつの軸として論じることとする。先行研究に加えて、体験学習に関する1954（昭和29）年より2010（平成22）年までの実践事例報告376件を精査したデータもあわせ、理論と実践両面から博物館教育を捉えることを試みる。

(1) 第Ⅰ期（昭和初期～1951）

第Ⅰ期における代表的な研究者は棚橋源太郎・藤山一雄・木場一夫である。棚橋源太郎は「博物館学の父」として知られる人物で、明治から昭和にかけて激動の時代を活躍した人物である。棚橋は1930年に『眼に訴へる教育機關』を発表し、その中で以下のように述べている。

　　　眼に訴へる教育は英語のVisual Educationのことで、…中略…独逸のアンシヤウングス、ウンテルリヒト（直觀教授）に最も近いやうであるが、直觀教授はもと、英米の庶物示教（オブジエクト、レッスン）や、佛國の實物教授（ルソン・ド・ショーズ）と共に、初年級兒童に對する庶物及示教圖中心の國語教授事物教授を結びつけたやうなものである。[9]（傍線筆者）

ここで教育活動における概念のひとつとして、直観教授・庶物示教・実物教授等という語の使用が挙げられる。実物教授とは、棚橋も述べているように実物資料等のモノに直接することによって知識の伝達を行う教授法のことである。日本にこのような教授法が流入したのは、1872（明治5）年から明治20年代前半（1887～）であり、近代教育の基礎を築くにあたって、アメリカの教育内容や教授法から強く影響を受けていた[10]。モノに直接することを通じて得られる知識を重視するこの手法は、直観教授としてコメニウス、ルソーらが教育哲学として基礎を構築し、スイスの教育実践家であるペスタロッチーによって確立された教授法である。直観教授は18世紀末にプロイセンで導入され、その後アメリカへ伝わり独自に変容した。つまり、日本にはアメリカ経由で既に本来とは異なる形に変質した概念が輸入され、国内への導入過程でも独自に改変が行われている。本来のペスタロッチー主義が市民による教育を志向したのに対して、日本では政府によって、ペスタロッチ

ー主義とは真逆である上からの教化という政治的文脈に即して導入が行われた為であると言われる[11]。

　直観教授の概念が日本に流入し、庶物示教や実物教授という名で実践が行われていた時期と、棚橋が高等師範学校で学んでいた時期は重なる部分がある[12]。更に、棚橋は学校教育にも携わっていた時期もあり、初等教育で行われていた教授法を博物館でも応用することを想定していたのであろう。

　藤山一雄は、満州国立中央博物館副館長を務めた人物で、そこで「博物館エキステンション」という教育活動を行った。これは、ただ来館者を待っているのではなく、移動教室や今でいうミュージアム・コンサートを開催し、広く世間に働きかけようという意図のものである。この活動についての記述の中で、藤山も実物教授という語を用いている[13]。しかし、藤山の博物館教育観は時代背景も相俟ってか、大衆庶民や当時の第二国民をひとつの方向へ教導するといったものであり、現代における博物館教育の概念とは大きく異なることが看取される。

　一方、藤山と共に満州国立中央博物館で働いていた木場は、「博物館における知識拡散の教育活動の中核的機能は展示」[14]であると明確に定義し、他の視覚教育とは異なる点を以下のように述べている。

　　博物館では目的物の研究を三次元の物体に結合して取り扱っているが、單に物を見るだけの狭い経験領域にとどまらず、なおこれらの物体を幻燈・写眞・映画・図表などの資料と組み合わせて、物および現象に関する理解を深めるように処理しており、機械・模型などは動かしてみることができ、または実物や標本を手に触れてみることによって現実性を得ることに努めている[15]。

　実践においては、2つの大戦の影響もあり目立った記述はほとんど見受けられず、戦後初めての教育活動としては、上野動物園において1948（昭和23）年に行われたサマースクールとしての子ども動物園に関する記録の確認に留まっている[16]。

(2) 第Ⅱ期（1951 ～ 1971）

　1951（昭和 26）年に博物館法が施行され、博物館は社会教育機関として明確に位置づけられることとなった。この時期においては、棚橋源太郎・鶴田総一郎・新井重三らが主要な研究を発表している。まず棚橋は、1953 年に『博物館教育』と題した本を出版している。当該著書は 1950 年出版『博物館学綱要』[17]をほぼ踏襲したものであるが、題名をあえて『博物館教育』とした理由について「欧米近時の博物館の多くが何れも教育機関を標榜しているばかりでなく、本邦に於ても将来益々その教育上の利用を鼓吹しなければならないことを痛感するからである」[18]と棚橋は述べており、その先見性は注目に値すると考える。『博物館教育』の中で棚橋は、博物館における教育的体験について以下のように述べている。

　　　その特色の第一は、博物館が観覧者の眼に訴え或は手を触れしめて、<u>直接実物から確実な知識を獲得させている</u>ことである。この<u>実物観察直接の経験</u>こそは、実に博物館の一大特色とするところである。直接の観察で得た知識は最も基礎的なもので、文字文章や話で伝えられる、セカンドハンドの知識とは全然その性質を異にし、価値が異なるのである[19]。（傍線筆者）

ここでも博物館での教育として、実物資料を見ることによる学習効果が強調されているのが明らかに見て取れる。しかし、従来幻燈や掛図を併用する学校式の実物教授とは異なる、博物館展示独自の価値を見出していると考えられる。この点からは、より一層博物館における「教育＝展示」という方向性が色濃くなっている。

　次いで鶴田は、教育普及を「『もの』と人との結び付きに関する研究」[20]として、博物館教育の研究の必要性を訴えた人物である。木場が展示とその他教育活動を別々のものと考えていたのに対して、「『もの』を媒介として教育普及するという博物館の建前から云うと、切り離して考えるのは片手落にすぎると思う」[21]として両者を一括して「教育普及」とするべきだと主張している点が特徴的である。これは博物館での教育的体験の幅を広げるものであり、現在においても大いに評価出来るものであると考える。

　また、鶴田は単に実物に直接するだけでは不充分とし、展示と教育活動を相

互補完的に行うことを主張している。第Ⅰ期においても、科学博物館等における展示への動力の使用は諸氏によって述べられていたが、鶴田は五官に訴えるという語を用いることによって、更に展示への積極的関与を強調しており、こうした考え方の背景には構成主義に基づく教育観があるのではないかと看取される。

　一方新井は、展示を教育活動の一環として捉える鶴田とは、異なる展示理論を展開している。展示のあり方について、新井は以下のように述べている。

　　　展示は展示しようとする資料を忠実に市民に説明（Interpretation）することであると思っている。…中略…利用者が、それを教育的に活用することも、審美的な立場から観賞することも、教養として受止めることも、それは利用者の自由であって、博物館が意図的に押しつけるべきものではないのである[22]。

　つまり、展示はあくまで展示でしかなく、それをどのように活用するかは利用者次第であるということを示しており、これは後にフォークとディアーキングによって提示された個人的コンテクストに内包されるものであると考える。

　新井は博物館学の中でも、二重展示法をはじめとして展示論において多大な功績を残した人物である。また、展示法に関して体系的に分類を行った数少ない研究者でもあり、能動態展示について「実演展示」と「実験展示」と定義している[23]。

　第Ⅱ期には、実践面でも展示に対する身体的な働きかけを通して、来館者の能動的な学習を生み出そうという志向が強まっている。この時期には、1960年代の半ばにボストン子ども博物館でハンズ・オンの試みが行われたことに端を発し、1969年にはエクスプロラトリアムやオンタリオ科学博物館が開館する等、世界的にも理工系の実験展示やサイエンスセンターといった新しいタイプの博物館に注目が集まった時期でもある。その為、第Ⅱ期前半では自然史系博物館での事例が半数を占めていたが、後半には理工系博物館における体験展示及び体験学習の実践例が増加している。

　つまり、第Ⅱ期では、博物館教育における展示について、身体的な能動性に注目する傾向が顕著であったと言えるであろう。これは、それまでの博物館の展示・教育活動が知識を教授するものであったことに対する新たな潮流で、来館者を主体として捉える現在の教育論の先駆けと言えるのではないであろうか。

(3) 第Ⅲ期（1971 〜 1981）

　第Ⅲ期の始まりに区分した 1971 年には、日本国内で初めて北海道開拓記念館に体験学習室が常設されている[24]。同館での体験学習室の設置理由について、以下のように述べられている。

　　　記念館の構想全般についての検討が開設協議会においてなされたが、来館者が博物館資料を展示室において、視覚的にとらえるという従来の博物館から脱却し、実際に資料にふれ、それを操作し、体験することの出来る展示室の設置についても強い意見が出された。…中略…これはわれわれにとって、これまでの「ながめる」「見つめる」段階の博物館から、さらに「確かめる」「調べる」「参加する」博物館への新しい方向をめざすために、旧来意識の転換をはかったことで、きわめて重要な試みとなった[25]。

更に、日本は 1950 年代からの高度経済成長期に入っており、1980 年代における子供たちの自然体験や生活体験の貧困化が盛んに叫ばれるようになる時期との、いわば端境期と言えるのがこの第Ⅲ期である。前述の体験学習室は、そうした社会の到来を迎えるにあたっての、先進的な取り組みであると考えられる。
　この時期の博物館教育概念について、考古学者であり、加曾利貝塚博物館において実験考古学に基づき「土器づくりの会」を育てた後藤和民は、以下のように述べている。

　　　学芸員が頭の知識として教えることよりも、逆に来館者の体験から学ぶことの方がはるかに多い。…中略…実は、ここにこそ、学校教育や観念的知識教育とは本質的に異なった、博物館独自の歴史的調査研究があり、その貴重な存在意義が暗示されているのである[26]。（強調点は原文ママ）

　　　利用者にとっては、現地で実物を直接自分の実感によって捉えながら、自分の問題意識を解決していく自主的研究の場であり、実験や実演や現地踏査など、自由で創造的な学習を通して、みづからの生活体験によって理解し、現実生活の行動の中で解決してゆく。これを筆者は、頭脳的学習に対して、あえて「体験的学習」と呼ぶのである[27]。（傍線筆者）

このように、博物館での教育が学校教育とは異なる独自性を持つものであることが強調されると共に、教育という語を学習と言い替えることによっ

て、博物館が来館者にとって自主的な学びの場であるという方向性が明確に表わされている。この教育から学習への社会的な潮流の変化は、ラングラン（P.Lengrand）の提唱した生涯教育が生涯学習へと言い替えられることにまで影響が及んでおり、そうした影響が直接的に後藤によるものではないにしても、この転換自体は広く社会で受け入れられていくこととなった。

　また、第Ⅲ期には長谷川栄によって、子どもや視覚障害者を対象とした日本初の「手で見る展覧会」の開催が紹介されている[28]。当該展覧会の開催館は不明だが、全国各地で巡回展を行ったとの記述があり、手でさわるという従来の博物館におけるタブーを乗り越え、新たな学習手法を意識するきっかけとなったのではないかと考えられる。

　前述した後藤の「体験的学習」は、現在行われている教育活動としての体験学習と、まさに意を同じくしており、北海道開拓記念館の体験展示室や、「手で見る展覧会」といった事例ともあわせて、第Ⅲ期は教育活動における体験学習の草創期と言うことができるであろう。

(4) 第Ⅳ期（1981 〜 1992）

　第Ⅳ期開始時期である 1981 年には、中央教育審議会より「生涯教育について」という答申が出され、社会教育機関である博物館も、その教育的役割を強く求められるようになった。また、第Ⅲ期でも述べたように、高度に成長した社会において自分で何かを行ってみるという体験の不足が、子供たちに顕著であるという社会背景を受けて、体験がひとつのキーワードとして存在感を持つようになってくるのである。その中で新井は、それまで動態展示として混成していた分類を、演示・動力展示・体験展示と再定義している。以下に、新井による体験展示の定義を示す。

　　F 体験展示
　　　物の持つ情報は視覚だけによって伝達されるものではない。身体全体でとらえること、すなわち体験を通して感受したり理解して貰う展示が必要になってくる。このような趣旨・目的のために開発されたものを体験展示とよぶことにする。
　　　視覚によって得られる情報は物に関する限り、位置・大きさ・形態・

色彩等であるが、<u>体験（触覚・聴覚）</u>を通すことによって手ざわりによる質感・硬さ・重さ・音質・温度・味覚等はるかに多くの情報を得ることができる[29]。（傍線筆者）

　我が国において、体験展示という文献上の初出は、この新井によるものであると看取され、この時期にこうした展示手法が博物館界に浸透し始めていることを証明するものであると考える。また同年は国際障害者年にもあたり、視覚に限らず触覚や聴覚等、諸感覚を用いる展示や教育活動を一層後押しすることになった。

　多くの館種において、体験学習の事例件数は第Ⅳ期を頂点のひとつとしており、この時期には館種を問わず体験学習に注目が集まっていたことが読み取れる。また、第Ⅲ期及び第Ⅳ期と位置づけた1970～80年代にかけて開館した館が多いことも一因であろう。特徴的なのは、郷土・民俗系が約20%と高い割合を占めるようになる点である。それに伴って、昔の生活を民具等の使用体験によって体感する学習法が急増している。第Ⅳ期は、前述したように、子どもたちの生活体験の欠乏が憂慮された時期である。昔ながらの生活や自然の中でふるさとに親しむといった体験の要求が社会的に高まった時期であり、郷土・民俗における事例の増加傾向は、このような社会背景を象徴しているものであると考えられる。

　こうした視覚以外の感覚を積極的に取り入れる博物館界の教育傾向に対して、倉田公裕は見ることの意味を改めて主張している。倉田は棚橋や木場と同様に、博物館教育の最大の特徴は展示であると位置づけ、見るという行為を以下のように定義している。

　　見るということは、ただなんとなく目で見る、網膜に写したということではなく、目を通して脳で視ていることであり、意識の流れに還元しながら視ることであるといわれるように、<u>見る人の積極的な活動</u>でもある[30]。

（傍線筆者）

　この倉田の見る行為に対する提言は、身体的な能動性が重視されていた第Ⅲ期と比較して、来館者のより主体的な観察や関わり方、つまり体験が参加という概念に言い換えられるようになる萌芽が見て取れるのではないか。第Ⅳ期は、博物館教育における体験という概念が、単なる身体的なものから、より深化していく移行期といえるであろう。

(5) 第Ⅴ期（1992～2003）

　1992年には、学習指導要領の改訂によって学校週5日制の導入が決定し、2002年の完全移行に至るまで、段階的に実施されることとなった。この学校教育の動きにより、新たに休日となる土曜日の有効な活用法として、博物館との連携が注目されることとなった。そうした背景から、主に小中学生を対象として、展示に留まらない体験を重視した教育活動が盛んになっていく。
　市民による博物館活動への参加を促すきっかけとなった、博物館三世代論を展開した伊藤寿朗は、教育活動における体験学習について、以下のように定義している。

　　　博物館において、ワラ、土器、竹、石膏などの素材に触れたり、また製作などを直接体験することにより創造性を育んでいく学習法を一般に体験学習と言っています。<u>博物館は知識の詰め込み場所ではなく、人びとが自由に楽しみながら自分で経験し、確かめていく機会を提供していく場</u>であるという考え方が背景となっており、人びとの人気と教育効果の大きさから、各地の博物館で活発に展開されています。しかし展示という見ることを中心とした博物館の学習方法の対極として想定されるため、自然観察会などの見学会を含める場合もあり、どこまでを体験学習とするかの定説はありません[31]。（傍線筆者）

　更に伊藤は、体験学習を①常設型（例：北海道開拓記念館）、②講座型（例：東京都美術館）、③製作型（例：加曾利貝塚土器づくり同好会）の3型に分類を行っている。しかし、常設型は子供向けの展示空間であるディスカバリールーム等との区別が難しい点や、常設や講座というのは実施形態に過ぎず、学習の本質を捉えた分類であるとは言い難いと考える。
　また、展示法については青木豊が、1990年代より多く見られる参加型展示やハンズ・オンといった類似した用語の濫用を受け、前述した新井による定義の再編を行っている。

　　　<u>体験展示とは体験（触覚・聴覚）を通して身体全体で感受する展示であると定義している。この体験展示に対し、ここでいう参加型展示は、体験展示を細分し知的参加に限定した展示形態を指すものとする。</u>…中略…以上の触覚・聴覚などの体感に訴えることを目的とする体験展示に対し、参

加型展示には知的参加を目的としたクイズ形式の展示や、ミュージアム・ワークシート、ミュージアム・ショップなどがあげられよう[32]。(傍線筆者)

しかし、青木による再定義の後も、類似した名称が論者各々の解釈によって論じられ、博物館教育における体験概念の混乱を来しているのが、現在までの状況である。

また、この時期には総合及び歴史・考古系での事例報告数が増加している。これは、総合博物館の分野が多岐にわたる点、または歴史・考古系で資料の特性から体験的学習に慎重な姿勢を取っていた館が、1989年の学習指導要領小学校社会科の中で博物館との連携を謳う記述がなされたことや、1992年からの学校週5日制の導入等学校教育との関わりの中で、体験学習の運用に踏み切ったと考えられる。このことはやはり、博物館での教育活動には、学校教育からの影響が多分に現れていることを示すものである。

また、第Ⅴ期で特徴的な点は、ボランティアの割合が高まっている点である。博物館でのボランティアは、1979年の北九州市立美術館による事例が、博物館活動に対する単なる奉仕活動ではなく、自己学習を意識したものとしては初出であると考える[33]。当該事例を皮切りに、第Ⅳ期では美術館を中心として件数を伸ばしていたが、第Ⅴ期に入ってからは総合や歴史・考古系、郷土・民俗系、自然科学・理工系と幅広い館種で導入が進んでいる。この時期には、先述の伊藤によって発展をみた博物館三世代論が注目された時期でもあり、市民参加という志向を意識した事も要因として挙げられるであろう。

つまり、第Ⅴ期は体験学習をはじめとして、博物館教育が社会からの要請に応え、多様な広がりを見せた時期なのである。しかし、それにも関わらず個々の実践が教育活動として体系化されず、博物館での学びや体験とは何かという共通意識が構築されぬままとなった混乱期であると言えよう。

その一方で、1996年に出版されたフォークとディアーキングによる『博物館体験』の日本語訳は、日本の博物館学にも多大な影響を与えたと考えられる。出版の翌年には、江戸東京博物館で展示評価が行われるようになり、その後滋賀県立琵琶湖博物館でも評価に関するシンポジウムが開催されている[34]。日本においても、この時期から博物館体験が注目されるようになり、漸く来館者研究の萌芽が見られたのである。

(6) 第Ⅵ期（2003～現在）

　2003年には地方自治法が一部改正され、指定管理者制度が博物館にも導入されることとなり、事業の成果や教育効果といった評価が、社会から厳しく求められる時代となった。それと共に、社会教育機関として博物館が、地域や社会にとってどのような役割を果たすのかを問われるようになったとも言える。そうしたことから博物館教育への注目は更に高まり、研究も数多く発表されているが、その中でも博物館教育概念を考える上で特に注目に値する研究は、湯浅万紀子の研究である。湯浅は、博物館における体験をフォークとディアーキングによる「ふれあいコンテクスト（Interactive Experience Model）」や、キャメロン（D.F.Cameron）によって提唱された「フォーラムとしてのミュージアム」という概念等、海外の博物館教育研究を背景として、以下のように述べている。

　　博物館体験とは、人々がただ博物館へ行って展示物を眺めることではなく、人々が展示物を介してスタッフや同行者、他の来館者とコミュニケーションしたり、自分自身と対話し、そこから展示物や添付された説明文を越えたメッセージを受け取り、人々の好奇心に火が付いて、その後の人生に影響をもたらし得るものである[35]。

　このように、博物館における体験を展示・教育活動の中という狭義に留めず、更に長期的な視野で捉えようとする試みは、日本国内においては湯浅による研究が最も先駆的であると思われる。これは前述した混乱した博物館教育における体験概念を整理するものでもあり、博物館教育の可能性の幅を広げるものである。

　また、東京国立博物館の鈴木みどりも同様の概念を以下のように示している。
　博物館の中で何かを体験すること、経験すること（たとえば、ミュージアムショップで買い物をする、ワークショップに参加するといった、具体的な「行動」）が「体験」なのではなく、そのことによって自分自身の中で、何かが生まれ、自分と同化する作用がビジターズ・エクスペリエンスである[36]。

　これらの研究が、以前までの教育概念をめぐる言説とは異なるのは、以前の体験が指すものが自分で何かをやってみる、または身体的及び主体的活動

を来館者に行わせる手法についての概念であったのに対し、第Ⅵ期では博物館に来ることの意味、更には博物館で一体人はどのように学ぶのかといった学習論にまで及んでいるという点である。つまり、第Ⅵ期は今後の博物館教育において、大きな転換期になる可能性があると言えるであろう。

同様に、教育活動の実践において第Ⅵ期で特徴的な点は、博物館理解を促す型の増加である。この型は、博物館で展示されている資料や、展覧会のテーマについてではなく、博物館活動そのものに対して理解の深化を図り、学習の場としての活用を促進するという目的を有するものであり、従来行われてきた教育活動とは異なるものであると考える。この型では、国立歴史民俗博物館の佐藤優香によって行われた、展示を行う学芸員・展示を観る利用者・展示として表象される者という三者を体験することを通じて、ミュージアム・リテラシーを涵養することを目的としたワークショップ「ふでばこ展覧会」の実施[37]や、体験教室のリピーターが学習成果を発表し、同時に学芸員の仕事に対する理解を狙いとして実施された紀伊風土記の丘「子ども学芸員」[38]等が、例として挙げられる。

このように、博物館教育は展示や資料に関する知識を伝達するという目的のものから、近年では更に幅広い取り組みが行われていることが明らかになった。これは、改めて博物館での学習とは、どのようなものであるのかを、来館者の視点に立って再考されてきたからだと考える。そうした動向の根底には、博物館における教育的体験をより総体的に捉えようとする意識が、実践の場でも表れているものと看取される。

以上のように昭和初期から現在に至るまでの、博物館教育史の変遷を、第Ⅰ期から第Ⅵ期に分けて考察を行った。博物館教育は、各時期によってその意味合いを少しずつ変化させ、現在に至ってはその概念が大きく拡大しつつあると言えるであろう。

註

1) 椎名仙卓 2000『図解博物館史〈改訂増補〉』雄山閣出版、p.74
2) 加藤有次 1996『博物館学総論』雄山閣出版、pp.22-37
3) 青木　豊 2010「博物館学史序論」『國學院大學博物館学紀要』34、國學院大

學博物館学研究室、pp.1-14
4) 青木　豊 2011『新編博物館概論』同成社、pp.11-27
5) 山本哲也 2011「博物館学史の編成について」『全日本博物館学会　第37回研究大会発表要旨集』全日本博物館学会、p.11
6) 同註 5
7) 守井典子 1996「博物館学における教育概念の変遷―博物館教育論の構築に向けて―」『日本社会教育学会紀要』32、日本社会教育学会、p.96
8) 辻　夏奈子 2010「日本における博物館教育研究史―博物館教育概念の確立期における研究動向の変遷と日本教育史―」『國學院大學博物館学紀要』34、國學院大學博物館学研究室、pp.79-86
9) 棚橋源太郎 1930『眼に訴へる教育機關』寶文館／伊藤寿朗監修 1990『博物館学基本文献集』1、大空社、p.1
10) 石井正司 1981『教授理論研究2　直観教授の理論と展開』明治図書出版、pp.219-220
11) 同註 10
12) 斎藤修啓・鈴木一義 1998「棚橋源太郎資料について―棚橋資料目録―」『Bulletin of the National Science Museum. Series E, Physical sciences & engineering』21　国立科学博物館　p.10
13) 藤山一雄 1940『新博物館態勢』満日文化協會／伊藤寿朗監修 1990『博物館学基本文献集』4、大空社、p.15
14) 木場一夫 1952「博物館教育」『見学・旅行と博物館』金子書房／伊藤寿朗監修 1991『博物館基本文献集』14、大空社、p.16
15) 同註 14、p.16
16) 中川志郎 1979「動物園サマースクール―夏休みを動物と共に―」『社会教育』34 下 -8、全日本社会教育連合会、p.16
17) 棚橋源太郎 1950『博物館学綱要』理想社／伊藤寿朗監修 1991『博物館学基本文献集』13、大空社
18) 棚橋源太郎 1953『博物館教育』創元社／伊藤寿朗監修 1991『博物館学基本文献集』15、大空社、p.2
19) 同註 18、p.39
20) 鶴田総一郎 1956「博物館学総論」『博物館学入門』理想社／伊藤寿郎監修 1991『博物館基本文献集』別巻、大空社、p.25
21) 同註 20、p.29
22) 新井重三 1970「博物館の展示」『博物館研究』42-4、p.22
23) 同註 22、p.27
24) 矢野牧夫・原田富彦・海保嶺夫・関秀志・赤松守雄・山田悟郎 1972「北海道開拓記念館の教育活動について―その実践と反省から―」『博物館研究』

45―1、日本博物館協会、pp.15-25
25) 同註 24、p.22
26) 後藤和民 1979『博物館学講座 1　博物館学総論』雄山閣出版、p.160
27) 同註 26、p.161
28) 長谷川　栄 1979「美術館の児童造形教育へのアプローチ―ポンピドー国立芸術文化センターの Atelier des enfants〈子供のアトリエ〉による Les mains regardent〈手で見る展覧会〉から―」『博物館研究』14-7、日本博物館協会、pp.30-36
29) 新井重三 1981『博物館学講座 7　展示と展示法』雄山閣出版、pp.52-54
30) 倉田公裕 1989「博物館教育原理の基礎的考察―序―」『MUSEUM STUDY 明治大学学芸員養成課程紀要』1、p.22
31) 伊藤寿朗 1993『市民のなかの博物館』吉川弘文館、p.119
32) 青木　豊 2000「博物館展示法」『新版博物館学講座』9、雄山閣出版、p.40
33) 満生和昭 1979「北九州市立美術館における婦人ボランティア活動について」『社会教育』34 下-8、全日本社会教育連合会、pp.22-24
34) 佐々木秀彦 2001「江戸東京博物館の常設展示における展示評価と改善」『博物館研究』36―8、日本博物館協会、pp.11-16
35) 湯浅万紀子 2003「博物館体験を評価する視点―博物館活動の長期的影響力を調査する―」『日本ミュージアム・マネージメント学会研究紀要』7、p.15
36) 鈴木みどり 2007「デンバー美術館の教育普及事業―ミュージアム・エデュケーションからビジターズ・エクスペリンスへ―」『MUSEUM 東京国立博物館研究誌』611、p.38
37) 佐藤優香 2003「ミュージアム・リテラシーを育む―学校教育におけるあらたな博物館利用をめざして―」『博物館研究』38-2、日本博物館協会、p.12-15
38) 加藤幸治 2004「博物館での学習成果を展示する「紀伊風土記の丘 子ども学芸員」『博物館研究』39―8、日本博物館協会、pp.12-13

（中村千恵）

第Ⅳ章　博物館教育の目的と方法

中村　浩

第1節　はじめに

　博物館教育は学校教育とは異なる公教育の一つである。
　学校教育は被教育者の年齢や習熟度に従っての分類あるいは発達段階別（学年別）教育があり、教育者についても一定の専門教育に見合う教育が課せられ、かつ高校段階までの教育においては、公的に認定された教員免許の習得・所持が必要不可欠である。さらにその教育の実施に当たっては教育指導要領なる指導法、内容に関する一定の基準が国によって定められており、それを大きく逸脱することは考えられない。
　一方、博物館教育は広く幼児から老人までの社会経験や教育経験の到達度には関係なく、その教育対象者となる点で学校教育などとは大いに異なっているといえる。さらに博物館教育を行う側についても公的資格としての学芸員資格はあるが、その資格は資料の取り扱いを主とするものであり、必ずしもその有資格者のみが博物館で観客に対応しているとは限らない。この点、資格の獲得、免許の所持が絶対条件の学校教育の場とは大いに異なっている。
　従って教育手法についても習熟度に見合った内容が求められ、かつ教育の場でいう教育者と被教育者という関係より、被教育者の自主的な学習の方が重視される。なお平成22年博物館法が改正されたがその主たる事項に、博物館が行う事業として社会教育における学習の機会を利用して行った学習の成果を活用して行う教育活動等の機会を提供・奨励することがある。
　すなわち博物館教育は、博物館学習であり、多様な学習に対応しうるカリキュラムが求められているのである。
　以下、博物館教育の目的とその方法について考えて見たいと思う[1]。

第2節　博物館教育の目的

(1) 学校教育との目的の差

　ここで目的というのは到達目標という言葉で置き換えることが可能であろう。教育とはペスタロッチの教育論に始まるとされているが、そこでの教育の意義は生活に必要な知識の習得という点にある。あるいは識字や思考、交流に最低限国民としての必要な知識の獲得ということがあげられるだろう。それらはすべて学校等教育機関において取得される内容ばかりでなく、家庭内あるいは社会生活を営んでいくうちに、自然と身についてくるものも少なくはないと考えられる。

　公教育の一つとされる博物館教育は、到達目標や成果目標が存在する、いわゆる学校教育等にいう教育にはなじまない部分が多いといえる。すなわち学校教育においてはそれぞれの適正年齢や就学年齢が定められている。

　しかし博物館における教育、学習は幼児、児童を対象とする子供博物館に分類される施設のほかは、その対象年齢の規制や推奨される年齢などは存在しないといえる。むろんこれらの子供博物館に分類される博物館にあっても、その利用者の年齢制限が行われている施設は少ない。

　平成22年3月に出された「博物館の設置及び運営上の望ましい基準の見直しについて」とするこれからの博物館の在り方に関する検討協力者会議の報告書（以下『報告書』と略記）には生涯学習社会について「いつでもどこでもだれでも自らの自由意思で学ぶことが出来、その成果が正しく評価される社会」とされる。この社会にあって各種学習に対する地域住民の今日的な需要は、多様化・高度化・個別化していることが特徴として挙げられている。すなわち多様化する博物館は、すべての年齢層に対して解放された博物館資料と施設・設備の使用、掲示などを通じて広く行われる公教育機関あるいは学習施設であり、社会教育施設であるといえよう[2]。

　博物館の観覧者への働きかけ（プレゼンテーション）はそれぞれの博物館の

設置コンセプト、アイデンティティによって異なるがいずれも観覧者によって自由にそのプレゼンテーションは受け入れに当たって、肯定的理解、拒否的態度、あるいは不理解は、それぞれ受け手の自由裁量によって選択される。

　博物館教育の目的は、あくまでそのそれぞれの博物館の設置コンセプトあるいはアイデンティティによって差が見られ、そのプレゼンテーション方法がそれぞれ異なっており、一様ではないといえる。あえて言えば博物館教育は、この博物館側から観客への働きかけが博物館教育ということになる。その方法の多様性はすなわち博物館教育の方法の多様性にもつながってくる。先の『報告書』では「博物館の社会における役割を広く伝える方策についてそれぞれの館が検討する必要がある。」とする。さらに赤尾勝美は、「博物館にはポリシーがなければならない。」とする。これは博物館の設置理念、目的に該当し、その博物館教育における活動の背景でもある[3]。

　次項ではまず博物館教育の目的についていくつかの事例を挙げながら考えて見ることにする。さらにそれらの博物館の目的に沿っていかなる手法、方法が考えられ、それらのいずれが最も適切な教育情報伝達方法であるのかについて考えていくことにする。

(2) 博物館教育の目的

　まず博物館目的の大きな一つに館の理念の提示あるいは館内外に対するアイデンティティの熟成とでもいうべきものである。この問題は博物館の理念・設置背景とも重なってくる問題である。即ちこの目的は観客への働きかけとも深く関連するものであり、博物館の種類種別によっても異なってくる。

　本項では日本及び東アジアにおける博物館の設立理念の顕著な例を示し、そこから博物館教育の目的あるいは方向性を探ってみたい。

①シンガポールディスカバリーセンター
―国民の自覚と国防意識教育の場―

　シンガポール・ディスカバリーセンターについて取り上げてみよう。その名称から宇宙開発あるいは科学的な内容の博物館のイメージを持つ方も多いと思う。しかし、この施設は、シンガポール軍ジュロン陸軍基地に隣接し、

軍の訓練施設である敷地内に設置された国民の自覚と国防意識教育の場としての科学博物館である。

その内容は、シンガポールの過去と現在の状況を自覚し、国防広報に関してアピールするプレゼンテーション施設である。そこでは過去の歴史、現在の状況、未来の展望という全体では五つの展示テーマから構成される。

先ず入口を入ると、多くの笑顔の顔写真パネルによって迎えられる。ここで訪問者は多民族国家としてのシンガポールを改めて認識することになる。

さらに進むにしたがって、シンガポールの経済状態や税金の使途、あるいは社会の状況、文化などが、多数の資料とともにシンガポールの置かれてきた過去、現在、さらに未来への展望が目白押しに展開する。とくにジオラマや映像を巧みに取り入れ展示手法により、観客を飽きさせない工夫が随所に見られる。またそれらの内容をクイズ形式で問いかけるコーナーも用意されている。

これらの展示を通覧すると当該施設が、明らかにシンガポール国民としての自覚、すなわち国民的アイデンティティの涵養の場所として設置されたものであることが理解される。すなわち、ここでの博物館教育の目的は明確であり、改めて説明は要しないだろう。

またシンガポールは徴兵制度が採用されている国家であり、このディスカバリーセンターで学習した、シンガポールという国家について、さらに国防意識を高めるために、同じ敷地内にあるアーミー・ミュージアムの見学が用意されている。この博物館はシンガポールの軍事に関する歴史、軍隊生活の実態、戦争体験などの展示があり、銃器の発射や戦場での砲弾のもとでの仮想臨地体験などのコーナーも用意されている[4]。

またかつて実際に発生したシンガポール航空のハイジャック事件に対処した軍隊の状況やテロ事件に対する対応など、事件をいかに収束させたのかということを示し、軍隊の関与の必要性を訴えている。

とくにシンガポールは規定年齢に達した男子に対して一定期間の兵役が課せられている。その徴兵制によって集められた新兵の教育には隣接する軍事博物館も使用されている。それとともにこの館では、広く一般市民とりわけ青少年層に対する働きかけも校外学習などの学校教育との連携の中で実施されている。ともあれこれら二つの博物館施設は、いずれもシンガポール国民

の国家の過去、現在の自覚と未来への貢献という設置者側の期待する目的に沿って運営が行われ、一定程度の効果をあげているようである。

これらは西岡正子が「博物館などの施設が地域の学習の拠点になることによって住民の生涯学習を促進し、その活動を通して地域社会への意識や連帯感を生み出すことになる……。」と指摘する状況とも合致している[5]。

②台北探索館　―市政の普及広報施設―

中華民国台北市には台北市が建設し2002年12月にオープンした市政の普及広報施設の役割を担った博物館、台北探索館がある。探索館は台北市政府ビルの一角を使用して設けられたもので、前身は市政資料館である。この施設は1階から4階の4フロアを使用した本格的な博物館施設といえよう[6]。

配布されたパンフレットによると「伝統的でありきたりの展示から抜け出し」『市民』『都市』をテーマに参観者と対話し、市政建設の成果を表現できる現代的な展示場とし」「社会教育、市政の宣伝やアピールなどの職責を担っています。」と当該施設建設の目的を示している。

とくに館内では「見る」「聞く」「触る」「匂いを嗅ぐ」という感覚的な体験によるインタラクティブな手法を採用して、観覧者が台北市の発展の軌跡と現状を知ることが出来るように配慮されている。

ところでこの施設は2007年9月に発足した台北市観光伝播局によって運営され、新たに都市と観光要素とを結合させて多元的に当該施設が「台北の扉」として発展、機能するように期待されている。このような背景から当該博物館は台北市の市内外の人々に市の発展の軌跡及び市政の現状を理解されるべく展示が構成され展開しており、その目的は明瞭である。

③沖縄県立平和祈念館　―平和教育の拠点―

日本における平和教育の拠点として存在する博物館施設は広島、長崎の各原爆記念館、沖縄県立平和祈念館などがある。これらの内沖縄県立平和祈念館について例示する。

　　　祈念館の『総合案内』に見える設立理念は次のごとくである。
　　　沖縄のこころとは人間の尊厳を何よりも重く見て、戦争につながる一

切の行為を否定し、平和を求め、人間性の発露である文化をこよなく愛する心であります。私たちは戦争の犠牲になった多くの霊を弔い、沖縄戦の歴史的教訓を正しく次代に伝え、全世界の人々に私たちの心を訴え、もって恒久平和の樹立に寄与しうるため、ここに県民個々の戦争体験を結集して沖縄平和祈念館を設立します[7]。

この設立理念に従って、1，2階の常設展示が構成されている。すなわち「沖縄戦への道」「鉄の暴風」「地獄の戦場」「証言」「太平洋の要石」の５つのテーマに沿った展示である。これらの展示は、写真パネルや図表を用いて構成されており、部分的にジオラマや実写記録映像が投影されている。

これらの展示の内「地獄の戦場」は、歴史的な内容を示したジオラマでは、もっともリアリティに富むものであり、インパクトの強いものであると云えよう。この時期の日本軍沖縄守備隊は首里結戦を避けて南部に撤退し、持久戦法を採った。間もなく米軍の苛烈な掃討戦によって南部一帯は、軍民入り乱れた悲惨な戦場となる。ここでは住民の避難場所、あるいは野戦病院として利用された洞窟（ガマ）の様子がジオラマで示される。このジオラマを通じて戦争のもつ凄惨さ、悲惨さを感じない観客はいないだろう。

さらに「証言」のコーナーでは生存者の戦争体験を集めた記録、冊子、あるいは映像ブースで、それらの映像や肉声を聞くことが出来る。

「太平洋の要石」は戦後、沖縄がたどった歴史を扱った内容で、収容所、軍事基地としての沖縄、住民の土地闘争、本土復帰運動などが示される。ここでは基地の街の様子がジオラマで示されている。

これら各コーナーの展示を通じて沖縄の教訓は平和の要石を通じて世界に発信されると結ばれている。

沖縄平和祈念館の位置する平和祈念公園には、このほか沖縄平和祈念堂及び美術館、平和の碑などの諸施設などが設置されている。さらに沖縄県内には近接地域にひめゆり平和祈念資料館、南風原文化センター・陸軍病院南風原壕群第20号壕、旧海軍司令部壕、対馬丸記念館、石垣市の八重山平和祈念館など沖縄戦に関する内容の展示を行う博物館施設が多く設置されている。

ともあれこれらの施設では県内外の学校団体、修学旅行などを対象とした平和学習の一環とした施設見学が行われている[8]。

④戦争証跡博物館　―戦争犯罪の断罪―

　アメリカは 1964 年 8 月 4 日、北ベトナム（当時）の首都ハノイに対して爆撃を行い、ベトナムにおける全面戦争を開始した。この戦争によって 300 万人以上の死者と 400 万人にも上る多くの負傷者を出し、現在もなおその後遺症に苦しむ人たちがいる。このベトナムにおけるアメリカの非人道的かつ残忍な戦争犯罪を告発し、かつベトナム人民の独立と統一を求める戦いを将来に記録して残していこうという目的で、かつての南ベトナムの首都サイゴン（現在のホーチミン）に設立されたのがこの博物館である。

　博物館は市街地の中央部に位置し、その収蔵保管資料は 14000 点以上にのぼり、そのうちの約 1000 点が常設展示されている。道路に面した博物館前の広場には、ベトナム戦当時使用されたアメリカ（南ベトナム）軍の戦車や戦闘機、ヘリコプターなど多くの軍事車両や兵器が無造作に野外展示されている。

　建物内の展示は写真パネルを多用して行われており、一部に実物資料が見られる。内容はベトナム戦争におけるアメリカ軍の残忍な行為の断罪という視点から展示が構成されている。

　とくによく知られているソンミ村大虐殺事件については、当時の報道写真や新聞記事が掲げられている。また枯葉剤を含む化学兵器の使用によって多くの犠牲者が出た事実についても、生々しい負傷の状況が当時の写真で示されている。とくに枯葉剤の使用で影響が出たとされる奇形児のホルマリン漬けの標本資料展示は思わず目をそむけてしまう。

　さらに南ベトナムでは反政府運動家に対して執拗に拷問や弾圧が行われた。その収容所での拷問。処刑に関する資料が並べられる。とくにこの部分のジオラマでは処刑に使用されたギロチンの復元模型が置かれている。いずれも戦争という狂気の行動の中での非人間的行為の結果であり、ここでの展示はそれらを繰り返してはならないという教訓として配置されている。

　展示品の中でとくに注目されるのは、ベトナムの子ども達の描いた爆撃の絵である。アメリカ軍の爆撃機が無数の爆弾を投下している様子とその爆撃で燃える家々と村、逃げ惑う人々など、彼らの幼い子供たちの目の前で起こった事実を描いた情景を描写した作品ばかりである。

　展示館には世界各地のベトナム戦争に反対する平和運動を紹介するコーナ

ーも設けられている。その一つに日本のベトナムに平和をという市民運動（略称べ平連）の運動で配布されたビラや新聞記事などや連帯のも寄せ書きのされた赤旗などが並べられている。

　この博物館のほかベトナムにはホーチミン市にホーチミン作戦博物館、ハノイ市には軍事博物館、ベトナム革命博物館、B52戦勝記念館などがあり、いずれも反米色の濃い博物館です。それらはいずれも戦争の悲惨さ、抵抗運動の根強さがテーマとされ、反戦思想とその被害をもたらせた国への批判が展示に盛り込まれている[9]。

⑤ムゼオ・パンパタ—子供博物館の教育—

　フィリピンの首都マニラには、子供向けの博物館ムゼオ・パンパタがある。同様な子供向けあるいは子供専用の博物館は、香港、韓国などにも見られるが、多くは大人用博物館の一部である1フロアあるいは1コーナーを利用するという形態のものが多い。当該例は単独施設として充実しているものであり、ここに例示する。

　博物館はマニラ湾に沿って走る主要道路に面して位置しており、2階建ての建物の壁面には「チャイルド・ミュージアム」と英語表記が見られる。

　館内の展示は「環境」「昔のマニラ」「世界の子ども達」「将来の仕事」というテーマに沿って構成されている。先ずアクティビティロードと表示されたコーナーである。そこは「昔のマニラ」が展示内容である。かつて航海に使用された帆船模型や初期の教会、さらにはマニラ市内を走っていた市街電車、現在もマニラあるいはフィリピンの象徴的な自動車であるジムニーなどが展示されている。

　このうち市電は子供が乗車し椅子に腰かけられるような大きさで作られており、その雰囲気を楽しむ姿が見られた。このコーナーにはフィリピンの英雄とされるホセ・リサールほか数人の人物の写真パネルと音声が聞ける装置が設置されている。ちなみにホセ・リサールは、スペイン植民地時代の実在した英雄であり、国民からの信望も厚い人物である。

　「環境」のコーナーは簡単な緑の樹木とそこに住む動物たちを表現したパノラマ状の切り抜き模型、及び人体の仕組みを簡単に表現したジオラマ、さ

らにイラストによって人体の各部とその機能、役割を説明した展示で構成されている。

「世界の子ども達」のコーナーは、ロビー付近に大きな世界地図が掲げられ、フィリピンの位置関係を表示している。また各国の国旗が地図上の位置と関係づけて配置されている。それらの国旗とともにそこに住む人々の顔と衣装がカラー写真で示されている。ただしそのパネルの大きさが小さく子供たちも苦労しているようである。さらに子供博物館であることを伺える特徴あるコレクションとして世界の人形がある。

これらは大きなガラスケースに収められているが、地域ごとにまとめられており、わかりやすい展示といえる。日本の人形は日本舞踊の女性や、羽子板、こけし、また沖縄の晴れの衣装をまとった男女の人形などがある。韓国ではチマチョゴリを着用した女性、ロシアの民族衣装を着た男女、あるいはオランダの民族衣装を着た女性やドレス姿のフランス人形など世界各地の晴れ着を着用した人形が飾られている。さらにインドネシアなど東南アジア各地の影絵人形や操り人形なども集められており、子供対象施設としては比較的充実したコレクションである。

2階には「将来の仕事」をテーマにしたコーナーがある。ここでは子供たちが将来就きたい仕事の模擬体験ができるようなセットが造られている。ただし販売品などの実物展示は見られず、雰囲気を味わう程度である。とはいえ子供たちには人気があり、思い思いに疑似体験している。ちなみにその店舗には薬局、八百屋店、新聞の街頭販売店、消防署などがあり、珍しいものでは荷車や農具を周囲に置いた農作業小屋、飲食物を扱う露天商などが見られるのは興味深い。

最後に出口の横には図書室があり、だれでも自由に利用できるようになっている。そこにはインストラクターが配置されており、子供たちの相手をしている。

博物館において自らが学習してきた内容について実証的に追体験あるいは再確認、あるいは実感しえることが博物館で学習する意義の一つであるとすれば、この施設での子供たちの体験はまさにそれに合致していると云えよう。

学芸員が展示資料を通じて観客に働きかけてはいるが、それを学芸員の狙

いをすべて意図通りに理解してもらうことは不可能に近い。博物館は実物の観察を通じて実証検証施設でもあり既述の博物館においては、十分展示によって観客への働きかけが成功していると見てよいだろう[10]。

第3節　博物館教育の方法

　既述の「博物館の設置及び運営上の望ましい基準の見直しについて」の報告書の中で「博物館が実施すべき事項」として、「社会教育における学習の機会を利用して行った学習の成果を活用して行う活動の機会の提供についての規定を充実させる」と示している。

　博物館はまずは資料コレクションによって語らせる、あるいはそれらを見ることによって学習できる施設である。すなわち、その資料の取り扱い方による周知方法が博物館教育の方法ということに短絡的には要約されるだろう。さらに言えば博物館の教育（学習）は多くが観客（被教育者）の興味や理解度あるいは習熟度によって大いに異なってくるものであり、かつ各自の関心、満足度にも大いに差が見られることもあり、あえてそこに一定の到達度は求められないし、求める必要はないのではないかと考える。

　なお「報告書」では「博物館は、博物館資料の価値を高め、人間の知的活動に寄与するため、調査研究を行うことが必要」とし、その細かな内容についても記述している。

　詳細は『報告書』に直接当たられることを期待するが、少なくとも博物館教育の重要な課題に調査研究が加えられることは重要であろう。

　いずれにしても博物館活動全般が、博物館教育（学習）ということになる。その具体的な方法の詳細については、後に各執筆担当者によって詳しく記述されるのでそれに委ねたいと思うが、ここではその方法について概略を記述しておきたい。

①展示
　人々と博物館を直接結び付ける活動として重要であり、そのためには研究に基づく正確な資料や情報を用い、博物館に対する信頼性を確保しなければ

第Ⅳ章　博物館教育の目的と方法

ならないと『報告書』は記述する。さらに魅力的な展示にするために展示方法の様々工夫を行うとともに資料に関する理解の増進やその効果的な感賞に資するための活動を行い、より学習効果の高い展示に取り組む必要がある。

展示の細かな手法についてはともあれ、一般的に博物館で行われる展示は、常設展示と非常設展示に区分される。前者は当該博物館の基本理念に従って行われる恒常的展示である。なお『報告書』では必要に応じて常設展示の計画的な更新の実施も留意事項として挙げている。

後者の非常設展示は館が、期間を定めて独自にあるいは共同で企画する企画展示あるいは特別展示と呼ばれるものである。このほか他者からの持ち込みによる共催展示や貸会場のような場合もある。

さらに展示資料の解説も適宜必要に応じて行うべきであろう。この場合ボランティアの協力も不可欠であろうが、その場合は十分な資料に関する予備知識が求められる。

②演会、フォーラム、講座、研究会

博物館の展示に伴って関連の内容を適切な講師を得て、単発あるいは連続で行われる。また一定のテーマについて複数の同分野あるいは異分野の研究者によって基調講演、ディスカッションをおこなうものである。これらはいずれも学習機会の提供の一貫としておこなわれるものである。

③ワークショップ

特定の課題について実技を中心とした内容の講座及び実習を行い、それらに対する理解を深めようとするものである。

④出版

博物館のガイドブック（展示案内）、コレクションの解説、あるいは研究報告、さらに学芸員の研究活動の報告など印刷して冊子として発行する行為を示すものである。この場合、広く観客に広報するパンフレットのような印刷物から資料に興味関心の高い、研究支店の内容の専門書に到るまで多様なものがあり、それぞれによってその編集方針や極端には、外観、体裁も当然異なってくるだろう。

⑤見学会

博物館が関連する諸課題について実地に見学主導して行うものである。遺跡見学会や文学散歩など形態や呼称はともかくとしても、実地見学が主体の学習機会の提供にあたる。

⑥博学連携

学習機会の提供等の活動の一環である。少々古くなるが平成2年7月5日付け各都道府県教育委員会生涯学習・社会教育主管課長あての文部省生涯学習局社会教育課長通知「博物館の整備・運営の在り方」で「学校教育との関係の緊密化」という通知が行われている[11]。

そこでは「子供の時から学習活動の中に博物館の利用が位置付けられ、生涯にわたって楽しい学習の場として博物館に親しむ素地を培っておくことが大切である。」とする。さらに『報告書』では、「学校との連携にあたっては、学習指導要領との関連を意識した学習プログラムの製作、あるいは学芸員の学校への派遣、さらには博物館と学校との間での学習活動の調整、支援、介在を行うコーディネーターの役割を担う職員の博物館への設置などが望まれる。」と例示されている。

⑦事業の連携など

さきに示した特別展の実施等で、ほかの同種の博物館との連携は無論のこと、館種を越えた連携協力、さらには公民館、図書館などの社会教育施設、団体、機関との緊密な連携も模索する必要とすることが『報告書』で説かれている。

第4節　むすびにかえて

博物館教育の目的とその方法について、まずその目的は博物館の設置理念によって異なるということを指摘し、具体的に日本、及びアジアの博物館について例示してみた。

博物館は資料によってその性格が決定されるといっても過言ではない。従

って収集し保管する資料の展示公開は博物館にとって重要な博物館教育の方法であり、展示なくしてそれは成立しえない。しかしその展示構成の背景には、博物館の持つ設立理念なり、アイデンティティが反映されていなくてはならないと考える。

　本稿で例示した博物館は、それらを十分に反映して展示が行われ一定程度以上の成果を挙げている施設であると考えられる。

　学校教育には学習指導要領があり、その学習目標、到達目標は明示されている。あるいは職業教育についてはおのずから対象となる職業技能等についての到達点が示される。しかし博物館教育については、あくまで博物館学習であり、その到達目標は先に示した各博物館の設立理念に基づいた知識の伝播であるかもしれないし、あるいはその相互理解、さらには未知数の問題となるかもしれない。

　博物館教育の方法についても博物館資料が基本ということから、まずは展示が重要な方法となる。さらに資料に対する理解を進めるための展示解説、後援会・講座、博学連携を含む各種の連携、研究会などの各種方法があげられるだろう。

　近年博物館法の改正や博物館に関する問題が論議され、その成果についても公表されている。それらを十分に咀嚼することはできなかったかもしれないが、そこに示された趣旨は大きくは外れていないと考えている。

　いずれにしてもこれらの問題を短絡的に矮小化するつもりはないが、それらの基本課題は資料の取り扱いを担当する専門職員である学芸員にゆだねられるのである。

註
1)　ただしこの場合、教育というより学習という方がその実相を表現しているように考えるが、その議論はさておき、ここではとりあえずそれらは博物館教育という範疇であるということで記述を進めていきたいと思う。
2)　2010年3月「博物館の設置及び運営上の望ましい基準の見直しについて」『これからの博物館の在り方に関する検討協力者会議報告書』これからの博物館の在り方に関する検討協力者会議
3)　赤尾勝美 2012『新しい生涯学習概論』ミネルヴァ書房

4) 中村　浩 2012『ぶらりあるきシンガポールの博物館』芙蓉書房出版
5) 西岡正子 2012「「もの」からの学習」『新しい時代の生涯学習』第 2 版 有斐閣アルマ
6) 中村　浩 2013『ぶらりあるき台北の博物館』芙蓉書房出版
7) 2001『沖縄県平和祈念資料館　総合案内―平和の心を世界へ―』沖縄県平和祈念資料館
8) 中村　浩・池田榮史 2014『ぶらりあるき沖縄・奄美の博物館』芙蓉書房出版
9) 中村　浩 2014『ぶらりあるきベトナムの博物館』芙蓉書房出版
10) 2014 年 5 月訪問
11) 2 生社第 9 号、平成 2 年 7 月 5 日付け「博物館の整備・運営の在り方」(写) の送付について

第Ⅴ章　博物館教育の実際

粕谷　崇・落合知子

第1節　インタープリテーション

(1) インタープリテーションとは

　インタープリテーション（Interpretation）、この言葉は、現在は博物館をはじめ国立公園（自然公園）、自然学校、エコツーリズムなど、さまざまな分野で使われ、そのインタープリテーションを実際に行う人をインタープリター（Interpreter）と呼んでいる。

　インタープリテーションは直訳すると「通訳」、そしてそれを行うインタープリターは「通訳者」となる。しかし、実際に使われている意味は単なる「通訳」・「通訳者」ではない。一般に、「利用者に対する双方向性のコミュニケーションによってメッセージを伝え、より深い理解と発見を促す役割を果たすこと」であり、「それを実際行う人」ということになる。

　では、そのようなインタープリテーションという考え方は、どのようにして誕生したのか。これは、アメリカの国立公園の歴史と深く関わっている。

　アメリカは、世界で最初に国立公園を作ったことで有名である。1872年にイエローストーン、1890年にヨセミテが国立公園に指定され、1916年には国立公園実施法が制定された。自然保護と国民による自然景観の共有のために、この法によって国が予算をつけて積極的な保護と利用を図ることとなった。やがてその活動の中で利用者のためのサービスの一つとして「ネイチャーガイド」が行われるようになる。その動きのなかで生まれたのが、インタープリテーションの考え方であるといわれている。

　このインタープリテーションの創始者として知られた人物といえば、イーノス.A.ミルズ（Enos.A.Mills）とフリーマン・チルデン（Freeman Tilden）である。

ミルズはアメリカ・コロラド州のロッキー山脈を案内するガイドをするかたわら、執筆活動や講義も行う人物であった。彼は、ネイチャーガイドの草分けと知られ、環境教育プログラムのもととなった、トレイル・スクール等の基礎を築いたとされる。また彼は自らの解説に対する参加者の反応を分析してインタープリテーション技術の確立を図り、インタープリターをアメリカ国立公園職員の一分野までに育てたという。

　一方、チルデンは、元々は新聞記者や脚本家という職業であったが、国立公園でのインタープリテーションの効果について取材するうちに興味を持ち、自然保護官（レンジャー）の行動や言動、来訪者との対話などを観察し、『Interpreting Our Heritage』(1957) などの著書を上梓した。彼はその中で、インタープリテーションの6原則を述べている。

　その6原則は以下の通りである。

①インタープリテーションは、ビジターの個性や経験と関連づけて行わなければならない。

②インタープリテーションは、単に知識や情報を伝達することではない。インタープリテーションは啓発であり、知識や情報の伝達を基礎にしてはいるが、両者はイコールではない。しかし、知識や情報の伝達を伴わないインタープリテーションはありえない。

③インタープリテーションは、素材が科学、歴史、建築その他何の分野のものであれ、いろいろな技能を組み合わせた総合技能である。技能であるからには人に伝えることができる。

④インタープリテーションの主眼は教えることではなく、興味を刺激し、啓発することである。

⑤インタープリテーションは、事物事象の一部ではなく全体像を見せるようにするべきであり、相手の一部だけでなく、全人格に訴えるようにしなければならない。

⑥12歳くらいまでの子どもに対するインタープリテーションは、大人を対象にしたものを薄めて易しくするのではなく、根本的に異なったアプローチをするべきである。最大の効果をあげるためには、別のプログラムが必要である。

このような彼らの業績によって、インタープリテーションは1960年代になって国立公園の専門職員、自然保護官の業務の一つに位置づけられる。その後、インタープリテーションは、アメリカでは自然公園のみではなく、歴史や文化を伝える分野、博物館などでも取り入れられるようになった。

では、日本の場合はどうだったのか。日本では1934年に瀬戸内海国立公園、雲仙国立公園（現在は雲仙天草国立公園）、霧島屋久国立公園（現在は、霧島錦江湾国立公園と屋久島国立公園）が指定されているが、日本の国立公園制度はアメリカに倣った制度ではありながら、自然体験や自然理解を目的とはしていなかった。つまり、自然の保護、景観の保護に重点を置いていることから、今でもなお、自然保護官の業務範囲にインタープリテーションは、明確にされていないようだ。

日本の国立公園や自然公園においてインタープリテーションの概念が本格的に導入されたのは、1980年代後半からとされる。1970年代、公害が問題視された時にインタープリテーションの考え方はすでに紹介されていたが、ちょうど1980年代になってネイチャーセンター研究会の活動が始まり、1990年には日本環境教育学会が設立、さらにキープ協会や日本ネイチャーゲーム研究所なども発足している。1990年前後に環境教育が注目され、教育現場や環境教育団体等がインタープリテーションの考えを取り入れ始めたからだった。しかし、インタープリテーションはアメリカの国立公園で誕生したこともあり、「自然を解説する」という意味で理解されることが多く、インタープリターそのもの自体が「自然解説員」と呼ばれることが多かったのである。

しかし、近年になって、その状況も変わりつつある。

国立公園などでは、日本エコツーリズム協会などの民間ガイドによるエコツアーが開催されており、そのガイド付きエコツアーの解説をインタープリテーション、解説する人をインタープリターと呼んでいる。エコツアーの解説は単なる知識伝達型のガイドではなく、養成制度を受講しメッセージを伝えることができる、すなわちインタープリテーションができるインタープリターが在籍している、これこそエコツアーのサービスなのである。こうすることで高品質のサービスを提供でき、観光ビジネスの信頼度を高めている。

では、博物館におけるインタープリテーションやインタープリターはどうであろうか。
　インタープリテーションの考え方は、アメリカではボストンのチャイルドミュージアムや野外博物館のプリマスプランテーションなどで成果をあげており、日本でも1990年ごろから、こうしたアメリカにおける博物館の事例が報告され、博物館と来館者を結ぶ役割としてインタープリテーションの考え方が広まった。それに伴い、次第に「インタープリター」という言葉も使われるようになってきた。しかしながら、日本の博物館の場合、インタープリテーションの考え方が広まる以前から、「インタープリター」の役割と類似する役職、職名がたくさん存在している。たとえばエデュケーター、ナビゲーター、展示解説員、そしてコミュニケーター、ファシリテーターなどである。これら職名の使い方は館によってさまざま、異なることが多く、統一性がとれていないのが現状である。最近では、科学館などの科学系の博物館では「コミュニケーター」が主に使われる傾向が見受けられる。
　また「展示解説員」は、日本も含め海外などでは古くから使われてきた言葉、職名である。20世紀のはじめ、欧米の博物館、特に自然史系の博物館において教育活動が注目されるようになり、展示室におけるギャラリートーク、ギャラリーガイドが行われ、日本でも展示解説員が配置されてきた。展示解説員も、単に一方的に話をするのではなく、参加者と対話しながら、展示資料の解説、情報の提供を行ってきた。解説員の養成講座を受講し、解説員としてのレベルに達した人が、初めて展示解説員としてデビューできる、そのようなシステムをとっている事例が多い。このような過去の経緯から鑑みると、日本においても程度の差はあるが、チルデンが示したようなインタープリテーションを実施してきたともいえるだろう。
　ここで、話す側、つまり指導者側と参加者側の関係について注目してみると、指導者と参加者には次表のような関係がみられる。指導者側から、情報の伝達のあり方を分類すると、①インストラクション、②インタープリテーション、③ファシリテーションに区別され、それらを実際に行う人となれば「インストラクター」・「インタープリター」・「ファシリテーター」ということになるだろう。

表1　指導者と参加者との関係

指導者の立場	参加者の係わり	参加者との関係・役割 キーワード	具体例
①インストラクション（伝授型）	受け身（教わる）	【一方通行】・上から下へ・教える	・講演会・セミナー
②インタープリテーション（仲介型）	やり取り交互に	【双方向】・同じ土俵で・共に体験、共に学ぶ	・ガイドウォーク・デモンストレーション・ワークショップ
③ファシリテーション（援助型）	参加者主体参加者同士で気づき学ぶ	【多方向】・土俵の下で・参加者が持っている能力などを引き出す役	・ワークショップ・グループワーク

静岡県環境部環境政策室編 2009「環境学習プログラム　指導者向けハンドブック」より一部修正

このように、インタープリテーションは話す側と参加者側が相互にやり取りをしながら、共に体験し学ぶという関係を持っており、1994年に設立された日本インタープリテーション協会のホームページ[1]では、「『インタープリテーション』は、自然公園やミュージアム、その他社会教育の現場で行われる、体験や地域性を重視した、楽しくて意義のある教育的なコミュニケーションのこと」と定義している。

(2) インタープリター養成の現状

では、インタープリターを養成する場合、どのような方法、手段があるのであろうか。

インタープリテーションの先進地であるアメリカでは、①大学において観光資源やレクリエーション資源などを学びながら本格的に習得する場合や、② NAI（National Association of Interpretation、全米インタープリテーション協会）の養成講習会に参加し認定書を取得する場合などがある。NAI の養成講習会の参加者にはいろいろな分野の参加者がおり、教師、博物館、動物園などで人材養成を担当している者や展示プランナー等も参加しているようだ。

日本でも、大学において環境や観光などのコースで習得できるところも増えてはいるが、自然公園などの施設や環境団体あるいは行政が企画するインタープリターの養成講座が圧倒的に多い。

では日本の博物館の場合はどうか。日本の博物館では、インタープリター

の養成よりも展示解説員、解説ボランティアの養成が現在は主流といってよいだろう。展示解説員を例にとってみると、その養成は、これまでその多くは個々の博物館に任せられており、特に解説ボランティアの場合は、学芸員が養成の講座や研修を実施し、それを修了した者がさらに実際に経験を積んでいくことが課せられている。よって人材育成のシステムについては、環境や自然観察などの分野におけるインタープリター養成に比べて、博物館は異なった歩み方をしていたといえるだろう。

その中で、2001年、国立教育政策研究所と科学技術政策研究所が、共同研究「これからの研究開発と人材育成等の諸政策の連携・統合に関する調査研究」の一環としてアンケート調査を実施した。この調査の2年前には、すでに「博物館・科学館等におけるインタープリター人材に関する研究会」が組織されており、そこで議論された内容をもとに、この調査は行われている。調査は、科学博物館等において来館者の対応にあたり、展示物等の説明、各種教室の指導等を直接担当する人材(インタープリター)の現状及び問題点を把握し、今後の人材育成等に関する政策に反映させることを目的に企画されたものであった。その背景はいわゆる「理科離れ」・「科学離れ」を解消するとともに、「科学知識・技術の向上」・「人材育成」を目指したもので、それを手助けするインタープリターを養成するためのものであった。

この調査では全国の科学系博物館及び科学館310館を対象にアンケートを行い、各館において科学技術理解促進活動に従事する職員(インタープリター)の問題意識及び要望等を調査している。その結果、①インタープリターの専門知識を養うには3年の経験が必要、②長期的視野に立った専門家の養成が行われていない、③教育現場との相互理解が足りない、④科学博物館等の運営に関するノウハウの蓄積や伝授が必要、⑤職員研修制度の充実など全国的な規模でのシステム整備、そして⑥財政的支援が必要等の問題点が指摘された。

さらに文部科学省が、2006年度から進めた第3期科学技術基本計画(5カ年計画)の中の「第3章 科学技術システム改革 (3) 社会のニーズに応える人材の育成」において、一つの指針が述べられている。すなわち、

> 科学技術を一般国民に分かりやすく伝え、あるいは社会の問題意識を研究者・技術者の側にフィードバックするなど、研究者・技術者と社

会との間のコミュニケーションを促進する役割を担う人材の養成や活躍を、地域レベルを含め推進する。具体的には、科学技術コミュニケーターを養成し、研究者のアウトリーチ活動の推進、科学館における展示企画者や解説者等の活躍の促進、国や公的研究機関の研究費や研究開発プロジェクトにおける科学技術コミュニケーション活動のための支出の確保等により、職業としても活躍できる場を創出・拡大する。

という内容であった。この指針が科学系の博物館に影響を与え、これ以降「科学技術コミュニケーター」・「サイエンスコミュニケーター」の養成が本格的にスタートしている。

その代表的な館は、国立科学博物館や日本科学未来館などである。養成を実施している日本科学未来館の事例を紹介するならば、「科学コミュニケーター」に3つの能力が必要であるとしている[2]。その3つとは、

①情報編集・コーディネーション能力

情報を収集したうえで、伝えるべき情報を科学的に分析し、社会的視点から精査して再構築する能力。科学コミュニケーションの出発点であり、常に基盤となる。

②双方向・多角的コミュニケーション能力

情報やメッセージを相手にあわせて適切に伝えるために、双方向の対話を促し、様々な表現手法を用いてコミュニケーションする能力。

③マネジメント能力・総合力

社会のさまざまな場において「科学コミュニケーション」を実現する仕組みを構築し、運用する能力。

である。これらを最長5年間の在籍期間中に多様な活動や研修を通じて習得するように、カリキュラムを構成しているようだ。また能力の習得段階については、STEP1（指導のもと業務を遂行できる）、STEP2（自身の判断で業務を遂行できる）、STEP3（発展的な業務、後進の指導ができる）の3つのステップを設け、計画的な能力開発を目指している。任期制職員として採用する科学コミュニケーター以外にも、学校教育現場へも科学コミュニケーション活動の普及を広げ、現職の高校教員なども対象に一年間の研修の受け入れをしている。

さらには、大学でも「科学技術インタープリター」の養成に力を入れ始め

ている大学がある。東京大学では、正規の大学院課程に追加される副専攻カリキュラムとして、2005年度から「科学技術インタープリター養成プログラム」を実施している[3]。その趣旨とは、以下の通りである。

> 視野を広く持って研究開発を進める科学技術者。政治や経済、哲学などの立場から科学技術との接点を探る文系人材。そして、科学技術と社会の中間に立って、双方のコミュニケーションを活性化してくれる人材——そういった人たちを養成し、社会に送り出す（略）

このプログラムでは、大学院の修士課程に在籍している学生を主に対象とし、カリキュラム構築している。社会的リテラシーと科学的リテラシーを身につけることは、これからの国際社会で活躍するうえで必須の能力であり、また21世紀の高度教養教育として欠かせないものと考えており、修了者は研究開発・教育・科学技術行政・ジャーナリズムなど、幅広い分野で精力的に活躍している。

(3) 博物館におけるインタープリテーションに求められる要素

博物館教育においてコミュニケーションは大切な要件とされるが、博物館で直接来館者、利用者とコミュニケーションするスタッフが、インタープリターであり、コミュニケーターであり、さらには展示解説員、解説ボランティアなどになるであろう。その際、それを統括しているのが学芸員あるいは専門職員である。

では、このようなスタッフを育てていく場合、どのような点に注意する必要があるであろうか。日本の博物館の場合、展示解説員や解説ボランティアについては、その意義や役割がいろいろな形で述べられている。たとえば、

　①解説員による働きかけによって、来館者の興味や関心を引き出し、博物館における学習を芽生えさせる契機を生み出す。
　②教えるのではなく、知識を背景に持ちながら来館者の話を聞き、彼らが発見をするためのアドバイスやお手伝いをする。
　③一方的な説明ではなく、会話を通して楽しみながら発見を導いていく。
　④来館者の年齢や知的レベルに合わせた内容で、より効果的な解説をする。

などである。

これらを実際に実現していくための人材養成には、いくつかのポイントがある。まず、博物館の運営理念や活動方針に沿った養成講座を設定し、適切な知識と技能、そして態度を身につけさせることが肝要とされる。そのためには、養成講座や研修のマニュアルなどを作成し、すべてのスタッフに対して同等に実施されことが必要であろう。さらには事故などの危機管理に対する備えも習得できるよう指導することも忘れてはならない。

　また、実際に来館者に対応しているのは、一人の人間である。よってインタープリテーションをする場合、最低限のところは統一性が必要ではあるが、個性的な部分もある程度必要と考える。「あの人の解説が聞きたい」ということになれば、リピーター、ファンとして博物館を利用していただけることにもなる。そのためには、インタープリテーションに必要とされる、以下のことを理解し、習得することが必要であろう。

　①伝えたいことを明確にする
　まずは、全体のテーマ、話したい趣旨をきちんと理解しておくことである。
　②対象者を知る
　話す相手が、どのような目的で参加しているのか、どういうことを知りたがっているのか、また参加される方々の年齢層や性別についても知っておく。それにより話す内容から、コミュニケーションの仕方まで変わってくる。
　③自分を知る
　コミュニケーションの技量、資料に関する情報量など、自分が指導者側、情報提供側として、どれくらいのレベルにあるのかをきちんと認識し、分析できていることである。
　④資料の選択、資料の理解
　博物館の場合、取り扱う資料について正確な情報、知識を話し手が身に付けていることが基本である。情報を理解し、自分の言葉で話すことができるまでになっていることが必要なのである。また、どの資料を選べば、参加者が満足してもらえるか、ニーズの絞り込みも必要となる。
　⑤アクティビティ（活動メニュー）の組み立て
　実際に解説をする場合の順序、どこでどのようにして話すのか、その組み立てを考えることである。飽きさせない、疲れさせないない、時には驚かすなど話

の強弱をも考慮に入れながら、プログラム全体を構成させることが求められる。

⑥実施

組み立てた内容を実際に行う。自分のシナリオ通りに進むよう、参加者と対話しながら、上手に進行するようにはかっていく。

⑦評価

対話をしながら、相手の反応を見て、軌道修正していくことも必要である。また、プログラム終了後には、必ず反省をし、スタッフミーティングなどでスタッフ同士の反省や評価をする。これをすることにより、次回以降に生かすことができる。

このような段階を踏むようインタープリテーションを指導していくばかりでなく、学芸員はインタープリターやコミュニケーターなどのスタッフに対し、定期的に養成講座や研修を実施することが必要である。それによってレベルも向上するばかりでなく、スタッフとの対話によって館としてのまとまり、一体感も生じてくる。加えて、直接来館者と対話しているスタッフには、来館者からの新しい資料の情報や館に対してのクレームなどが寄せられることもある。それらを学芸員や他の職員とのミーティングなどで報告することで共有化が図られ、館自体がより一層向上していくことにもなるであろう。

註
1）インタープリテーション協会ホームページ　http://interpreter.ne.jp
2）「日本科学未来館における科学コミュニケータ人材の養成と輩出について」
　　http://www.miraikan.jst.go.jp/aboutus/sciencecommunicator.html
3）東京大学科学技術インタープリター養成プログラム http://science-interpreter.c.u-tokyo.ac.jp/outline/index.html

参考引用文献
海津ゆりえ・井上由佳 2012 「国際学部におけるインタープリター養成カリキュラム開発のための予備的調査」『文教大学国際学部紀要』第 22 巻 2 号、pp.103-120
駒見和夫 2014『博物館教育の原理と活動―すべての人の学びのために―』学文社
Freeman Tilden 1957『Interpreting　Our　Heritage』

（粕谷　崇）

第2節　レファレンス

(1) レファレンスサービス（reference service）

　レファレンスサービスとは、通常は図書館用語として使用されており、利用者の参考質問に対して、資料を活用しながら必要な検索の方法を教えたり、回答そのものを提供したりする人的援助のことである。
　図書館ではレファレンスコーナーなどが設置されており、そこには司書をはじめとする図書館職員が在席し、子どもから大人まで利用者からの依頼に対して、適切なアドバイスを行うことが求められている。
　レファレンスサービスは、利用者からの質問に回答するサービスと、そのためのレファレンスコレクションを構築し、それを充実させサービスの質を高め、整備していくものとに分けることができる。前者を直接サービス、後者を間接サービスともいう。
　また、直接回答ができない質問や専門的な主題に対して資料の所在や外部の専門機関を紹介するレフェラルサービスや、個別に利用者のニーズを把握し、それに応じた最新情報を紹介するアカウントアウェアネスサービスなどがある。
　博物館では、こうした利用者への回答サービス全般を「レファレンス」と呼んでいる。

(2) 直接サービス

　レファレンスサービスの原則は、利用者の調査・研究活動を援助することにあり、利用者の立場でサービスを行うことが肝要である。レファレンスサービスの直接サービスとは、情報を求める利用者からの質問や相談に対して回答を行う「質問回答サービス」に代表される。
　この質問回答サービスは、①情報や関連資料を提供し回答すること（情報提供）と、情報や資料の検索方法等を伝える利用案内（利用指導）、③レフェラルサービスに大別される。

1）質問回答（情報提供）

　利用者からの質問は、カウンター、電話、ＦＡＸ、電子メール、文書などで行われる。これらの質問に対して、博物館職員（主に学芸員）は、レファレンスコレクションを駆使して回答することになる。レファレンスコレクションとは、調べものをするのに適していると判断したレファレンス資料のことをいい、百科事典、目録、書誌、辞典、逐次刊行物やパンフレット、リーフレットなどをはじめ、館独自で作成した資料（自家製ツール）もこのなかに入る。

　回答には、質問の内容によっては文献やデータなどを調べただけですぐに回答できるもの（quick reference question）や、館内の資料を十分に調査しないと回答できないもの（research question）とがある。よって、回答する担当者は、特に後者の場合、事前に利用者に対し時間がかかる旨を伝えておく配慮が必要であろう。

　また質問の内容は利用者によってさまざまであり、質問の内容が漠然としている場合もある。これは利用者がレファレンスを受けようとしていることに対して明確なイメージを持っていない方と、少しの手がかりがレファレンスによって示されれば、あとは自分で調べようという気持ちがある方とに分けることができる。

　前者の場合には、まず利用者とともに調べるという姿勢を示すことが大切であり、回答の提示を急がずに進めることが望まれる。漠然な質問の場合、回答する側から逆に利用者にいくつかの質問をし、こちらの質問によって利用者が本来知りたいことを明確化させる手伝いをすることも時には必要である。一緒に考え調べていく姿勢をみせるということである。

　後者の場合には、利用者の自ら調べる姿勢を尊重し、質問に関連する適切な回答、情報を示すことが大切である。

　実際に利用者に情報を提供していく場合、以下の観点について注意しながら対応することが求められる。

　Ⓐ情報提供の形態

　情報提供の仕方は、大きく三つに分けることができる。すなわち、①情報の提示、②情報源の提示、③情報源の所在箇所の指示である。

　①については、利用者の質問内容について、辞書や事典など用いて、それを直接提示するというやり方である。この場合も、情報を入手した情報源が

何であるかを利用者に典拠して伝える必要がある。

②は、利用者が求めている情報を掲載している資料やデータベースなどを提示するやり方である。提示された情報源によって、利用者自身が参照し、確認する。

③は、利用者に情報を掲載している資料やデータベースなどをそのまま提示するのではなく、その情報源の存在と情報を利用者に伝える場合である。

Ⓑ情報提供の原則

質問回答の場合、情報を提供する際には次の点を注意しながら、回答することが望まれる。すなわち、①典拠（出典）の明示、②複数情報源の利用、③付加的情報の提示である。

①は、提供される情報がどこに記録されているか、何に基づいているかを利用者に的確に伝えることが大切である。情報源が、書誌データなのか、あるいはウェブページであればメタデータ（タイトルやURLなど）を示すことが必要である。

②は、確実な情報を提供する場合に、情報源の評価と選定が重要となってくる。確実な情報を提供するには、複数の情報源から情報を得ることも必要となってくるが、そこには確実性をたえず追求しなければならない。しかし、見かけは複数であっても、実のところ情報源が同じであることもあるので、その点は注意が必要である。

ただし、政府の統計資料や法令など、おおもとの情報源を利用しているのであれば、十分と判断することになる。

また利用者は自らの問題意識によって調査・研究を進めているのであり、その過程で提供された情報内容については、利用者自身が判断する。博物館やその職員は、利用者の調査・研究の一部分を援助しているにすぎないことは、忘れてはならない。

③は、求められた情報の理解のために行われるもので、得られた情報内のことばの読みを教えたり、統計データの採取年を示したりすることが、これに相当する。

2）利用指導（利用案内）

博物館の利用者に対して行われる利用指導は、概ね二つに分けることができる。すなわち、①博物館利用の援助（指導）と②文献や情報を探索する方法の援助（指導）である。

①は、利用者に対して博物館が提供しているサービスを理解していただき、利用者自身が、博物館を主体的に利用、活用できるような狙いがある。

たとえば、資料を所蔵しているか否かに関する質問に対し、直接その有無を回答するやり方もあるが、館内の情報コーナーなどで資料データベースを公開しているのであれば、利用者にその利用を案内することなどがあたる。

②は、利用者に資料情報の検索方法や資料目録、資料データベースの使用の仕方を理解してもらうことによって、利用者自身の情報能力を向上させることを狙いとしている。

①と②からもわかるように、利用者に情報そのものを与えてしまう、教えてしまうのではなく、情報を検索する際に人的な援助と指導を提供することが、利用指導の本来の意味といえるだろう。

利用指導は、学芸員をはじめとする博物館職員が行うことになるが、そのためには利用者のニーズを的確に把握し、計画的かつ組織的にサービスを展開していくことが求められる。それゆえ対応する職員自体のマニュアルも作成すること肝要であり、場合によっては「博物館利用ガイドライン」のようなリーフレットなどを用意することも必要だろう。「場当たり的」な対応にならないような体制づくりが大切である。

レファレンスにおいて利用者に調査方法を指導していくにあたり、調べ方には次の3つの原則があることを教えることも必要である。

まず第1は、身近な資料からはじめること、すなわち館内の資料を調べ、次に館内からアクセスできる情報源、ほかの博物館・図書館の所蔵資料や、団体機関の情報源へと広げていくということである。

第2は、高次資料から低次資料へと段階を経て調べることである。すなわち参考図書の解題、書誌の書誌、辞典の辞典などの三次、二次資料から調べていくやり方である。

第3は、一般から専門へ、たとえば百科事典から調べ始め、さらに詳しい情報を求めて、専門テーマの辞典や便覧、そして専門書や論文へと向かう調べ方である。

3）レフェラルサービス

「レフェラル（referral）」とは、本来「照会」「紹介」などの意味を持ち、

二つの形態が存在する。一つは、質問に対して博物館職員が、他の博物館や専門機関、専門家に問い合わせ、情報を入手したうえで、情報を利用者に提供する場合である。もう一つは、質問に対し直接回答するのではなく、回答を得るために適切な他の博物館や専門機関、専門家を案内し、情報の入手自体は利用者自身が行ってもらう場合である。よって前者は「照会」、後者は「紹介」ということになるだろう。

(3) 間接サービス

1) レファレンスコレクションの整備

レファレンスを行う場合、情報サービス専門のコレクションが必要になる。それをレファレンスコレクションと呼んでいる。レファレンスコレクションとは、書誌・事典・便覧などのレファレンスブック、館で独自に作成した書誌索引類(博物館が作成した二次資料)、レファレンス質問・回答のためのパンフレット、CD-ROM、DVD、BD、オンラインデータベース、インターネット情報源、そのほか各種ファイルなどのレファレンスツール総体のことである。

レファレンスサービスの内容は、レファレンスコレクションの量と質、そしてレファレンスにあたる職員の人数と能力に決定されるといえる。そこで、レファレンスコレクションを整備する場合、次の点についてまず考慮する必要がある。すなわち、①レファレンスサービスの前提条件、②他の資料との関係、③予算による制約、④一般資料との類別である。

①レファレンスサービスの前提条件

これは博物館全体の運営目標、レファレンスサービスの方針、利用者の特性と情報ニーズといった条件に対する配慮である。つまり博物館が地域博物館であれば、おのずと当該地域の情報がコレクションの対象となる。地域情報の収集方針を明確にして、収集活動をすることが必要である。また利用者が求める情報が専門的であるのか一般的であるのかによっても、情報源の選択に影響を及ぼすであろう。さらに利用者の特性や属性により、求められるテーマが大きく異なることにもなる。

②他の資料との関係

　すでにある資料に対し、代替資料となるかどうか、補完資料となるかどうか、見極めの判断が必要になる場合がある。たとえば図書関連の資料を例にとってみると、同様の情報が入手できる類似の資料がコレクションの中にあった場合、それで十分と判断されれば、新たな資料は収集されないということになるだろう。また逆に類似の資料を数多くそろえることによって、情報獲得の効果が高まることもある。ほかに図書の場合、旧版や新版、増補版なども考慮に入れる必要がある。さらに印刷と電子メディアのどちらを選択するかということも　検索機能やその利用方法によって大きく異なるといえるだろう。

③予算による制約

　②は、予算によっても実は内容が変わってくる。図書であれば、旧版を所有しているので新版は購入しないとか、類似の内容の資料があれば購入しないなど、予算額によって制約を受けることがある。予算の制約を受けるということは、中長期的な展望をあらかじめ用意しておくことが求められることとなり、たとえば逐次刊行物などは継続的に購入することで、コレクションの価値が高まるということになる。

④一般資料との類別

　これは、資料を一般資料として扱うか、情報サービスとしての情報源として扱うのかという問題である。たとえば教養書や大学のテキストブックには、本来は調べものをするための資料として刊行されてはいないものの、レファレンスに使用できるものもある。そのような資料をレファレンスコレクションに加えるかどうかを判断することになる。

2）レファレンス情報源

　レファレンスサービスの基本は、利用者の調査・研究が進展するように、必要な情報を必要な時に提供することである。そのためには、館の持つ一次資料がきちんと分類・整理され、そして蓄積・保存されていることが前提条

件となるだろう。一次資料がなかなか見つからないようでは、レファレンスサービスそのものが成り立たないことになる。

　これらの一次資料を利用者が容易に見つけ出せるように、資料名、著者、収蔵場所などの項目がつけられた資料目録が整備されていなければならない。さらには、資料目録ではなくそれをデータベース化し、簡単に検索できるシステムも構築する必要も出ている。これにより迅速な対応が可能になる。だだし、データベース化は費用と時間がかかる作業である。本格的な運用ができるまで、計画的にスケジュールを組むことは不可欠である。

　また資料目録では探し出せない雑誌や新聞記事、論文などを対象とした二次資料の整備も必要である。新聞記事などはファイリグするか、PDF化してデジタルによるファイリングにより管理する方法もあるであろう。

　さらに博物館のレファレンスサービスの充実をはかるうえで欠かせないのが、デジタル環境の整備である。現在では、インターネットにホームページを開設している館も多い。ホームページは、その館の情報がすべてそこに集約されているといっても過言ではない。博物館へのアクセス情報、展覧会の情報など、多くの利用者がホームページを確認してから来館されるようになった。資料データベースも公開している館もあり、収蔵資料の検索が行えるように設定することで、より豊富な情報を利用者に提供できる。

3）相互協力とネットワーク環境の整備

　一つの博物館が形成できる情報源には限りがある。そのため博物館は、同種の博物館あるいは異種の博物館、さらには図書館や学校、大学、企業などと相互協力体制を構築することが重要である。これ自体も博物館の間接サービスの一つでもある。利用者からの要望は多岐にわたることから、常日頃からリサーチし、回答できる体制を整えておくことが必要であろう。

　このようにして館同士あるいは専門機関とのネットワーク、連携を結ぶことで、幅広く情報源を獲得することとなり、質の高いレファレンスが可能となる。

（4）学習相談

　博物館のレファレンスサービスでは、学習相談として学習に必要な情報提

供を行う場合がある。

　博物館の利用者は子どもから大人まで、さまざまな人たちが利用する。子どもであれば夏休みの宿題、自由研究のテーマなど、学校の教員であれば授業研究、見学時の見学の方法など、利用者によってあらゆる相談が持ち込まれる。その際に博物館側として重要なことは、学芸員をはじめとする博物館職員が利用者のニーズを正確に把握して、指導・助言などの対応をするということである。適切な対応には、まずはニーズに対応した情報を、過去に照会された事例も含めて豊富に蓄積していることはいうまでもない。そして、対応する博物館職員が、親身になって利用者に対し回答することが必要である。利用者にこちらの意見を押しつけるのではなく、利用者の自主性を促すとともに、尊重した対応が大切なのである。

(5) レファレンスの組織化

　博物館のレファレンスサービスは、間接サービスとしての情報源の整備を行い、その上で利用者への直接サービスを展開するという構造になっている。しかしサービスを担当している職員が、好意で対応したり、恣意的になったりすることはあってはならない。やはり博物館という組織として対応することが求められる。そのためには、いくつかのポイントを整理して実施することが肝要である。すなわち、①運営方針の策定、②業務規定やマニュアルの整備、③他機関との協力・連携、④担当者の配置と研修、⑤情報源の形成と維持、⑥施設・設備・機器の整備、⑦サービスの記録と評価、⑧ＰＲ活動である。

　①と②は、レファレンスサービスをする際に、まずは一定の方針、運営方針を策定し、目標を定めることが不可欠である。これにより、担当者間での共通理解を図ると共に、均質なサービスを提供することができる。業務規定やマニュアルの整備も当然必要となる。

　③は、サービスを組織的に行うための方策である。自館だけですべてをまかなうように努力することは当たり前であるが、なかなか広範囲までできない場合が多い。そうした場合は、他館や図書館、大学、専門機関と協力関係を結び、それを継続し、維持していくことである。この連携は、レフェラルサービスを展開させるには欠くことができないだろう。

　④の場合は、職員としては学芸員やインタープリターなどの教育専門職員

が対応することになるが、教育専門職員の場合、定期的に研修をし、資質の向上を図ることも忘れてはならない。

　⑤と⑥は、レファレンスサービスの準備的活動にあたる。⑤については前項で述べたが、情報源の内容チェックは定期的にすることは必要であろう。特にウエブサイトなどのアドレスは変わる場合があり、要注意である。⑥施設・設備・機器の整備については、サービス空間を用意、整備することである。すなわちサービスポイントとしてのデスクやカウンター、さらには資料データベースを閲覧できるためのＰＣの設置などが当てはまる。またサービスカウンターなどがわかるようなサインの設置についても配慮する必要があるだろう。

　⑦は、受け付けたレファレンスサービスの記録をもとに、質問を統計的に処理したり、サービスの評価を行うことである。統計的な処理とはサービスの実態を数値によって把握し、情報のニーズを分析したりすることで、情報源の傾向を探ったりすることができる。

　またサービスの評価とは、サービスの問題点や課題を発見し、作業の改善や管理運営の効率化を高めるために不可欠である。自分だけの評価ではなく、実際に利用している利用者からアンケートをとり、利用者側からの意見を得る方法もあり、これらはサービスの向上には必要である。

　⑧は、博物館のレファレンス活動を利用者に積極的にアピールすることである。博物館の利用の仕方を知ることで、展示ばかりでなく、いろいろな情報を入手できるところとして、博物館がより親しみやすい場所となり、リピーターを増やす、博物館の理解者を増やすことになるだろう。

参考引用文献
大堀　哲 1999「1 レファレンス・サービス」『新版博物館学講座 10 生涯学習と博物館活動』雄山閣、pp.107-111
大堀　哲・水嶋英治編 2012『博物館学Ⅱ　博物館展示論＊博物館教育論』
小田光宏編 2012『情報サービス論』JLA 図書館情報学テキストシリーズⅢ　5、社団法人 日本図書館協会

（粕谷　崇）

第3節　アウトリーチ

(1) アウトリーチ活動

　アウトリーチとは、リーチ・アウト（reach out）が名詞化された言葉であり、もともとの意味は「手を伸ばす、手を差し伸べる」ことで、欧米では科学技術をはじめとして、芸術や医療、福祉の分野で盛んな活動である。研究者と国民が互いに対話しながら、国民のニーズを研究者が共有するための双方向コミュニケーション活動を指す。また、そこから派生して啓発活動・教育などの意味もあり、一般的に博物館界に於いては、博物館が所有する資料や学芸員による館外活動のことを指す用語である。
　文部科学省の平成17(2005)年6月7日の第10回学術研究推進部会資料「アウトリーチの活動の推進について」に以下の文面が記されている[1]。
　　　科学技術が社会全体にとって望ましい方向で発展していくためには、科学技術自体や研究者等の活動が国民に正しく理解され、信頼され、支持されることが不可欠である。このため、研究者等が、自らが社会の一員であるという認識をもって、国民と対話しながら信頼を醸成していくアウトリーチ活動を積極的に推進していく必要がある。
　このようなアウトリーチ活動に対する国の取り組みとしては、文部科学省が科学技術振興調整費「重要課題解決型研究等の推進」において、毎年度直接経費の概ね3%に相当する経費をアウトリーチ活動に充当する制度を導入し、科学分野におけるアウトリーチ活動の構築を図ることで、研究者が社会・国民に分かりやすく研究の意義を説明し、理解を求めることを義務付けした。
　政府の平成16年度版科学技術白書には、国民と科学者等の対話の必要性を挙げて、科学者等の活動が国民に正しく理解され科学者等が信頼され、指示されるために科学者等の意思が国民に十分に伝わるような新たな活動が必要であるとしたうえで、双方向性コミュニケーションであるアウトリーチ活動の必要性を指摘している[2]。

また、平成22年版科学技術白書第1部第3章1において、アウトリーチ活動を明確に記している[3]。

　第3期科学技術基本計画では、アウトリーチ活動を推進することを定め、近年、研究者によるアウトリーチ活動が数多く行われるようになっている。

　その一種である「サイエンスカフェ」は、1997年ころに英国やフランスで始まった活動で、科学者が自身の研究内容を同分野の科学者に対して発表する学術講演会やシンポジウムの開催といった従来のものとは異なり、お茶を片手に市民が気軽に科学者と対話する"Cafe Scientifique"が由来である。我が国においても、平成15年度科学技術の振興に関する年次報告（平成16年版科学技術白書）が紹介し、新聞をはじめ各種メディアが取り上げたことにより、その取組内容が広く知られるところとなり、文部科学省や日本学術会議が科学技術週間行事として「サイエンスカフェ」を開催して以降普及し、現在では様々な実施主体が全国各地で独自の工夫を加えながら広く定着している。

堀田のぞみはこのようなアウトリーチ活動について、「今日、社会における科学技術の理解増進を果たす役割のひとつとして、研究者等のアウトリーチ活動が挙げられる。」と指摘している[4]。

以上の如く、アウトリーチ活動は主に科学分野における活動として実践されてきたが、ここでは我が国の博物館界におけるアウトリーチについて考察を試みるものである。

(2) 博物館におけるアウトリーチ活動

博物館から外に出て実施する教育活動をアウトリーチ活動と称される。これには博物館が主催する活動と外部から依頼を受けて行う活動がある。その主たる活動は、出前講座（出前授業）、移動博物館、資料・キットの貸し出し、野外活動、博学連携事業、講演会、シンポジウム、教員対象の研修講座、学校と共同のカリキュラム開発等がある。平成元（1989）年の文部省告示の小学校学習指導要領に博物館や郷土資料館などの活用への配慮が、社会科の指導計画作成の配慮事項に示されたことから、博物館と学校の連携が積極的に推進されるようになった[5]。

以下は、これらの活動の事例である。

①出前講座（出前授業）
　出前講座は、学芸員が学校や地域団体に赴き、収蔵資料等を活用しながらより質の高い授業になるように、教育活動支援として盛んに行われている活動である。一般的には学校の教科に合致した資料と講義内容を博物館側が準備し、学校の要望に十分に応えるために、教員との事前協議を実施し、学校との連携を図りながら出前授業を行う。この出前授業は博物館の見学を伴うとより一層効果的である。
　我が国は学校教育と社会教育の両側面からの教育を主軸としており、教科書を主たる手段とする学校教育に、資料（モノ）を主たる手段とする博物館教育をリンクさせることにより、教科書では学習できない学びが可能となる。たとえレプリカ資料であっても、資料そのものが大きな力を有し、教科書を超えた学習が期待できるのである。
　埼玉県立さきたま史跡の博物館は、平成25年度から出張授業「なるほど！古墳時代」を実施している。学芸員が学校に出向き、古墳時代の遺物からその時代背景を話しながら実物の埴輪等やレプリカ資料に触れさせることで、教科書では学べないことを体験させている。
　入間市博物館は「学校教育支援講座」として、学芸員が調査研究した専門分野を学習メニューとして作成し、各学校の要請に基づき、各教科や総合的な学習の時間の授業支援を図り、学校教育に寄与している。
　山口県立山口博物館は「博物館学校地域連携教育支援事業」として理工・地学・植物・天文・考古・歴史・動物分野の出前授業を行っている。このような多岐に亘る分野の出前講座は、学校側の多角的なニーズに応えられる博物館事業と言える。
　福井県立恐竜博物館は、対象年齢を小学校高学年から中学校の生徒に設定し、発掘の研究成果や今後の研究の展望といった、専門性の高い授業を想定したプログラムを組んでいる。
　名古屋市博物館は、毎年内容が更新される6種類の体験学習を出前授業で実施している。実物資料及びレプリカを博物館から持参して、実際に資料に

触れることで子どもたちの興味を高め、授業に役立たせることを目的としている。内容の更新を図ることは、博物館及び学校の両者に於いて有意義な取り組みと言えよう。

このような出前講座は、学校の授業に位置付けることが可能であることから、学校側の期待度も大きく、数あるアウトリーチ活動の中で実践されても実践する博物館が比較的多く、成果を上げている活動である。

②移動博物館

移動博物館とは、博物館を広く一般市民に知ってもらい、社会学習活動支援を目的として、学校や公民館、図書館のギャラリー等を利用して、展示や体験活動を行うことである。この活動は、放課後子ども教室、子ども会、PTA活動、公民館等のイベントに於ける子どもや一般市民、またデイサービスなどの高齢者を対象としている。

日光市歴史民俗資料館は、日光市歴史民俗資料館学校博物館移動事業実施取扱い要領を設けている。その第1条目的には、「この要領は市内小中学校（以下「学校」という。）に収蔵資料（以下「資料」という。）を貸出し、又は学校での展示解説や講座を開催することにより、児童・生徒が郷土の歴史や自然に対する理解と関心を高め、もって学校教育の支援を図るために実施する学校移動博物館事業（以下「移動博物館事業」という。）について必要な事項を定めることを目的とする。」とある。この移動博物館事業は学校に於ける授業又はクラブ活動での利用とし、その際原則として、児童・生徒の担当教員が立ち会うものとしている。希望する学校は事業申込書を教育長に提出する必要があり、あくまでも学校の児童・生徒を対象としている点が特徴と言える。

環境水族館アクアマリンふくしまは、アクアラバンと名付けられた移動水族館車を有しており、山間部の小学校を訪れて、海の生き物との触れ合いの場を提供している。熱帯魚が泳ぐ水槽や、ヒトデ、ウニ、ナマコ等を入れたタッチ水槽を搭載し、実際に触れることができる。同じ福島県でも山間部に居住する小学生は海の生き物に接する機会が少ないことから、山間部の子どもたちにとっては貴重な体験となっている。また、教職員セミナー、館内授

業・館外授業、教材等の貸し出しなど多くの参加学習プログラムを準備し、教育普及活動を展開している。

兵庫県立人と自然の博物館は平成24（2012）年に20周年を迎え、移動博物館車「ゆめはく」を誕生させ、多彩なメニューを

図1　環境水族館アクアマリンふくしまのアクアラバン

用意して事業を展開している。研究員が県下各地に赴き、展示やセミナー、リサーチプロジェクト等のプログラムを通じて、各県民やNPO、行政が取り組む、地域の自然・環境・文化についての学習活動をサポートしている。学校の教室や体育館、廊下などが展示室となり、展示解説を実施している。

さらに、被災地とその博物館を積極的に支援している点も評価できる事業である。西日本自然史系博物館ネットワークによる自然史系標本の救済支援活動の一環として、津波で被害を受けた陸前高田市立博物館の植物標本を洗浄・修復するなど、被災した学術標本のレスキュー支援を行っている。

沖縄県立博物館は、沖縄県には離島が多いことから、離島や遠隔地支援を目的とした移動博物館を実施している。移動博物館による展示を実施することにより、文化の普及を図っている。第一回目は1980年に開催され、その後も移動博物館事業は継続されている。同様の事例としては、鹿児島県立博物館の移動博物館が挙げられる。この移動博物館は、移動博物館に於いてのみ展示する資料を公開し、地域の自然を紹介するパネルも作成している。

このような離島や遠隔地への支援型アウトリーチ活動は、かつて交通の便が悪く、博物館の数も少なかった頃に我が国の博物館が、学芸員自らが資料を持ち込み、学校や公共施設において展示を行った、本来の移動博物館のあり方を踏襲していると考えられる。一方、移動博物館として活動しているものの、出前授業と同様の事例もあり、博物館の解釈によって使い分けているのが現状と言える。

例えば鳥取県立博物館は、学芸員が学校や公民館に出向き、鳥取県の美術の概要及び作家についての講座を開催している。また「とっとりの美術入門

講座」では、受講者の年齢や発達段階に応じたゲームやグッズを取り入れ、ワークシートを活用した講座を実施しており、これらは前述した出前授業・出前講座に近い活動と言える。

　茨城県自然博物館の滝本秀夫は、開館時から組織的に進めてきたアウトリーチ事業について、学校や社会教育施設での移動博物館，教育用資料の貸出，学芸員の外部への派遣などが開館当初から行われ、特に移動博物館は特徴的な事業で学校の体育館や公民館を博物館にする事業であるが、現在，そのアウトリーチ事業も大きな転換期を迎えている。特に学芸員の派遣要請の急激な増加によって、学校や社会教育施設での教育活動に専門的な知識をもつ学芸員と効果的な資料が求められており、今後は増え続ける要望にどう応えていくか、検討の必要性を説いている。また，移動博物館は，共催形式で実施する社会教育施設との連携が鍵になっており、両方にメリットを有した世界的にも希な実施形態であると論じている[6]。

③博学連携事業

　博学連携は博物館がイニシアティブを持って行う事例が多い。博学連携の取り組みは、学校教育では日常的な学習活動として捉えられていないため、特別な学習プログラムとしての位置付けが多いことを特徴とする。

　博学連携事業を積極的に実践している袖ケ浦市郷土博物館は、『博学連携実践事例集―そではくのつかいかた―』[7]を発行し、デジタル版も作成している。学校を対象とした博物館連携として、学校にはない専門的な資料、図書資料があること、ビデオなどの視聴覚資料がたくさんあること、地域人材のリストやその様子、人物、作品などの写真があること、各地の博物館のパンフレットやホームページの一覧があること、学芸員が専門知識を活かした資料画像等を作成すること、学習プログラム（モデル）や、実際行われた授業の指導案、所蔵物の写真などを準備するという誘導的なアプローチの他に、資料の扱い方（梱包の基礎）やフィールドワーク入門といった教職員対象講座も実施している。袖ケ浦市郷土博物館は、昭和57年の開館以来、地域とともに歩む博物館として、特に学校との連携は博物館の最も重要な任務であるとして活動を展開している。

市民が博物館に対して抱く意識、つまり館による格差が大きい、社会的な支持基盤が弱い、堅苦しい、日常生活から遊離しているというイメージを払拭し、実物資料を有する博物館の特性を活かし、地域教育力の一翼を担う博物館の新時代が始まるものとして、地域の個性を共に学び、博物館と学校・地域の個性を尊重しあい、連携して行うことと融合して行うことのそれぞれの有効性を追求することが重要な課題としている。

また、博物館と学校の連携にとどまらず、公民館・図書館・近隣博物館・文化財センターなどの社会教育関係機関や地域の人々との連携をも目指している。

(3) 大学博物館と学芸員養成教育のアウトリーチ活動の実践例

和洋女子大学教授駒見和夫は、平成24年度全国大学博物館学講座協議会東日本部会研究助成を受けて「学芸員養成教育に資する大学博物館のアウトリーチ活動の実践的研究」を推進している[8]。

和洋女子大学文化資料館は、学習支援活動として学芸員講座履修学生が参加する小・中・高等学校への出前講座に取り組んでいる。大学博物館の学芸員と学部学生が一体となることにより得られる効果は、児童生徒の理解度と満足度、更には参加した教員からの一定の評価を得たことである。出前事業を実践した学部学生は2年生も含まれており、事前研修が入念に行われたことは言うまでもない。

駒見は、「一般の博物館では実施が難しい方法であり、大学博物館の利点を生かした運営形態として構築できるはずである」として大学博物館の活動と連携した学芸員養成教育が大きな価値を有していることを論じている[9]。

また、博物館資料による出前講座は、博物館が教育的役割を発揮する場として、さらに博学連携の質を高める方法としての意義が大きいとし、その実践には準備から実践に至る学芸員と教師とのコミュニケーションと、講座に於ける児童生徒と博物館スタッフとのコミュニケーションの重要性を指摘している。

このような大学博物館に於ける学習支援活動の実践は、多角的見地に立った実地教育の一環として、幅広い教養教育の機会となることが期待できるのである。

(4) 大学院と博物館連携のアウトリーチ活動の実践例

　國學院大学大学院は、高度博物館学教育プログラムが文部科学省平成 21 年度「組織的な大学院教育改革推進プログラム」に採択され、文学研究科史学専攻に新たに「博物館学コース」が設立された。本プログラムの目的は、博物館学に関する大学教育に携わることができる研究教育者、および高度な博物館学の知識・技能を有する上級学芸員の養成である。その特質は、博物館学コースを中核として文学研究科各専攻が培ってきた専門分野を組み合わせることにより、専門性・学際性を兼備した博物館学研究者を養成することである[10]。

　高度博物館学教育プログラムの核となる「博物館学専門・特殊実習」の一貫として、毎年 7 月に長野県木島平村に於いて博物館作りを実践している。村の倉庫に保管されていた民具を中心とする資料の調査・分類、配架、博物館の展示案等すべてを大学院生が行い、その結果、統廃合で廃校となった小学校を利用した「木島平村ふるさと資料館」が、平成 25 年 7 月に開館した。

　夏季実習では、地元の小学生を対象とした体験学習を資料館の協力を得て開催している。

　第一回目の体験学習は勾玉作りで、地元メディアにも取り上げられた。第 2 回目は勾玉作りに加えて、木島平村の地域文化資源である根塚遺跡出土の弥生土器で木島平米を炊く、さらにナイトミュージアム（夜の博物館探検隊）が行われた。勾玉作りの講師役をはじめとし、企画から準備、チラシ、ポスター、ワークシートの作成、そして開催までを大学院生が行う教育活動である。体験学習に参加した子どもたちには大学院生手作りの修了書が手渡された。

　このような博物館学専攻の大学院生によるアウトリーチ活動は、小学生を対象とするにとどまらず、資料館へのアウトリーチ活動と言えるものであり、我が国初の大学院生による手作り博物館の核となる教育活動となっている。このアウトリーチ活動の狙いは、子どものみならず、同伴の大人も視野に入れている。夜の博物館探検隊の開始は 20 時に設定しており、小学生低学年の子どもは必ず親が一緒に来館することになり、資料館を知ってもらういい機会となるはずである。探検の後は収蔵資料の行燈、灯明、ランプ等を活用して、夜空の下で「明かりの学び会」が開かれた。夜の博物館という非日常

第3節　アウトリーチ

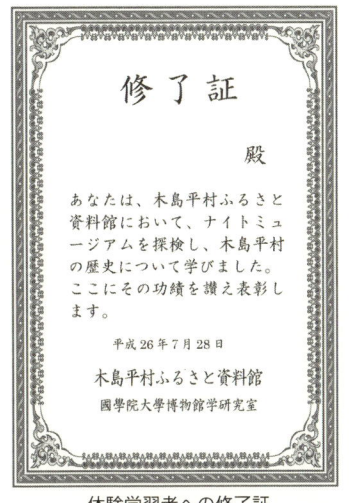

体験学習者への修了証　　　　　　ポスター

土器焼き　　　　　　土器で黒米を炊く

図2 木島平村ふるさと資料館においての実践的な取り組み例

的空間を体験した子どもに対しては、昼間の博物館にもう一度行ってみたいというリピーターの確保をも狙っている。夏休みの一日を博物館で、大学院生および資料館の職員と関わることにより、博物館がより身近なものとなり、自分たちの住まう地域の歴史や文化資源を知ることに繋がっていくことが期待できる。博物館のよき理解者を育成する活動と言えるのである。

　このようなアウトリーチ活動を大学院生自らが実践することで、コーディネート能力はもとより、質の高い博物館学意識の醸成と、一丸となって作業をするうえでのコミュニケーション能力および、来館者に対する接客能力の習得に直結するものと思われる。

117

駒見はアウトリーチにはコミュニケーションが重要であるとしている。担当者との事前打ち合わせの機会を設け、意見交換を行うことにより、納得度の高いアウトリーチ活動が実現するとしている。両者が対等な形で進められないことにより、見解の齟齬が学習の充実を阻害していることが多いとし、プログラムを両者により組み立てるという意識を共有することが博学連携の基軸になると論じている[11]。

　この点に於いては村長をはじめとし、館長、関係者との意見交換は綿密に行われており、意識の共有は図られている。今後のふるさと資料館の発展に期待したい。

註
1)　文部科学省科学技術・学術審議会学術分科会学術研究推進部会（第10回）配布資料 2005「アウトリーチの活動の推進について」
2)　「平成15年度科学技術の振興に関する年次報告（平成16年度版科学技術白書）」（2004年6月4日閣議決定）同報告は科学技術基本法（平成7年法律130号）8条の規定に基づく
3)　文部科学省 2004「平成17年度の科学技術振興調整費の取組について」
4)　堀田のぞみ 2004「研究とアウトリーチ活動」『調査報告書「国による研究開発の推進」』
5)　駒見和夫 2014『博物館教育の原理と活動』学文社
6)　滝本秀夫 2006「アウトリーチ」『自然博物館ニュース A・MUSEUM VOL49』茨木自然博物館
7)　袖ヶ浦市郷土博物館 2004『博学連携実践事例集―そではくの使いかた―』
8)　駒見和夫 2014「学芸員養成教育と大学博物館のアウトリーチ活動の検討」『全博協研究紀要』第16号、全国大学博物館学講座協議会
9)　駒見和夫・梅原麻梨紗 2011「和洋女子大学文化資料化におけるアウトリーチの実践と検討―小学校に向けた出前講座―」『国府台』和洋女子大学文化資料館・博物館学課程報、15号、和洋女子大学文化資料館・博物館学課程
10)　落合知子 2014「高度博物館学教育の実践―木島平村ふるさと資料館が開館するまで―」『國學院大學博物館学紀要』第38輯、國學院大學博物館学研究室
11)　同註8

（落合知子）

第4節　ワークショップと回想法

　現代社会に於ける博物館では、来館者が参加し、体験する催しが盛んに執り行なわれている。ひと昔前のように博物館はただ単に展示物を見に行く場という概念から、来館者自身も積極的に参加して、楽しみながら学ぶ場という概念に変化したことも一つの要因と言える。このような社会情勢と学芸員の意識の向上も相俟って、博物館では様々な工夫を凝らした体験学習が行なわれるようになった。

　このワークショップについて、ワークショップ企画プロデューサー中野民夫氏は「講義など一方的な知識伝達のスタイルではなく、参加者が自ら参加・体験して共同で何かを学びあったり創りだしたりする学びと創造のスタイル」[1]と定義付けた。博物館に於けるワークショップは、小学校の総合学習の時間を利用した校外学習の場として、あるいは高齢化社会に於けるシルバー向けの講座を開催する場など、幅広い年齢層の参加形態が考えられる。さらにワークショップは多岐に亙る分野で行なわれるため、その目的・内容が異なるのは当然のことであるが、多くの博物館に於けるワークショップは教育活動が主たる目的と言えるのである。

　しかし、博物館教育の試みと捉えられる一方で、このような博物館への参加が博物館見学から生じる博物館疲労を軽減する手立てとなる点については、これまであまり論じられなかった。一般的に博物館展示は受動態展示であり、来館者は受身の側であるために疲労、鬱積、不満が残ることが多い。

　さらに暗い展示室では眼精疲労も加わり、その疲労が大きくなるのは言うまでもない。これらのマイナス要因を回避する手立てにも成り得る、来館者が博物館展示に参加する体験型展示（ハンズオン）や知的参加（マインズオン）が展示に組み込まれることが多い。来館者が展示に拘わることによって博物館展示は受動態展示から能動態展示へと変化し、博物館疲労も緩和され、博物館疲労は楽しみや達成感に変わっていくのである。それは大学の講義形態の授業が一方的に聞くだけの半強制的な苦痛感を伴うものであるのに

対して、実習や演習などといった双方向性の授業の方が比較的疲労度が少ないのと同様であろう。

　博物館の知的参加の代表格はミュージアムワークシートであろう。ミュージアムワークシートは入口でもらってその場で解けるような問題であってはならない。博物館の展示の中から答えを探していくことが第一義だからである。展示の中から答えを見出すということは、展示の熟覧、その結果、博物館での滞留時間を延ばすこと、ひいてはリピート客の確保に繋るものである。したがってミュージアムワークシートは頻繁に問題を更新することが必要であるが、我が国の博物館は、いつ行っても同じワークシートが置かれていることが多いのが現状である。ワークシートを目的に来館する子供が、二度目に行っても同じワークシートであったなら少なからず失望するであろうし、リピート性は望めない。

　また、この参加型展示のワークシートもその特性から考えると、野外博物館に設えることは問題が生じてくる。まず紙に印刷されたものであるため、野外にそのまま置くことが難しい。この問題を回避する方法として、植物園に多く見られるパネルタイプのワークシートや、民家の中に置く方法等、それぞれ工夫が施されて設置されている。しかし、野外博物館における参加型展示はワークシートに代表される知的参加（マインズオン）よりも、体験型展示（ハンズオン）が圧倒的に多い。これは野外だからこそでき得る最大の特徴でもある。ワークショップで多く行なわれている野焼きの縄文土器づくりなどは、野外だからこそ価値がある体験であろう。民俗系の野外博物館であれば、年間を通じて年中行事を執り行なうことが可能であろうし、自然史系の野外博物館であれば四季折々の植物・動物・昆虫をテーマとしたワークショップが可能となってくるのである。それは屋内の体験型展示とは比較にならないほどの可能性と創造性を有するものと言える。以下、野外に於けるワークショップを中心に紹介する。

（1）人文系博物館のワークショップ

　前述したように移築民家や民俗系野外博物館に於いては、一年を通じて年中行事を執り行なうことができる。正月の餅つき、凧揚げ、コマ回し、鏡開き、七草粥、どんど焼きといった昭和30年代の頃はどこにでも見られた風

景も、現代社会に於いては殆んど目にすることがなくなった行事である。このような正月の行事は、年の始めに博物館の行事に組み込まれることが多く、親子連れで賑わうのもこの時期である。江戸東京たてもの園では移築建物の空地を利用して昔ながらの遊びの場を設け、焼き芋・甘酒などが売られ、訪れる人たちを昭和30年代にタイムスリップさせる。同様の催しとして博物館明治村では、寒い時期にけんちん汁のサービスが行なわれている。このようなサービスはワークショップの観点からは外れるものであるが、かの棚橋源太郎も、スカンセンは郷土料理を食することができる博物館であると感動したように、博物館で楽しみながら食べることに意義があるもので、野外博物館だからこそでき得る体験のひとつでもあろう。したがって博物館側は、"正月だから博物館に行こう"といった魅力ある催しを積極的に行ない、一般社会で働く人たちが比較的時間にゆとりが持てる正月こそ、博物館を開館することが必要と考える。

　博物館で行なわれるワークショップは多種多様であるが、その中でも人気No.1を誇るのが勾玉づくりである。しかし、人気がある反面、勾玉に無関係な美術館などで実施されている現状は改善されるべき点であろう。単に参加する子どもたちに勾玉製作キットを与えて、勾玉の形に作るだけではなんら教育性を見出せないからである。博物館に於けるワークショップは博物館教育の一貫である以上、勾玉づくりも教育的でなければ意味がないのである。勾玉の歴史的背景や翡翠についての知識、古代人の宗教観や交易など、勾玉一つでどれだけの情報を発信できるであろう。魅力あるワークショップを実践する博物館は、熱心な学芸員がいて子どもたちの来館者も多いはずである。また、この勾玉づくりは室内でも可能なワークショップであるが、汚れを気にせずに行える野外での作業の方が開放的で指導しやすい。青空の下、竪穴住居の前で、子どもたちをタイムスリップさせるような勾玉づくりの実践が望まれるのである。茅野市尖石縄文考古館では、館の特色である縄文土器づくりが行なわれている。野焼きの縄文土器づくりは言うまでもなく野外で行なわれるものであり、遺跡を背景に土器を製作する臨場感と開放感は野外でのみ味わえるものである。千葉市立加曾利貝塚博物館でも、市民参加の縄文土器づくりが国指定遺跡に於いて行なわれている。考古学系の博物館が

第Ⅴ章　博物館教育の実際

図1　茅野市尖石縄文考古館の土器づくり

主となるが、縄文土器づくりのほか、縄文土器を使って調理をする、縄文クッキーを焼く、竪穴住居を組み立てるなど縄文人を体験するには野外での参加が楽しく、また、教育的でもあろう。

社団法人青少年交友協会理事長の森田勇造氏は「野外文化とは、いかなる社会環境でも、人間らしく生きる知恵を幼少年時代から習得し、継続することの重要性と人間本来の生命力を培うための知恵、すなわち社会人としての基本的能力をいみするものである。野外文化の伝承を"野外文化教育"、野外文化の習得活動を"野外文化活動"という」[2]とし、野外文化活動を「自然と生活」、「野外運動」、「歴史と伝統」の三項目にまとめ、野外文化の子どもへの伝承のあり方として野外文化活動を体系付けた。

また、野外文化活動としての「野外伝承遊び」について、高度な文明社会における社会人を育成する上で、幼少年時代の野外伝承遊びの重要性が見直されている。さらに発展して祭りや年中行事の教育目的は、文化継承の場（異年齢集団が共に行動し、自分の立場をはっきり認識できる行事であり、その地方の風俗習慣や文化を知っている者が指導し、知らない者が見覚えたり、見習って行動する機会と場）、社会性の向上（祭りや年中行事の場では町や村の顔役や先輩や同年輩にたくさん会い、先輩や同年輩と親しくなると共に、後輩への指導の方法も身につく。お互いに力を合わせて行事を遂行するし、喜びも体験する。目的をひとつにした社会の協調性が培われる）、自主性の開発（多くの人と共に行動しているうちにしぜんに自分の立場を認識し、主張したり、共に行動したりするようになる。自主性の開発に役立つ）、向上心の開発（自分と比較する対象者を見つけることによって、よりよくなろうとする向上心が芽生える）であるとしている。この観点からもわかるように、博物館における年中行事の開催も意味深いものであり、価値のある行事であることが理解できる。これらの行

事は歴史系博物館や民家の移築復元型野外博物館等での実施が比較的容易であるため、その事例も多い。

(2) 自然史系野外博物館のワークショップ

　自然史系野外博物館のうち市民参加活動を盛んに行なっている独立行政法人国立科学博物館附属自然教育園は、その設置理念からも理解できるように、教育活動を盛んに行っている植物園である。

　前記したワークシートは頻繁に内容を変えることが肝要であることを述べたが、教育自然園のワークシートは月ごとに違うものを用意してあり、それには設問版の位置と今月の見どころが明記されている。見学者はこのワークシートを片手に自然園を探索していくのである。このワークシートがあることで、より一層園内の動植物を熟覧することになり、滞在時間も長くなるのである。自然の中で森林浴をしながら、すべての解答を見出した時の達成感と満足感は、薄暗い屋内博物館でのワークシートよりもはるかに効果的であろう。1月のワークシートを制覇したら、今度は2月にまた訪れたいと思うことが博物館経営においても重要であり、基本であるリピート客の高揚につながっていくのである。

　その他自然教育園では自然に親しみ、自然をより深く理解できるよう様々な教育活動を実施している。日曜観察会は4月の春の自然教育園・鳥のさえずり・木の花、5月の春のチョウ、スズメのくらし、シイの林、光と植物・水の中の生き物など、毎月、毎週内容を変えて実施している。土曜自然教室は園内の鳥・虫・植物の観察を子ども対象に実施している。小・中学生とその保護者及び一般人を対象に夜の自然教育園や園以外で自然観察会も実施している。野外生態実習としては学生・教員・研究者・一般人を対象に、1テーマにつき2~3日の講義と実習を実施しており、テーマは植物群落の遷移の調べ方・土壌動物の調べ方・鳥類生態の調べ方・自然観察の指導の方法など、毎年7~8テーマを用意している。

　このように多岐に亘る内容と年齢層別、初級者から上級者までの対応を可能としたプログラムを用意している。単に温室で珍しい植物を栽培して観覧させるだけの館と大きく違う点は、博物館の資料を最大限に有効活用して、教育に還元していることであろう。

(3) 回想法

　最後に博物館に於ける回想法について考察を試みる。回想法そのものは、博物館のワークショップとは意を異にするものであるが、高齢化社会に於ける博物館の役割として今後、より盛んとなる活動であることは明白である。

　回想法は、1963年にアメリカの精神科医ロバート・バトラー（Robert・Butler 1963）によって提唱され、その後北米やヨーロッパを中心に、高齢者にかかわる広範な職種の間で浸透し、1999年には国際回想法会議（International reminiscence and life review conference）が発足され、隔年で国際会議が開催されている。回想法はレミニッセンス・セラピーとライフレビュー・セラピーに2大別され、前者は一般回想法と称されて、楽しみの提供、適切な刺激の提供、仲間作りや世代間交流の場、生涯学習の場などレクリエーションなどを目的とした概念であり、博物館での取り組みはこれに該当するものである。

　我が国の博物館に於ける回想法の取組みは年々増加する傾向にあり、日本各地の博物館で「昭和の暮らし」に関する展示や特別展が開催されている。回想法を取り入れた博物館の先駆けは、地域の高齢者を対象とした介護予防事業の一貫で2002（平成14）年に設立された愛知県師勝町（現・北名古屋市）の「回想法センター」である。ここでは博物館所蔵資料を活用し、回想法の環境を整えた回想法の情報・研修センターとしての役割を果たしている。

　また、岐阜県恵那市にある日本大正村は、旧明智町の町おこしとして構想・立村され、初代村長に高嶺美恵子、2代目村長に司葉子が着任している。町全体を大正時代に再現し、町そのものを活用している点において、伝統的建造物群やエコミュージアムに近いものといえる。いくつかの歴史的建造物が核として現地保存され、大正村を形成している。日本大正村役場は1906（明治39）年築の瓦葺き寄棟造り2階建て木造洋館で、1957（昭和32）年まで明智町の庁舎として使われていたもので、現在は無料休憩所を兼ねており、1999（平成11）年には文化庁の有形文化財の指定を受けた。明治末期の木造百畳敷き、手動エレベーター付きの銀行蔵は、農家から預かったり買い取った繭を収納するための繭蔵で、現在は大正村資料館として展示活用され、町文化財に指定されている。おもちゃ資料館は大正期から昭和初期まで

のおもちゃ約3,000点を収蔵し、展示公開している。逓信資料館は1875（明治8）年開局、1897（明治30）年には電信・電話業務を兼ねた郵便局である。大正の館は明治末期の建築で、米穀商を営み、後に医院を開業した名士橋本邸跡で、銀行

図2　明智回想法センター（日本大正村）

蔵と裏でつながっている。この他大正時代館、旧三宅家、大正ロマン館（平成6年築）、小川記念館、喫茶去華風庵（茶道具の資料館）、大正路地、うかれ横丁といった大正時代を感じることが出来る施設が保存され、町全体が大正博物館となっている。

　また、大正村の明智回想法センターは明治末期に建設された旧産婦人科病院で、現在は回想法を実践する施設として活用されている。昔話を皆で語らうことにより生き生きとした自分を取り戻す拠点施設であり、旧医院の内部は昔の生活を蘇らせるために昔の生活用具や部屋、民具等が展示してある。我が国の博物館も昭和30年代の展示が流行しており、認知症の高齢者の記憶を取り戻す方法として活用されている。かつて自分が使い慣れた洗濯板やアイロンなどを手に取ると当時の記憶が蘇り、認知症が改善されるというものである。この明智回想法センターは、我が国で回想法を実践する代表的な施設である。

　岡山県立博物館では「博福連携」事業が発足され、活動を推進している。博物館に於ける「博学連携」と同様に、博物館と福祉の連携事業も必要な時代であることは言うまでもない。岡山県立博物館は、2009（平成21）年7月24日から9月6日にかけて「昭和のくらし―50年前のおかやま―」という企画展を開催した。展示の主旨は中高年に対しては子どもの頃の自分を思い出す機会に、子どもたちに対しては当時の空気を感じてほしいという計画のもとに実施されたものである。開催期間中は多くの来館者で賑わった。この

図3 明智回想法センター内部（日本大正村　昭和の生活展示）

展覧会の特徴は，単に企画展のみの展示に止まらずに，関連行事を実践することにより、体験型の企画展を目指したことにある。昭和30年代に日本各地を走った菓子メーカーカバヤのカバ車の復刻車が博物館野外部に展示され、約400名が参加をした。その他にもダイハツミゼット、三菱500、スバル360といったレトロ車も展示し、2日間でおよそ2,000名の参加を記録した。

また、展示室でのコンサートという、初めての試みに約130名が参加し、足踏みミシン、蚊帳、こま、竹とんぼ等の道具体験会には4日間で614名の参加があった。大正時代の蓄音機による昭和時代のSPレコードコンサートには約170名の参加があり、すべてが成功裡に終わった企画展である。

註
1) 中野民夫　2001『ワークショップ―新しい学びと創造の場―』岩波新書
2) 芸団協・芸能文化情報センター編　2002『「ワークショップ」になにができるか？―「多用性」と向き合うための知恵―』芸団協出版部

参考文献
小笠原喜康・チルドレンズ・ミュージアム研究会編　2006『博物館の学びをつくりだす』ぎょうせい
染川香澄・吹田恭子　1996『ハンズオンは楽しい』工作舎

（落合知子）

第Ⅵ章　野外博物館における博物館教育
―遺跡博物館を実例にして―

池田朋生

第1節　遺跡博物館における教育活動に繋がる
　　　　学史的理解（濱田耕作による装飾古墳の調査）

　野外博物館のなかでも、風土記の丘など特定の史跡の保護を目的とした遺跡博物館は、館の敷地周辺にある史跡の活用を最も意識した教育活動を行う。この特定の遺跡に特化した、博物館教育の必要性という思想の初見を筆者ははっきりと明言できないが、明治7（1877）年に、ピーボディ科学アカデミーにおいてキュレーターとして活動した経験を持ち、大森貝塚の調査を手掛けたモースが、東大教授として着任したことを切っ掛けに、明治7（1877）～9（1879）年に教育博物館嘱託を併任したこと、更に、その後坪井正五郎が明治19（1889）年から大森貝塚等の展示を行った標本室を担当することで、明治24（1904）年「人類学標本展覧会開催趣旨設計及び効果」を著していること。これらの一連の調査、及び展示活動が、遺跡と博物館展示を繋ぐ展示論に結び付いたと考えられる[1]。

　黒板勝美はその著作「博物館に就いて」（大正元年・1912）のなかで、「博物館と史蹟遺物」という表題を掲げ、史跡整備における博物館の重要性を謳っている。同年には「古墳発掘に就いて考古学会会員諸君の教を乞ふ」と題した論考[2]において、主に学術調査の体制について注意喚起を促しつつ、『…一たび発掘を行へる後は、更によく之が保存法を講じて古代に於ける墳墓の制等を知らしむるに力むると同時に、他の発掘すべからざる古墳の保存法について参考たらしむりにあり、…』と記し、学術調査の精度のみならず、その保存環境にまで注意を払うべきと、考古学研究者に対して注意喚起を行っている。

更に、大正6（1917）年に記した「史蹟遺物保存実行機関と保存思想の養成」では、『博物館の設置なき保存事業は無効』とし、『博物館は史蹟の近くに建設』[3]として、遺跡博物館としての機能を述べている。古墳を対象とした学術研究と同時に保存環境を維持するには、法整備のみならず博物館の存在が中心的な役割となることが既に示されているが、この主張は現在においても忘れてはならない[4]。

　単に史跡の紹介のみならば、その機能は現在多くの史跡近傍に建設されているガイダンス施設に留まるが、博物館と謳う以上、常駐する学芸員の存在により何らかの博物館活動が行われるわけであり、そのなかには教育活動も当然含まれるのであるから、ここで初めて「郷土の保全」を意図する「文化財の保護意識」が醸成され、「郷土博物館」としての活動を維持することとなる[5]。その意味で、「風土記の丘」事業により設立した遺跡博物館は、本来的機能を有する施設として、文化財保護行政のもと再度位置づけが為される必要がある[6]。

　これまで、博物館活動を担った経験のある考古学、人類学、或いは文献史学等の歴史学研究の先人たちは、専門分野の研究の一方で、博物館学的思想を養いその論を展開している[7]。

　その具体的な学史上の研究例として、ここでは濱田耕作の活動を取り上げる。濱田は、大正11（1922）年の通論考古学において、『遺物の保存と密接なる関係を有し、更に研究と教育との意義を兼ねるもの』として博物館を定義している。更に昭和6（1931）年の「考古学関係資料模型図譜」のなかでは、遺跡、遺物の模型作成、考古資料の模型作成の必要性を説いているが、その理論背景となった事象には、ヨーロッパ各地を歴訪した際に廻った博物館の見学の経験と共に、明治39年からの京都帝国大学文学部史学科陳列館立案において起用された文学部陳列館資料の調査・研究の活動が根底にあると考えられる[8]。「南欧遊記」（大正8年・1919）においては、訪れたナポリの街を概観した後、ナポリ国立博物館にて見学した、ポンペイ壁画の展示の様を紹介している。この諸外国の都市を訪れる際に、その地の博物館に赴く姿勢はドイツ、オーストリア、ギリシア等でも同様である。こうした博物館学的思考を持つ考古学研究者である濱田、更には梅原末治等によって、大正

第1節：遺跡博物館における教育活動に繋がる学史的理解（濱田耕作による装飾古墳の調査）

6（1917）年より京都帝国大学文学部考古学研究報告を刊行することとなる。このうち、第一冊（大正6年・1917）、第三冊（大正9年・1920）では、「肥後に於ける装飾ある古墳及横穴」、「九州に於ける装飾ある古墳」という「装飾古墳」を研究の主眼とした報告が刊行される。

　この国内における装飾古墳の調査に先立って、壁画古墳をはじめ朝鮮半島における古蹟の調査が関野貞等によって明治35（1902）年以降に実施されている[9]。関野は平壌郊外にある江西大墓の調査に関わっており、大正2（1913）年「古墳保存ニ関スル覚書」を朝鮮総督府に提出している。濱田や梅原末治は、大正7（1918）年からそれまで関野貞（関野の朝鮮における壁画古墳の調査は大正元年（1912）年より[10]）が行ってきた古蹟調査委員会に関わり、朝鮮半島において古蹟調査委員として朝鮮古蹟調査に携わっている。関野貞は、大正11（1922）年には、「江西遇賢里三墓保存の方針」を朝鮮総督府に提出している他、大正4（1915）年に開館した総督府博物館の博物館協議会委員もこの時に兼ねていることから、後任の濱田が関野の保存上の措置や指針、更には総督府博物館における展示手法を踏まえていることは自明の理と考える[11]。

　関野の文章で注目したいのは、「古墳保存ニ関スル覚書」のなかで『（リ）雨期、酷暑酷寒ノ季節ハ厳ニ閉鎖ヲ要ス（雨期酷暑ノ時ハ壁画ニ湿気ヲ招クノ患アリ、酷寒ノ時ハ壁面凍傷ノ懼レアリ）』と記されていること、更に「江西遇賢里三墓保存の方針」のなかで、『（一）総督府又ハ道庁ハ鍵ヲ保存スルコト（二）観覧拝料ヲ徴スルコト（コレハ五円乃至拾円位道府ヨリノ案内者ノ手当ニ供スルコト）（三）春期（四月一日ヨリ五月二十日マテ）秋期汎月二十日ヨリ十月三一日マテ）ニ於テ一般ノ観覧ヲ許シ其他ノ時季ハ厳ニ閉鎖スルコト（四）閉鎖ノ時ハ内外扉ノ中間ニ藁ヲ填塞シテ寒気湿気ノ侵入ヲ防クコト』[12]と、現在にも通じるばかりか、寧ろ一部では後退しているとも言える装飾古墳の保存環境維持の要諦を、壁画古墳を対象に既に提言していることにある。

　「江西遇賢里三墓保存の方針」のうち、現在の日本において、春季と秋季の二時期での公開や、施錠管理、コンクリートの保存施設を設置しているところは、茨城県虎塚古墳をはじめ、福岡県遠賀川・筑後川流域の装飾古墳一斉公開事業、熊本県の装飾古墳一斉公開事業があり、有料により壁画の見学と保存環境の維持を行っているところは、宮若市竹原古墳、山鹿市チブサン

古墳がある。また、「（一）総督府又ハ道庁ハ鍵ヲ保存スルコト」に関しては、博物館である場合と、当該教育委員会である場合、或いは資料館内に教育委員会等文化財保護部局が置かれそこが管理する場合があり、この事例については枚挙に暇がない。そして、野外の壁画墓をはじめとする朝鮮半島内の史蹟の資料を収集した総督府博物館の役割、位置づけは、熊本県立装飾古墳館が平成20年より行ってきた県内装飾古墳の環境調査、並びに平成21年から開始した熊本県内装飾古墳一斉公開事業や、福岡県嘉穂郡桂川町にある桂川町立王塚装飾古墳館を事務局とする、平成20年に設立された福岡県装飾古墳保存連絡協議会の機能や、平成10年から実施している遠賀川流域装飾古墳一斉公開事業等の前身として位置づけられる機能といえる。

　話題を濱田に戻す。現在、国内において、壁画、例えば装飾古墳の博物館、或いは博物館環境下への移設例は、「①発見の経緯は様々ながら資料の一環として収集する場合」と、「②保存上課題があるために一時的に移す場合」がある。②は、高松塚古墳、キトラ古墳、千足古墳が記憶に新しい。但し、それ以外は全て①の事例であることは、今一度注目、確認しておく必要がある。この①の事例として、博物館に収集した例のうち、現時点で最古の事例と考えられるのが、大正7（1918）年に発見された熊本県上天草市維和島の広浦古墳の4点の「装飾石材破片」の京都帝国大学による調査である。

　濱田、梅原による装飾古墳の報告のうち、第三冊（大正8年・1919）での調査報告において、梅原末治が行った熊本県上天草市維和島における広浦古墳の調査では（濱田は伝聞による執筆）、先に大正7年の濟々黌中学平野圴氏等により収集された2点（濟々黌第一石、濟々黌第二石と付す。）に続き、1点を維和第一石として収集、残る1点を維和第二石として現地維和島に残している。この石障は、現在の京都大学総合博物館が改修される前、少なくとも25年前までは京都大学文学部棟の一角に展示されていたという（京都大学総合博物館教示）。濟々黌の資料が博物館施設に展示されるのは、昭和51（1976）年に開館する熊本県立美術館の装飾古墳室においてである。何れも展示は、壁面に立たせた状態であり、石障本来の設置と同じ状態である。京都大学の過去の展示例は、厳密には博物館環境下では無いものの、少なくとも砂岩の保存上最も課題となる、日照による水分量の大幅な変化が起こりにくい屋内

第1節：遺跡博物館における教育活動に繋がる学史的理解（濱田耕作による装飾古墳の調査）

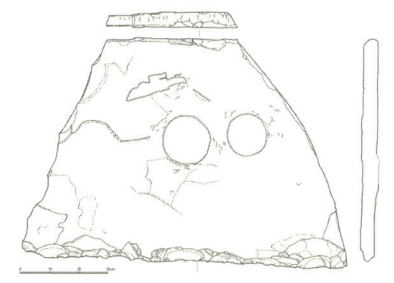

図1　「装飾石材破片」、広浦古墳石障の一部（維和第一石）（京都大学総合博物館所蔵）

環境での展示である。（広浦古墳の装飾石材は何れも砂岩製）[13]

　博物館学上、博物館内での教育を目的として、館内に何らかの機器を導入した事例としては、明治14（1881）年に、東京教育博物館において幻燈（スライド）を使用した手島精一ではないかとされる。博物館教育のために、教材資料としてスライドを作成し、生涯学習施設への使用という点で、博物館独自の教育論萌芽と評価される[14]。

　一方で、戦前において、濱田等による装飾古墳に特化した教育普及に及ぶ具体的活動例は未だ見いだせていない。しかし、通論考古学においては、既に博物館の規定を、『博物館の本義』として『遺物の保存と密接なる関係を有し、更に研究と教育との意義を兼ねるものは博物館なり』と定義している。その端緒となる古墳主体部の展示論は平城博物館での展示を事例にその評価を披露している[15]ほか、「博物館」（昭和4年・1929）には、野外博物館としてスカンセンの事例を紹介している[16]。スカンセンの紹介は濱田より先に黒板勝美が「博物館に就いて」（大正元年・1912）にて紹介しており、その重要性を追認していることが理解できる。

　濱田の博物館における教育論的な思考が読み取れる記述としては、展示資料をスケッチする教育効果を認めた記述がある。先に挙げた濱田耕作による「博物館」（昭和4年・1929）は、後に梅原末治が「考古学入門」（昭和16年・1941）として再販しているように、内容はこれまで濱田が訪れた各国の考古博物館の紹介という体裁をとった考古学入門である。表紙に井寺古墳の直弧文をモチーフとしてカラーで掲載したこの著書は、日本児童文庫のシリーズとしてアルスから受付注文により印刷出版されたもので、この企画において

131

博物館という題目で記述をすること自体が、濱田にとっての「教育論」の具現と言える。このなかで濱田は、ドイツ、ミュンヘンにおいて、『そこにある大きい美術博物館の付近に、小さいけれども考古学博物館がありましたので見物に出かけました』と記したのち[17]『陳列棚の陰の方に一人の少年』を発見、その少年が『手帳を出して一しょう懸命に見たものについて筆記してゐました。』と、熱心な少年の行為を褒め、声をかけて激励する。『日本にもよし小さくとも、ここかしこに考古学の博物館がたてられてあつたら、このドイツの少年のように熱心な子供が出来て来て、それが将来考古学の偉い学者になるであろう』と記している。この記述は、読者として少年・少女を対象としている。その平易な記述と評価こそが、濱田の博物館教育論の実践と考えられよう。

　以上の史的理解から、濱田や梅原が収集した直後の展示・保管環境の詳細は不明ながら、現在まで然したる劣化もなく保存されている広浦古墳の石障（調査時：維和島第一石、現在の京都大学総合博物館資料名：装飾石材破片）の現状を鑑みると、考古学上の調査の知見と併せ、現地の古墳と博物館の展示を結ぶ博物館学的な収集と保存・活用の意図を感じる。京都帝国大学に於いて、出土遺物以外で収集した「装飾」古墳そのものの資料は、この1点のみであり、博物館が無いにも関わらず、広浦古墳のある現地維和島にもう1点を遺した行為が、済々黌中学の平野乕等の収集とともに、はたして遺跡博物館における「展示活動・教育活動」の可能性を企図したものか、現時点でははっきりしない。しかし、1913年、1922年の関野による壁画古墳の現地保存の方針、施策、更に1915年には総督府博物館が開館し、1918年には濱田・梅原が、朝鮮における関野等の古蹟調査委員を引き継ぎ、京都帝国大学の朝鮮古蹟調査が開始される事実、1914年、1915年に濱田が訪れたイタリア、ナポリ国立博物館でのポンペイ壁画の収集・展示や、南フランス、アールの土俗博物館の記述、そうした各国の博物館を訪れた経験を咀嚼した故に書くことのできた1929年の「博物館」にて、博物館展示における教育論上の効果に対する理解として「展示品のスケッチによる教育効果」という認識が読み取れる。

　従って、石室の実測図等、朝鮮半島における関野貞等の調査成果と活動

を、後任の濱田が注目したであろう状況[18]、ナポリ国立博物館や総督府博物館での壁画や遺構移設による展示例に濱田が注目している様子、後にミュンヘンでの体験を児童向けに示した事実から、1919年の広浦古墳の装飾石材破片の収集時には、考古学的成果のみならず教育的な効果も含まれた、「博物館」内の展示を意図する可能性を想定したい。

現地での資料収集、基礎となる報告書刊行、研究の後、一連の「博物館資料化」の活動を背景として、実資料を基にした教育普及があるわけだが、「装飾古墳」、「装飾石材」にのみ論点を絞ったとしても、このような学史的理解が可能である。

次に、先に挙げた装飾古墳の公開を行っている博物館・資料館に焦点をあて、遺跡博物館における教育活動の事例を紹介、その特性について述べることとする。

第2節　装飾古墳を素材としたワークショップの比較
（博物館資料としての史跡遺跡に特化した教育活動の必要性）

ここでは、「装飾古墳」を野外の博物館資料として活動する施設での教育活動を例に挙げて、遺跡博物館における、個々の「史跡」の特徴を活かした教育論の必要性を述べる。

まず、「装飾古墳」とは、古墳時代において浮彫、線刻、一定領域への顔料の塗布、そして顔料による絵画表現、或いはそれらを複合した装飾技法を駆使し、石棺、石室、または横穴墓等に装飾を意図した様々な文様を施したと確認できる古墳の総称である。装飾古墳の分類としては、その装飾を施した墓制に注目しつつも、その文様表現と装飾古墳の変遷にまで言及できる小林行雄による四分類（石棺系、石障系、壁画系、横穴系）が最も引用される[19]。その指定は先の濱田等による調査報告が基礎となったことで、文化財保護法の前身である史跡名勝天然紀念物保存法の時点で、大正10年の熊本県下の装飾古墳を皮切りに、昭和12年の王塚古墳や昭和13年の八女古墳群・石人山古墳まで、順次国指定史跡となっている。濱田等の調査に関わらない装飾古墳を含めると、九州での旧法下での指定は、昭和19年の石貫穴観音古墳

の指定まで、20件に及ぶ（八女古墳群は追加指定あり）。

　現在、装飾古墳のなかで、博物館、若しくは資料館を設置し、遺跡博物館として理解できるところは、山鹿市立博物館（チブサン古墳、オブサン古墳、鍋田横穴群）、和水町歴史民俗資料館（江田船山古墳附塚坊主古墳）、塚原歴史民俗資料館（塚原古墳群（石之室古墳））、桂川町立王塚装飾古墳館（王塚古墳）、岩戸山歴史資料館（八女古墳群・乗場古墳）、広川町古墳公園資料館（八女古墳群・石人山古墳）、五郎山古墳館（五郎山古墳）、ひたちなか市埋蔵文化財調査センター（虎塚古墳）等がある。また福島県では、中田横穴墓、清戸迫横穴墓、泉崎横穴墓（何れも国指定史跡）は、資料館と装飾古墳の位置はやや遠方ながら、いわき市考古資料館、双葉町歴史民俗博物館、泉崎資料館が其々管理する。県指定史跡では川島古墳の保護を担う飯塚市歴史民俗資料館がある。また、熊本県立装飾古墳館は、こうした装飾古墳を扱う遺跡博物館のなかでは唯一県立の組織で、近傍には移設した装飾古墳である横山古墳がある。山鹿市、桂川町、飯塚市、八女市、ひたちなか市、いわき市等は、装飾古墳の館内展示や現地の保存と公開の主要な部分を担ってはいるが、活動はそれのみではなく、市内の他の史跡や文化財の保護にも従事している。共通するのは、何れも館内に管理する装飾古墳のレプリカ展示、或いはパネル、出土遺物の展示など、野外の史跡とリンクした館内展示があることである。異なるのはレプリカ展示の手法で、これは野外の装飾古墳の管理如何によって異なる[20]。

　このうち王塚装飾古墳館は、福岡県装飾古墳保存連絡協議会の事務局を兼ねており、装飾古墳の保存の他、遠賀川流域の装飾古墳一斉公開事業のけん引役となっている。熊本県立装飾古墳館は、肥後古代の森協議会の事務局を兼ねており、山鹿市、和水町、菊池市と、各々が管理する装飾古墳を中心に連携した事業を行う。また、熊本県内装飾古墳一斉公開事業の事務局的な活動を行いつつ、県内の主だった装飾古墳の保存と公開に特化した活動を行っ

図２　桂川町立王塚装飾古墳館

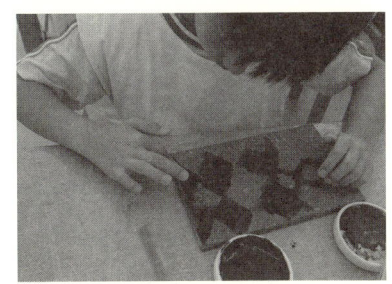

第1節：遺跡博物館における教育活動に繋がる学史的理解（濱田耕作による装飾古墳の調査）

図3・4　熊本県立装飾古墳館での石板を用いた装飾壁画の体験学習

ている。何れの博物館・資料館でも教育普及に関しては活発な活動が見られるが、殊に近傍の装飾古墳を基礎資料として、特徴的な体験学習による教育普及活動にまで注目できる施設が、筑紫野市五郎山古墳館、ひたちなか市埋蔵文化財調査センター、熊本県立装飾古墳館である。

　この三つの館に共通する教育普及の活動として、館内で実施されているのが、各々の装飾古墳のレプリカ展示とリンクし、装飾壁画に特化した体験学習活動である。何れの館でも、装飾文様をスケッチし、装飾彩色を石材に塗ることは共通する。レプリカ展示を直接スケッチする手法も取られるが、児童に配慮して、手元にデフォルメしたカードをモデル用に配布することもある。異なるのはキャンバスとなる使用石材や、装飾の方法であるが、何れも濱田が教育効果を認める展示品のスケッチの後、オリジナルの装飾古墳の素材に従って活動できる装飾絵画の体験学習活動である。

　まず、板状の石材を横穴式石室の四方に建てる「石障系」の装飾古墳が最も多い熊本県では、「古代絵画教室」と称し、装飾古墳館が開館した平成4年以来、使用石材の硬度や顔料の種類において、装飾古墳の調査の進展に伴い改善を重ねながら、体験学習活動を実施してきた[21]。

　変わらないのは、実際の装飾古墳に使用された石材と同質の阿蘇熔結凝灰岩製の板状の石板を使用することである。石板を寝かせて思い思いの絵を描か

図5　「石障系」装飾古墳「千金甲（甲号）墳」レプリカ（熊本県立装飾古墳館）

135

第Ⅵ章 野外博物館における博物館教育

図6　五郎山古墳館での自然石を
用いた装飾壁画の体験学習

図7　「壁画系」装飾古墳
五郎山古墳レプリカ（五郎山古墳館）

せる様は、「石障系」の装飾古墳の製作工程を彷彿させるものである。また、当初は岩絵の具を膠で溶いて描かせていたが、調査の進展によって粘土系の顔料で描かせるに及び、自然と指でこすり付けるようになった点は、筆の使用痕跡が明瞭ではない事実ともリンクする。何より、凝灰岩専業石工に依頼して作成した板状の石材を使用するという「無意識での」企画立案を行った点は、学芸員が最も実見し、博物館資料の対象たる県内の装飾古墳と自然とリンクしている。装飾の内容は、装飾古墳館の展示である12基のレプリカを見学し参加者が思い思いにスケッチしたものである。

次に、福岡県筑紫野市五郎山古墳館での自然石を用いた装飾壁画の体験学習を紹介する。福岡県周辺は、五郎山古墳や近傍の佐賀県鳥栖市田代太田古墳、福岡県うきは市屋形古墳群の珍敷塚古墳等、花崗岩の巨石を奥壁に安置し装飾壁画を描く「壁画系」の装飾古墳が特徴的に見られる。ここでの体験学習に使用される素材として、地元の河原から表面が比較的平らな面を持ち、壁画を描いたあとで立たせても安定するよう、底が平らな形状の石材を「無意識に」、手ごろな大きさのものを選別して持ち込んでいる点は、身近な五郎山古墳のレプリカ展示を活かすのみならず、福岡県周辺の装飾古墳の特徴を表した体験学習として、熊本と同様に本地域で内容の異なる同じ企画を行う必然性が備わっている。

最後に、虎塚古墳の保存と公開を担う茨城県ひたちなか市埋蔵文化財調査センターでの装飾壁画、石室作成の体験学習では、立方体の石材の一面に白土を塗り、その上にベンガラで彩色を施した石材を、参加者がグループで組み合わせ、虎塚古墳風の石室を形作る。下地を塗る点、使用する顔料がベンガ

第1節：遺跡博物館における教育活動に繋がる学史的理解（濱田耕作による装飾古墳の調査）

図8　虎塚古墳壁画製作の体験学習
（ひたちなか市埋蔵文化財調査センター）

図9　虎塚古墳レプリカ
（ひたちなか市埋蔵文化財調査センター）

ラ一色である点、石材を組み合わせて一組の石室を造る点など、熊本や福岡に比べ近傍で一般参加者が虎塚古墳を代名詞として装飾古墳を見ている現実として、体験学習の内容にまで茨城県下の装飾古墳の保護環境が反映されている。

　このように、異なる手法、材料により、装飾を施す体験学習であるが、三館に共通するのは何れも館内展示の装飾古墳レプリカを通じて、参加者が作成する装飾壁画を観察、追認できる点にある。異なるのは、石障系が多い熊本では石板に、壁画系が多い福岡では平滑な面を持つ自然石に、参加者が思い思いのモチーフを描くことである。一方、定期的な公開が事実上虎塚古墳のみの茨城県では、ほとんど唯一の装飾モチーフを組み合わせ、下地を塗るという、装飾壁画の中では数少ない特徴も反映される。結果として、三館でのワークショップは、熊本の装飾古墳、福岡の装飾古墳、そして虎塚古墳の特徴を具現化したものとなっている。

　歴史系の博物館の体験学習で最も多いメニューは、各種学校教材としてカタログにある市販品を参考にすれば、「勾玉づくり」、「火おこし体験」が双璧を成すのではないだろうか。土器づくりも続く候補として挙げられるが、土器づくりの場合は、実施する博物館、資料館において、縄文土器をはじめとする考古学上の研究の蓄積があることから、周辺の遺跡にリンクした企画を行うことができる。また「火おこし体験」は、火を如何につけ易くするか？という模索があり、オリジナルが各地で存在するが、こと勾玉の場合、一部の例外を除いて、その素材の多くは、作りやすさを追求した「中国産滑石」である。確かに「勾玉づくり」を通じて、古代体験教室と冠したある

程度の教育的効果は期待できるが、具体的に館内展示品、或いは野外の史跡の出土品とリンクした大きさや素材、そうした歴史的背景の理解の手がかりとして活用しているか？と言えば、少なからず疑問がわく。「火おこし体験」にしても、小学生の学びの場として、虫眼鏡に代わる火をおこす機会、摩擦熱を学ぶ場、ひいては共同で火をおこすグループ学習の場となりえるものの、使われる「マイギリ」が、遺跡出土の木製品の一部を引用しているとは言い難く、せいぜい火切り板、或いは「ユミギリ」で用いる小型の弓を、近傍の遺跡出土品とリンクすれば良いほうで、展示にまでそれらの使用根拠を明記した事例はそれほど多くは無いのではないか。

　もちろん、学校教育との連携は、学習指導要領が示す通り[22]、図工、美術、理科、社会、更には総合的な学習として、博物館の教育法が活かされる場面はあるが、遺跡博物館には、そうした機会をおいてもなお、更に伝えるべき遺跡、或いは史跡の保護意識を高めるという最終目的がある。遺跡博物館におけるこれら体験学習活動は、一定の活動時間を定めることが可能であることから、学校教育との連携が模索しやすく（授業時間とのバランス）、ハンズオン学習の切っ掛け作りともなる[23]ことは否定しないが、小学校社会、中学校社会の歴史的分野の教科書が示すように[24]、指導要領に基づき、地域の史跡を積極的に取り上げていることからも、画一的になりがちな「勾玉づくり」や「火おこし」等の体験学習メニューの運用は、遺跡博物館本来の地域の遺跡・史跡の保護を目的とした教育効果を表すには、実は博物館における教育活動としては、安易な運用に陥りやすい。言い換えれば、地域の歴史的特徴を反映しにくいという点で、一番難易度の高いメニューであると言える。

　前述した3館の活動は、何れも館内に装飾古墳のレプリカを展示し、更に近傍に装飾古墳を実見できる機会を有すことが共通点として挙げられる。仮に、他地域の館が真似しようとも、その素材の獲得から、学習内容の組み立て、参加者の資料の自由な観察等、何れかが欠落し、学習効果は減る。原始美術の一環としてなら或いは実施可能ながら、それは遺跡博物館の活動とはやや趣を異にするものであろう。

第3節　教育活動を行う遺跡博物館の持つ機能と施設

　第2節では館内のレプリカ展示とリンクしたワークショップの手法、教育普及の具体例を述べた。ここでは、館内の展示と屋外の遺跡、或いは史跡とリンクした教育普及の事例を挙げる。第2節で述べた装飾古墳が近接する博物館、資料館は、何れも屋外に装飾古墳保存施設を有する。何れの博物館でも共通するのは、第1節でふれた関野貞が示した「古墳保存ニ関スル覚書」、或いは「江西遇賢里三墓保存の方針」で指摘された事項を満たす装飾古墳保存施設を有し、館内にレプリカ展示を持つ点である。規模や考え方に個々の特徴は見いだせるが、春と秋、或いは秋のみという一般公開を行う期間を設定し、定期的なモニタリングを行い、管理手法を有す。

　図10　典型的保存施設のイメージ

　これは、青木分類（「地域博物館・野外博物館としての史跡整備」（2006）『史跡整備と博物館』）（分類①：史跡近傍に博物館を設置、分類②：史跡から離れた場所に博物館を設置、分類③：ガイダンス施設を設置、分類④施設無し。特に言及していない史跡は分類④とする。）では分類①の野外博物館に相当する。

　装飾古墳保存施設を有する分類①の遺跡博物館は、館の内外の「博物館資料」である史跡（ここでは装飾古墳）と館内展示がリンクする教育普及活動が試みられることとなる。装飾古墳保存施設の公開活用の場合、扉の構造、躯体の形状、墳丘と保存施設の関係は、「資料保存論」上で議論されるものであり、観察用ガラス窓の有無、照明の有無とその演色効果等は「展示論」に相当する。公開方法のうち、公開時期、入室の人数制限等は、「資料保存論」の範疇となるが、見学対象、見学要請、或いは、積極的な教育効果を企図した、公開方法は「教育論」の範疇となろう。

　以下、本文で言う分類とは、青木分類を元に、分類①、分類②、分類③、分類④と記し、それに装飾古墳等史跡と博物館との関わり、機能を筆者が加えたものを用いる。

分類①：史跡近傍に博物館施設を有し、史跡（本論では装飾古墳を例としている）「博物館資料」として扱う。調査から保存・活用に至るまで、責任を持つ施設。
〔事例〕山鹿市立博物館（チブサン古墳、オブサン古墳、鍋田横穴群）、和水町歴史民俗資料館（江田船山古墳附塚坊主古墳）、塚原歴史民俗資料館（塚原古墳群（石之室古墳））、桂川町立王塚装飾古墳館（王塚古墳）、岩戸山歴史資料館（八女古墳群（乗場古墳））などが相当する。

分類②：博物館近傍には無い史跡について、調査から保存・活用に至るまで、責任を有する施設。
〔事例〕いわき市考古資料館、双葉町歴史民俗博物館、泉崎資料館、飯塚市歴史民俗資料館、熊本県立装飾古墳館（江田船山古墳のある清原古墳群、チブサン古墳のある西福寺古墳群等の施設・公園管理）が該当する。

分類③：展示施設、学習室等を持ち、整備された史跡公園、或いは装飾古墳保存施設を有する。専属の学芸員を置かず、管理業務は文化財保護部局が行うが、限定的な活用、維持管理機能を果たす。
〔事例〕広川町古墳公園資料館（八女古墳群・（石人山古墳））、五郎山古墳館（五郎山古墳）が相当する。

分類④：史跡、或いは未指定の遺跡ながら、ある程度の見学が可能な遺跡、或いは装飾古墳を持つ。文化財保護部局で施錠管理する場合もある。見学が可能な場合があり、一定の管理が行われる。
〔事例〕玉名市大坊古墳、和水町江田穴観音古墳、菊池市袈裟尾高塚古墳等、多数存在する[25]。

第3節:教育活動を行う遺跡博物館の持つ機能と施設

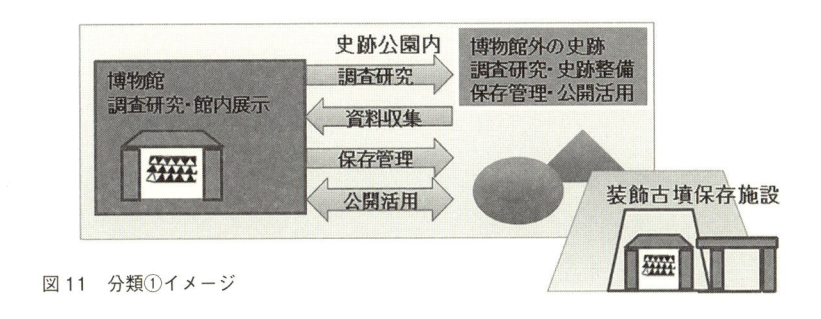

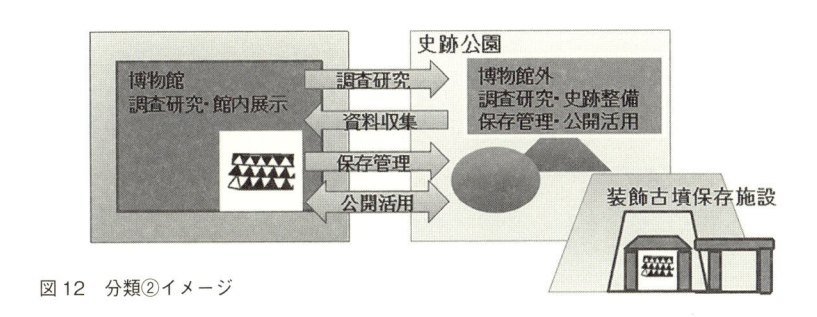

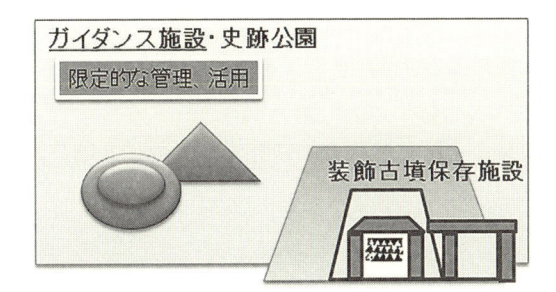

図11　分類①イメージ

図12　分類②イメージ

図13　分類③イメージ

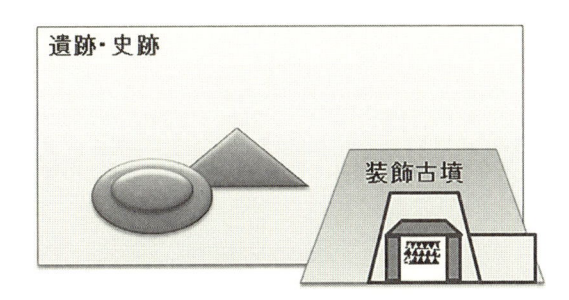

図14　分類④イメージ

これ以外に、様々な事情により、見学等活用が困難な史跡、或いは遺跡が存在するが、これらは教育活動の対象となりえないため分類上に含めない。尚、将来保存措置を行うべく、未整備の時点では敢えて目立たないような「配慮」を行う場合がある。潜在的な数としては最も多い。

　このうち、分類①～分類③は、ほとんどの施設でバス専用駐車場を持ち、トイレなどの設備も有する。分類①、分類②は、AEDや授乳施設が設けられ、付近に飲食可能な物産館等が併設される場合もある。また、雨天時に団体客を受け入れるだけの屋内施設がある。分類①～③ともにワークショップの他、史跡公園を舞台とした「祭り」などが行えるイベント会場が設置される場合もある。

　大型バスが入るか、トイレがあるか、雨天時に利用者を収容できるスペースを持つかは、教育的な活動を企画するには最低限の機能と言える。専属スタッフがいる分類①では、これに教育普及専用の「体験学習室」や「講演用ホール」を持ち、様々な教育活動が可能である。

　第2節で述べたような活動を行える施設は、分類①、或いは分類③のような機能を持っている。遺跡博物館における教育活動は、ハード面の設備に左右されるが、一番の教育効果は、古墳等の史跡が眼前にあることである。そこで、画一的な体験学習活動を行う必要はなく、特定の史跡に関連したメニューを開発しやすくなる。

　更には、史跡に特化した活動を行う故に、第2節で挙げたような特徴を個々に持つことにより異なる施設同士での連携が取りやすくなり、共同・共催でのイベントを企画することができる。次の節では、こうした近傍の遺跡博物館同士で、連携する様々な在り様を述べ、潜在的に行うことのできる活動の特徴を挙げる。

第4節　遺跡博物館における館外の史跡と連携した教育活動

　分類①、分類②に相当する施設は、学芸員自らが管理する史跡のノウハウを活かし、周辺の史跡、遺跡の保護の一端を担うことで、例えば校区ごとの郷土の歴史を把握し、教育普及活動に役立てることができる。概念としては、野外にある一般科学資料を博物館資料とするため、収集活動という点では、各種調査データ、写真、三次元計測画像等の二次資料が中心となる点、収蔵庫は、装飾古墳の場合には、現地の保存施設が相当する点。公開時は場合によっては収蔵庫は展示室を兼ねる点が、館内の博物館活動とは異なる。また、保存施設がなくとも、史跡、或いは遺跡を対象とすることができるが、展示性、保存管理という点で、屋内の博物館資料展示よりさらに活用のイメージはかけ離れ様々な制約がある。

　例えば、遺跡同時公開という名称の企画展を開催するならば、日々管理で協力してきた史跡、あるいは管理の一端を担った史跡から、保存環境上問題のない箇所を選択（展示リストの作成）、公開活用の打診を行い（資料借用の交渉）、公開に適した環境の時期に開催する（企画展の開催）。このような博物館活動は、遺跡博物館ゆえの特別な活動と看取されるかもしれないが、実は学習指導要領の点では、博物館は利用した郷土・地域の歴史の学習の場として位置づけられており、学校教育との連携という点では、潜在的に学習効果が期待できるのである。

　また、博物館法上でも博物館の業務として、3条8には『当該博物館の所在地又はその周辺にある文化財保護法（昭和25年法律第214号）の適用を受ける文化財について、解説書又は目録を作成する等一般公衆の当該文化財の利用の便を図ること。』とある。つまり、学校教育において、地域の博物館が持つ情報の中でも、最も利用しやすい博物館資料は、文化財保護法や条例で定められた指定文化財であり、そのなかでも遺跡博物館の場合は、史跡が主な対象となる。仮に、地域との連携の中で、学校、あるいは調べ学習に来館した児童・生徒に、管轄する史跡のみで応えられることは限られている。むしろ、児童生徒のニーズである、彼らの通う学校周辺の文化財において、博物館活動の実績が

あれば、その成果を引用することで学習機能は大いに高まるといえる。一般的に、それは社会科、あるいは歴史分野を想起させるが、必ずしもそうではなく、例えば総合的な学習等での活用でも可能性があることは既に指摘されているところである[26]。さらに、3条11には、『学校、図書館、研究所、公民館等の教育、学術又は文化に関する諸施設と協力し、その活動を援助すること。』また、3条第2項には、『博物館は、その事業を行うに当つては、土地の事情を考慮し、国民の実生活の向上に資し、更に学校教育を援助し得るようにも留意しなければならない。』とされており、これらが博物館における学校教育との連携の具体的な方向性を示している。これらは、理科、社会、美術、総合的な学習においても位置づけられている[27]。社会の教科書、例えば教育出版「小学校社会6上」では、『博物館を活用する』という頁が設けられているが、そこには博物館の利用のみならず、『博物館の仕事』として『文化財を守る、調べる、伝える』ことが明記されており、館内展示に限った活用にはとどまらない。併せて、重文、国宝、史跡、天然記念物などの指定文化財、世界遺産にまで言及していることは、博物館法3条8、3条第2項との関係性、活動方針を強く意識する。装飾古墳においても、桂川町立王塚装飾古墳館内にある特別史跡「王塚古墳（福岡県桂川町）」のレプリカ展示が教科書にて取り上げられている。現地の史跡と博物館の関係性を示す好例である。こうした博物館が対象とする野外の博物館資料に、学校教育において学ぶ機会は、例えば熊本県教育委員会が発行する道徳教育用郷土資料「熊本の心」など、道徳の時間においても取り上げられている場合があり、授業で用いられる教材、教材研究に用いられる資料まで、学芸員が把握することでより有効な学びの切っ掛けをつくることができる[28]。但し、教科によっては、副読本中心、習熟度の評価が無い教科もあるため、教材となる史跡、或いは文化財への児童・生徒の理解は一様では無いことは留意しておきたい[29]。

　こうした周辺の史跡、あるいは遺跡を博物館資料として教育活動に位置づけるには、周囲の史跡・遺跡の管理を行う博物館、資料館、或いは教育委員会等の文化財保護部局との連携が必要になる。ここでは第3節で触れた、広域連携の具体例として、装飾古墳を主な博物館資料の対象とした熊本県立装飾古墳館の事例と、福岡県桂川町立王塚装飾古墳館の事例を挙げる。

第4節：野外博物館における館外の史跡と連携した教育活動

（1）遺跡博物館における広域連携【分類①】
―特定の博物館が、周辺の史跡・遺跡の拠点的施設として位置づけられる活動を行っている場合―

　熊本県立装飾古墳館で行っている野外博物館活動。各地の装飾古墳、若しくは装飾古墳保存施設の保存環境の調査、装飾部材の調査を踏まえ[30]、平成20年より熊本県内装飾古墳一斉公開事業を、装飾古墳を管理する各教育委員会と共催により実施している。

　チブサン古墳を管理する山鹿市立博物館のようにノウハウを有する場合、定期的な公開を行ってきた永安寺東古墳、大坊古墳のような一定の管理体制を有する場合、一斉公開以外では装飾古墳の公開は殆ど行わない装飾古墳の場合等、公開を行わない史跡、或いは遺跡の場合、保存状況に応じて環境調査の手法は様々である。公開先は保存施設兼公開施設が設置されている史跡に限る。施設内部は相対湿度95％以上という高湿度の特殊な環境であるため、公開時の温度管理との兼ね合いのなかで、一般公開、限定公開を行う。保存管理の一部、公開の是非を問う環境調査の結果を管理する団体に提供するほか、個々の事例を相互に情報提供、アンケート聴取による比較検討を行うため、相対的な教育効果を検証できる。

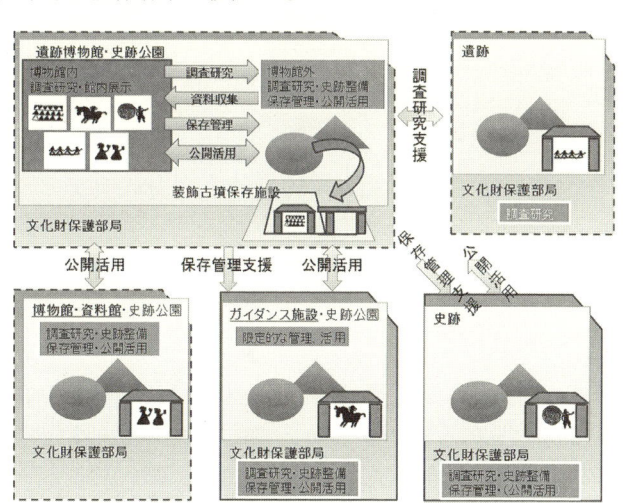

図15　遺跡博物館に見られる広域的な連携

第Ⅵ章 野外博物館における博物館教育

(2) 遺跡博物館における広域連携【分類②】
　―事務局を置く博物館を中心に、資料館、史跡公園同士で、
　　　　　　　　　　　　　　　　　　協議会を運営する場合―

　王塚装飾古墳館を事務局として、福岡県内はもとより装飾古墳を管理する佐賀、大分、熊本の一部の文化財保護部局が集う。平成10年、13年に開始した遠賀川流域、並びに筑後川流域の装飾古墳一斉公開事業の他、常時公開を行う竹原古墳、独自の公開日を設定する弘化谷古墳の他、公開を控える宗像市や大牟田市の装飾古墳保存施設、隔年で日岡古墳と珍敷塚古墳の公開を交替させるうきは市教育委員会など、各地を会場とした現地視察の他、外部講師を招いた講習を行うことで、広域的な連携が実現している。10年以上の取組みの実績から、知的観光、ツーリズムの対象という評価を得ている[31]。

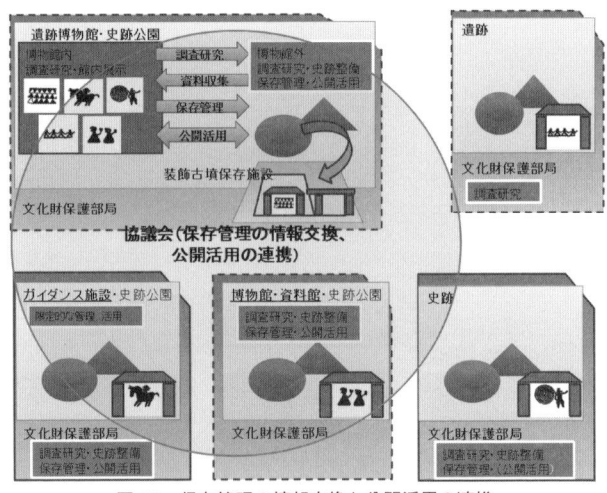

図16：保存管理の情報交換と公開活用の連携

図17　遠賀川流域装飾古墳一斉公開での王塚古墳 　　図18　熊本県内装飾古墳一斉公開での永安寺東古墳

(3) 遺跡博物館独自の企画による広域連携【分類③】
―史跡、遺跡を一括して活用する企画展示(バスツアー)を行う場合―

分類①、分類②では、公開活用は、個々の文化財保護部局の判断に委ねられる。博物館側が積極的に活用に資する場合、教育効果、そして教育の対象として様々な年齢層を想定する場合、自ずと企画展同様、特定の史跡をリスト化、公開先として選択し、資料の借用交渉に相当する臨時公開の打診を管理者に行うこととなる。

また、一時的な措置として非公開の装飾古墳保存施設の場合、その活用、公開にあたって必要な整備等のハード面の調査に、試験公開のデータが役立つ場合もある。保存環境の状況次第によっては、敢えて遺跡、或いは未整備の史跡に踏み入れ、今後の調査・整備事業に役立たせる効果もある。もしくは、新たな指定後には積極的な活用策として用い、史跡周辺の住民に対し、

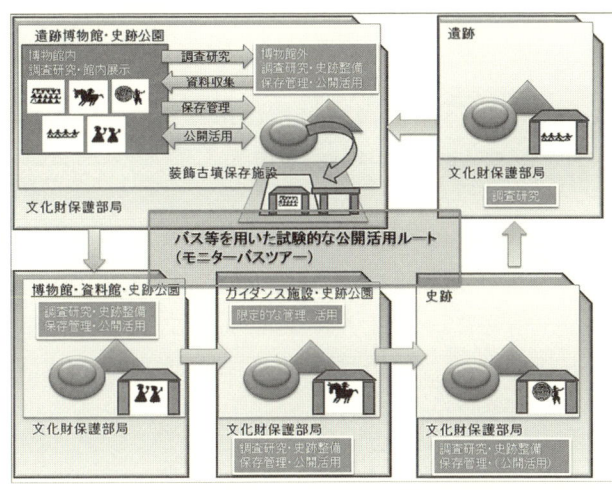

図19　バス等を用いた試験的な公開活用ルート（モニターバスツアー）、一体的な活用計画

図20・21　周辺の史跡を巡るバスツアー（左）南関町南関御茶屋跡　（右）同瀬の上窯跡

「史跡の指定前後では、ハード面の整備のみならず、ソフト面での環境も変わった」と実感させ、史跡指定後の保存活用の変化を身近に感じてもらう必要がある。「文化財として指定されたが、特に何の変化もなく、訪れる人も少ない」と一度印象を持たれたならば、早期の保護意識の醸成は難しくなる。

　これは、一時的な措置として「非公開」を謳う装飾古墳保存施設にも言えることで、仮に20年間の非公開措置が取られているとするならば、その存在はレプリカ、デジタル画像データ、或いは写真等の二次資料にその価値を見出すほかはなく、地域に残る実物の「史跡」の迫力は伝わり難い。20年というのはいわば一世代の交代に相当し、文字通り「親から子へ」という最も信頼関係が成り立つ間柄での教育効果が、確実にある年代において失われてしまう。そのような意味でも、試験公開とその公開した史跡の比較した理解を得る機会として、バスツアー等の企画による公開活用での教育効果は高いと考えられる[32)]。

第5節　博物館内と博物館外の活動を
リンクさせた遺跡博物館での博物館教育とは

　現在、公園整備が行われガイダンス施設を含む何らかの資料館が設けられる史跡は、九州では71か所を数える。これらの施設は、学芸員、少なくとも常駐管理人の存在によって、維持管理については適切な方策が行われているが、公開活用、なかんずく学校教育における教科書・教材に記されたレベルでの学びの機会は、文化財保護部局、或いは博物館学芸員の理解度・習熟度に左右されるといっても過言ではない。また、生涯教育においては「学びたいとき、学びたい量のものを」提供できるか否か、もはや学芸員の存在が無ければ全てのニーズに応えられない。つまり、現在の史跡整備、特にガイダンス施設、或いはそのような施設も無い場合（青木分

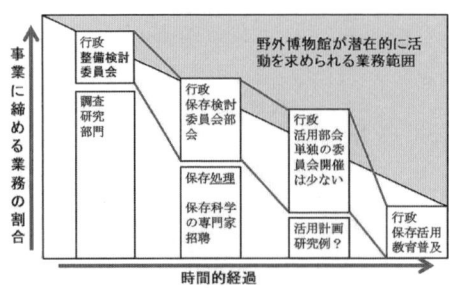

図22　史跡整備から日常の保護活動に至るまでの業務配分イメージ。

類③、ないし④）、ある程度公開活用の内容を「限定」された形で造られていることとなる。

しかし、そうしてできた史跡公園は、史跡・遺跡数に比べれば、数少ない貴重な遺跡博物館の対象となる。先に挙げた課題は、第4節で述べた野外博物館における広域連携分類①、ないし②のような関係構築、そこまでいかなくとも、野外博物館における広域連携分類③のような活動を行う視点が必要となる。

第4節冒頭で述べたように、教科書、教材そのものの目的を達成できるだけの周辺のあらゆる文化財を教材として提供するのに、単館、或いは単独の史跡公園では対応できない。学校教育側では、教科書あるいは副教材のなかで、地域の文化財を調べる地域学習の機会を設けている。一方で、限られた授業時間数のなかで、単独の史跡のみを理解させる授業、特に一日単位で校外に出かけるような計画は、現場の教師陣にとっても相当な負担がある。そこで、野外博物館、或いは遺跡博物館が潜在的に求められる機能として、ひとつの史跡のみならず周辺の文化財に対しあらかじめ教育普及に資する活動を行い、学校教育における教材の記載内容と連携する方向での企画立案の機会を設ける活動が考えられる。こうした活動を行うことで、実際にバスツアーに参加する一般の方々（生涯教育）が、学校教育の一環として史跡の紹介を行う児童・生徒との接点を持つという展開も生まれ、多目的な学びの場が演出され、文化財保護意識の醸成という教育効果が、生涯教育、学校教育の両面で期待できる。

但し、個々の博物館には特性があり、また活動の特徴がある。あらゆる文

図23・24　史跡探訪バスツアーに参加して史跡の説明を行う玉名市立石貫小学校の児童

化財に高いレベルで対応するには総合博物館でなければ取り組めないこととなる。遺跡博物館はその館が持つ本来の機能を維持し活動してきた実績か、より専門性の高い文化財（本論では装飾古墳）においては、4節にあげた広域分類①ないし②における中心的な役割を担う。一方でそれ以外の周辺にある文化財においては、現行法下では、一定の情報収集と、学校教育、或いは生涯教育下での学びの場の提供という責務を負っていることとなる。少なくとも、博物館に訪れた来館者、ノートを携え連れ添ってやってきた児童達の質問に、館の専門以外の文化財があったとしても、あらかじめ教科書に記載された情報を参考例としながら解説することは、遺跡博物館、或いは野外博物館における教育としての最低限の対応であろう。

　より積極的な関わりとしては、周辺にある各種の文化財を取り込んだバスツアー等の広域的な展示活動の他、装飾古墳一斉公開のような野外での企画展に相当する文化財同時公開等、学芸員が中心的な役割を果たす機会が望まれる。単なる集客の為のイベントとは異なる保存と活用のバランスを図る企画の実現と維持、それらを実現する活動が野外博物館に求められる教育活動の一端であると考えられよう。

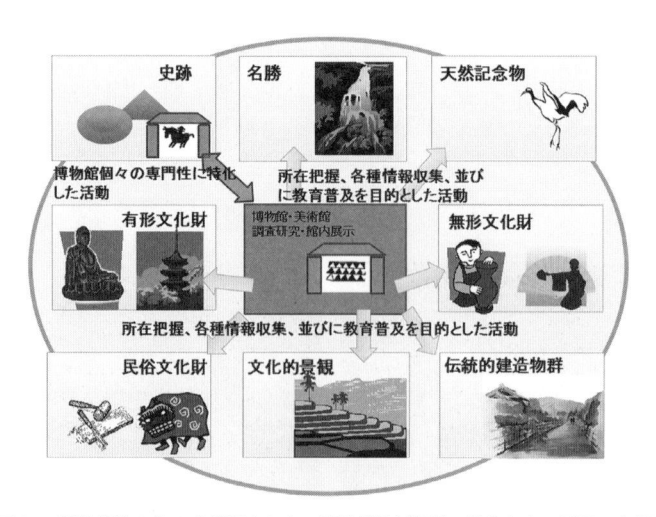

図25　博物館法3条8を根拠とした、遺跡博物館活動の対象となる周辺の文化財

註

1) 青木豊 2010「坪井正五郎」『博物館人物史 上』雄山閣
2) 黒板勝美 1912「古墳発掘に就いて考古学会会員諸君の教を乞ふ」『考古学雑誌』3—1
3) 青木豊 2010「黒板勝美」『博物館人物史 上』雄山閣
4) 同註 2
5) 落合知子 2009『野外博物館の研究』雄山閣
6) 青木豊 2014「遺跡博物館成立への制度と思想—保存史跡に求められる『風土記の丘』理念」『國學院大學大学院紀要』文学研究科 第 45 輯
7) 平田健 2010「濱田耕作」『博物館人物史 上』雄山閣
8) 同註 4、同註 6
9) 大橋敏博 2004「韓国における文化財保護システムの成立と展開」『総合政策論叢第 8 号』島根県立大学 総合政策学会
10) 駒見和夫 2010「関野貞」『博物館人物史下』雄山閣
11) 落合知子によれば、museology を国内で最初に紹介したのは明治 37 年に編次学と訳した濱田と指摘している。但し、その訳の基となったヒルトの museology、黒板勝美が明治 44 年に博物館学と訳した museology の違いについて、訳者の museology に対する理解の基にドイツでの研究深度を考慮に入れるべきと示唆している。この事例から、濱田は論文などで公表された成果を引用する速さを持つと考えられる。／落合知子 2014「濱田耕作と博物館—明治 37 年の museology の記述—」『全博協研究紀要』第 16 号
12) 早乙女雅博 2005「高句麗壁画古墳の調査と保存」『東京大学コレクションⅩⅩ』東京大学総合研究博物館文中より引用。
13) 池田朋生 2014「京都大学総合博物館所蔵『装飾石材破片』について」『熊本県立装飾古墳館研究紀要』第 10 集
14) 杉山正司 2010「手島精一」『博物館人物史 上』雄山閣
15) 同註 11
16) 同註 12
17) 濱田耕作 1929『博物館』日本児童文庫 アルス、pp.39-40
18) 鈴木智大 2005「法隆寺非再建論説」『東京大学コレクションⅩⅩ』東京大学総合研究博物館によれば、濱田耕作による関野貞の研究業績への関心は、明治 38 年に関野が唱えた法隆寺非再建論説時にも表れている
19) 小林行雄 1964『装飾古墳』平凡社
20) 池田朋生 2013「レプリカによる資料の保存と活用」『博物館資料保存論』雄山閣
21) 古代絵画教室等体験学習活動については、平成 24 年度古代体験交流会「『考古博古代体験・秋まつり』事業実施報告書」兵庫県立考古博物館 p11、p50／

坂口圭太郎「熊本県立装飾古墳館における古代絵画教室の取組み〜調査研究から導きだすもの 伝える古の技術」の項を参照されたい。同交流会では、毎年各地の体験学習事業を一堂に集めた体験学習の機会を持っている。

22) 栗原祐司 2011「博物館法制度の現状・博物館の社会的役割」平成23年度ミュージアムエデュケーター研修資料

23) ここでは、外山徹 2005「博物館教育法についての問題提起」『明治大学博物館研究報告第10号』でのハンズオン学習の規定を用いる。

24) 例えば、2014 教育出版『小学校社会6年 上』では、装飾古墳として王塚古墳が紹介されている。

25) 熊本県内の装飾古墳保存施設数は47か所。池田朋生・伊藤幸子 2014「装飾古墳博物館資料化の研究-熊本県内装飾古墳保存施設の環境調査-」『熊本県立装飾古墳館研究紀要』第10集より引用。

26) 同註22

27) 例えば、熊本県教育委員会が発行する、道徳教育用郷土資料「熊本の心」には、小学校低学年から中学校にわたる各4冊のテキストで、市町村ごとに郷土の文化財が詳細に紹介されている。

28) 青濱伊津子教諭（現熊本県文化課文化財保護主事）の助言による。

29) 伊豫憲彦教諭（現熊本県立装飾古墳館文化財保護主事）の助言による。

30) 池田朋生 2014「熊本県立装飾古墳館が行う石材調査、環境調査」『古墳壁画の保存活用に関する検討会装飾古墳ワーキンググループ報告書』文化庁

31) 溝尾良隆 2607「観光資源論-観光対象と資源分類に関する研究」『城西国際大学紀要』第16号

32) 2013（平成25）年度『肥後古代の森協議会活動報告第1集』肥後古代の森協議会

第Ⅶ章　博物館と学校教育

相澤瑞季

　博物館は、法の下では図書館や公民館と同じ社会教育機関であり、学校教育とは意味の異なるものである。一方で、博物館法においては学校教育への協力と援助が明示されており、昨今は、従来の社会教育施設としての機能にとどまらず、学校教育の援助をもって博物館の教育機能を還元することが一層求められている。そのような事業の一環として絶えず叫ばれるのが「博学連携」であるが、博学連携とは博物館と学校とが協力し合って、一つの事業を成し得ることである[1]と言われているものの、実際に相互に働きかけるような十分な連携がされているとは言い難いのが実情である。

　本稿では、そもそも博物館と学校が現在の連携に至るまでどのような関係を築いてきたのかについて関係史を振り返るとともに、博学連携に至る背景や連携の形態、そして、課題点と今後の展望までについて論述するものとする。

第1節　博物館と学校教育の関係史

　博物館と学校教育の関わりは、1877（明治10）年に文部省が設置した教育博物館に見ることができ、設立時に定めた「教育博物館規則」には、次のように明示されている[2]。

　　　教育博物館ハ文部省ノ所轄ニシテ凡ソ教育上必需ナル内外諸般ノ物品
　　　ヲ蒐集シ教育ニ従事スル者ノ捜討ニ便シ兼テ公衆ノ來観ニ供シ以テ世益
　　　謀ランカ爲メ設立スル所ナリ

　上記引用文からは、教育博物館が学校教育に必要な資料を収集し、教職員に資する機能を有した博物館として設置されたことが理解でき、さらに、同規則の第五條には以下のように学校への資料の貸出しについて規定されている。

第Ⅶ章　博物館と学校教育

　　第五條　館内物品中學校等ニ適應ノモノヲ倣造セン爲メ該品ヲ借受セント
　　　　　要スルモノハ事宜ニヨリ其貸與ヲナスコトアルベシ

　以上のように、教育博物館は教育関連資料の収集・展示に留まらず、学校への資料の貸出し活動も機能の一環として組み込まれていたことが窺い知れる。教育博物館は、いわば学校教育への補助的役割を担った博物館として位置づけられていたのである。

　このような教育博物館の機能は、ペスタロッチによって定式化された直観教授論が日本で展開する上で大きな役割を担っていくこととなった。明治14年、直観教授論の影響を受けて公布された「小学校教則綱領」では、第十四條の地理において次のような規定がされている[3]。

　　　　凡そ地理を授くるには地球儀及ひ地圖等を備へんことを要す殊に地文
　　　　を授くるには務めて實地に就て兒童の觀察力を養成すへし

　実物教材や模型を使用した学習を基本とした教育方法が推奨されると、各学校に実物教材を用意することが求められたことから、文部省が学事奨励品として交付をおこない、教育博物館がその任を負ったのであった[4]。

　また、同綱領の中でもう一つ注目すべき点として、郷土教育にも触れられている点を挙げることができる。直観教授に関する規定と同様に地理の項目においては、以下のような一文が見られる[5]。

　　　　地理、地理は中等科み至て之を課すへ先學校近傍の地形即ち生徒の親く
　　　　目撃し得る所の山谷河海等より説き起すへし(後略)

　ここでは直接「郷土」という言葉は用いられなかったものの、文部省施策の関係規定上において初めて郷土教授への考慮がなされたものと看取されるのである[6]。

　追って1891（明治24）年に公布された「小学校教則大綱」には、歴史や地理といった教科に関する規定の中で直接「郷土」と明示したうえで、郷土教育の思想が以下のように取り入れられている[7]。

　　第六條　（前略）尋常小學校ノ教科ニ日本地理ヲ加フルトキハ郷土ノ地形
　　　　　方位等兒童ノ日常目撃セル事物ニ就キテ端緒ヲ開キ漸ク進ミテ本
　　　　　邦ノ地形、氣候、著名ノ都會、人民ノ生業等概略ヲ授ケ更ニ地
　　　　　球ノ形狀、水陸ノ別其他重要ニシテ兒童ノ理會シ易キ事項ヲ知ラ
　　　　　シムヘシ

第1節　博物館と学校教育の関係史

　　第七條　（前略）尋常小學校ノ教科ニ日本歷史ヲ加フルトキハ郷土に關ス
　　　　　ル史談ヨリ始メ漸ク建國ノ體制　皇統ノ無窮歴代天皇ノ　盛業、
　　　　　忠良賢哲ノ事蹟、國民ノ武勇、文化の由來等ノ概略を授ケテ國初
　　　　　ヨリ現時ニ至ルマテノ事歷ノ大要ヲ知ラシムヘシ（後略）
　郷土教育は、明治20年代以降ヘルバルト派の五段階教授法の影響を受けることにより歴史・地理・理科といった実科の予備段階として位置づけられ[8]、さらに牧口常三郎による全科の郷土化等が計られるなど[9]、学校教育における基盤を確立していくこととなった。
　これらに見られる「直観教授」「郷土教育」の教育理論は、明治時代後期から大正時代にかけての、小中学校における「郷土室」「郷土資料室」と称する学校付設博物館の誕生の契機となり、郷土教育を根底とする学校博物館の設立を促す要因となっていったのである[10]。
　昭和初期に入ると、文部省による郷土教育の振興政策や学校教育関係者による郷土教育運動の高まりなどを背景に、学校内への郷土室の設置が急増していった[11]。1928（昭和3）年に発足した博物館事業促進会（現：日本博物館協会）の存在もこの気運を後押ししており、「博物館事業促進会設立の趣旨」では、博物館の設立・普及と同時に学校教育との関係を重視していた様子を以下の文面から確認することができるのである[12]。

　　　近時の博物館は斯の如く社會教育の機關として頗る有力なる(ママ)みのならず、同時にまた學校教育の補助機關として必要欠く可からざるものと成れり。即ち博物館の進歩せるものにあつては日々各程度の多數生徒及び學級を迎へて陳列場に案内し、或は幻燈や活動寫眞を利用して極めて短時間内に、學校に於ては到底企圖し得へからざる特殊の教育を施し偉大なる效果を擧けつゝあり。故に今日は博物館の利用と之れが協力とに依らずして、完全なる學校教育を行はんことは殆ど不可能視さるゝに至れり。

　このように、学校教育における博物館活用が成果をあげていることを根拠に挙げ、連携の必要性を指摘した上で、さらに次のように続けている。

　　　我邦今日の急務は博物館の職能と其の教育學藝及び産業等に及ぼす影響とを力説して、我が官民をして博物館の眞に必要欠くべからざる所以を理解せしめ、且つ從來博物館と云へば直に大規模なるものを想像し、

155

莫大の建設費を要するものゝ如く信ずる謬見を正し、適切なる指導を與へ普く全國に亘りて之れが建設完成の機を速かならしむるにあり。

　以上のことからも、博物館事業促進会が博物館教育の普及を「急務」として位置づけ、高い関心を寄せていたことが把握できよう。

　また、昭和5年には、博物館事業促進会が主催した第二回全国公開実物教育機関主任者協議会の議事録において、「學校に公開博物館を附設せんとするには如何なる方策に出づべきか」という議題が採り上げられ、次のような答申が掲載されている[13]。

　　一、陳列場はなるべく學校校内に獨立の建物を建設するを理想とするも事情によりては校舎の一部を以てこれに充當すること

　　二、陳列品は學校の備品を基本とし更に學生、卒業生その他有志者等の寄贈品を以て漸次これが充實を圖ること

　　三、附設博物館事業に要する費用の財源は官公署の支出金、有志及び學校縁故者の寄附金等による外學校長の適當なる考慮にまつこと

　このように、博物館界を含めた各方面から、学校附設博物館および郷土室設置運動が活発化する中、ついに政府においても、学校教育における博物館の利用について教育審議会で討議がなされるに至ったのである[14]。

　昭和16年、討議をうけて提出された「社会教育ニ関スル件」答申の中の「文化施設ニ関スル要綱」[15]には、第九條の「學校教育ニ於ケル博物館利用ニ付適當ナル方途ヲ講ズルコト」や、第十二條の「學校図書館竝ニ學校ニ於ケル博物館的施設ヲ整備充実スルト共ニ之ヲ社会教育ニ利用スルノ方策ヲ講ズルコト」といった規定がなされていることなどから、積極的な奨励対象として取り組んでいた様子が窺える。

　しかし、棚橋源太郎はこのような学校への郷土資料室配置に対して次のように懸念を示したのである[16]。

　　郷土室は蒐集した郷土資料を整理し保管するだけのものであるならば固より議論はないが、郷土資料を博物館式に陳列して、兒童が勝手に出入りし自由に見學せしめる爲めのものであるならば少しく考慮を要する。（中略）各小學校に於て小さい一室ぐらいに、貧弱な資料を蒐めて常に同じやうな物を陳列して兒童が勝手に出入して見ることの出來るや

第 1 節　博物館と学校教育の関係史

うにして置くことは、徒に兒童の興味を殺ぎ、却つて研究心を鈍らすに過ぎないから、有害無益である。（中略）他方またすべての小學校に、相當規模内容の充實した郷土室を設けるなどと云ふことは、經費の関係上到底實現を許さない所である。

以上のように、棚橋は教育方法と経済の二点から郷土室設置を問題視したのであった。その上で解決策については、地方ごとにいくつかの学校が協力し、各種団体や有志者の援助を受けて建設した郷土博物館を共同的に使用するという考え[17]を示している。

従来の形態を保った郷土室の設置を批判し、学校内に限らない郷土博物館の設置を主張した棚橋であるが、一方で、日本の学問研究において実物教育が看過され易いことを根拠に[18]学校博物館の設置に関しては奨励の意思を示しており、英国ケンブリッジ女子大学高等師範部所属のヒュースの意見をもとに、次のように学校博物館の理想像を述べている[19]。

學校博物館は教師の手によつて造るべきものでない。生徒自らをして蒐集し加工し陳列保管せしむべきものであらねばならぬ。從つてその目標は陳列されてゐるものを觀察させるまでの道程即ち兒童の勞作作業に教育上の價値を認めてゐるのである。

このように棚橋は、生徒が主体的に博物館を作り上げ、管理する体制としての学校博物館像を求めていたと言える。

昭和 6 年 6 月、博物館事業促進会会員であった松本喜一の提言[20]により、博物館事業促進会の名称が日本博物館協会に改められた。そして昭和 20 年に敗戦を迎えた際には『再建日本の博物館対策』を発表し、博物館の再建を推進する旨を明示したのであった[21]。その内容は、日本の再興における教育方法の見直しを実施するに際し、博物館に対する認識を新たにした上で、従来以上に普及させていく意思を主張したものであり、戦後の教育に博物館の担う教育的役割が活かされる必要性を示すものであったと言えよう。

さらに学校教育との連携に関しては、博物館が備え付ける教育資料を学校に巡回貸出する案を提示し、これによる具体的な利点として、教具室の設備や学校からの引率が不要であるという、教育費および時間の節約を挙げている[22]。なお、ここで経済面による協力体制を提示している背景には、おそら

第VII章　博物館と学校教育

く戦後まもない日本の経済的混乱への配慮があると考えられる。このように、戦後の壊滅状態においても可能な限り早急な再建を目指すための地道な努力が重ねられ、博物館は戦後の復興を遂げてゆくこととなったのである。

　昭和26年、博物館法が制定されたことにより、博物館はようやく初の制度的基盤を得ることとなった。この中で学校教育に関する規定は、第三條に以下の如く明示された[23]。

　　第三條　十　学校、図書館、研究所、公民館等の教育、学術又は文化に関する諸施設と協力し、その活動を援助すること。
　　　　　２　博物館は、その事業を行うに当っては、土地の事情を考慮し、国民の実生活の向上に資し、更に学校教育を援助し得るようにも留意しなければならない。

　ここにおいて、はじめて博物館と学校教育の関係が制度として明文化され、博物館は学校教育を援助する存在として位置づけられることとなった。一方で学校附属博物館は、社会教育的活動を主たる目的としていないという理由から、登録条件から除外されている[24]。このように博物館法は、学校教育を援助するよう規定されていながら、学校附属博物館は博物館法適用から除くという、矛盾した構造を有しているのである。

　昭和30年代、高度経済成長を背景として博物館の設置が増加していくと、その過程で、博物館機能を如何に社会へ還元するかが重視されはじめた。鶴田総一郎は、博物館の基礎機能である収集・保存・研究の三機能を教育普及のための手段であると位置づけ、三機能の成果を広く一般に公開し、社会の発展に貢献することを教育普及の目的として説いている[25]。その上で、学校教育との連携に関しては、学校による博物館資料の活用を評価し、より積極的に援助する手段として、資料の学校教材としての再排列化や、教育過程に応じた教育方法の研究およびそれに基づいた補助活動を提案している[26]。

　鶴田のいうような教育方法は、学習指導要領に基づき展示を形成するという試みとして提案されるようになった。中でも新井重三による「小中学校の教科単元に基づく展示」はその典型例であり、新井は教科単元を博物館展示に応用する必要性に関して次のように指摘している[27]。

　　（前略）学校では、教科書によって授業が行なわれているのであって、

先生の思いつきの授業や、勝手な教案をたてることは許されていない。ところが、博物館にあっては、教育活動の生命でもある展示室内の展示そのものについて、現在、何等の基準も要項も示されていないのが実情である。誠に自由そのものの感であるが、観点を変えてみれば、無軌道そのものとも言えるのではないだろうか。博物館が教育組織からややもすればはみ出し、教育の軌道にうまく乗らない原因の一端も、この辺にあるのではないかと思われる。

このように新井は、博物館展示に基準が設けられていないことを根拠に、学習指導要領に基づいた展示を提案しているのである。なお、小中学校の教科単元を基準として採用した理由については、「教科単元は一般的、基礎的であること」「市民の知的レベルは中学生程度であること」「小中学生の利用者が圧倒的に多いこと」の三点を挙げた。

加藤有次もまた、新井と同様の見解を示している。加藤は、博物館における見学学習について、教科カリキュラムの中に組織的に組み入れられるべきであるという考え[28]を示し、さらに中学校社会科歴史の指導要領において、考古学的資料を中心に博物館展示資料と関連させた歴史単元の展開を試論[29]した。その中で加藤は、博物館と学校間の連絡のもとに学習指導要領に順応した指導過程を製作し、それに則ったカード式パンフレットを生徒に与え、予習・復習の時期に見学を実施する方法[30]を示すなどしたが、これらに関してはのちに、資料の関係上不可能な点があるとして自ら撤回している[31]。

以上のような学習指導要領に基づいた展示構想は当時主流となったものの、博物館の論理に従って構成されている展示を、学校教育の論理に従って活用しようとする[32]試みに対し、批判の声も挙げられたのであった。

1965（昭和40）年、当時のユネスコの成人教育部長であったラングランによって「生涯学習」が提唱され、昭和50年代以降この理念が日本に導入されると[33]、博物館でも生涯学習の観点からのアプローチをおこなうようになっていった。博学連携が具体的に取り上げられていったのもこの時期であり、初めて政策というかたちで本格的に提唱されたのは、昭和46年の社会教育審議会答申「急激な社会構造の変化に対処する社会教育のあり方について」においてであった。同答申では生涯学習について、新しい知識や技術を

生涯にわたり継続して学習し続けるという意味合いだけではなく、家庭教育、学校教育、社会教育の三者を有機的に統合するという捉え方が提示されており[34]、以降の博学連携の基盤となっている。

昭和48年には、博物館法に基づく法案として、公立博物館の設置及び運営に関する基準が設けられている。学校との連携を含めた教育活動については、第八条に以下のように示された[35]。

　第八条　博物館は、利用者の教育活動に資するため、次に掲げる事項を実施するものとする。
　　一　資料に関する各種の講座又は諸集会（児童又は生徒を対象とした夏季休業日等における観察その他の学習活動を含む。）を開催すること。
　　二　資料の貸出し及び館外巡回展示を行うこと。
　　三　資料の利用その他博物館の利用に関し、学校の教職員及び社会教育指導者に対して助言と援助を与えること。

条文には児童生徒を対象とした学習活動や資料の貸出し、教員への援助などが具体的に盛り込まれ、博物館として積極的に学校と連携を図っていく姿勢を求められていくこととなったのである。

生涯学習社会への転換が進められる昭和60年代頃から見られ始めた博物館の傾向について、伊藤寿朗は、昭和40年代以前の博物館と40年代から60年代以前の博物館とを比較することで「第三世代の博物館」と表現している[36]。すなわち40年代以前の博物館（第一世代）が「国宝や天然記念物など稀少価値のある資料（宝物）を中心に、その保存を運営の軸とする古典的博物館」[37]であり、40年代から60年代以前の博物館（第二世代）が「稀少価値だけでなく、たとえば農具、雑草、石仏などさまざまな観点から集めた資料を、積極的に公開することを運営の軸とする」[38]博物館という、一過性の存在であったのに対して、第三世代は「市民の参加を運営の軸」[39]とし、地域の要請に基づき日常的で継続的な活用を通して市民の知的探求心を育んでいく博物館形態を有しているということである。博物館は伊藤の示すような参加志向という新たな形態をもって社会への対応を図っていくこととなったのである。

このような生涯学習社会への対応とともに、2002（平成14）年の学習指導要領改訂による「総合的な学習の時間」の導入を背景とした博物館活用への

期待から、博学連携の重要性が叫ばれ、各地に広がりを見せたが、平成23年度から施行された現行の学習指導要領では、「総合的な学習の時間」の時間数が削られ、連携の形態が変化するなど、学習指導要領の改訂によって博物館と学校教育との関係が左右されているのが現状となっている。

第2節　博学連携にいたる学校および博物館の背景

　ここでは、学校と博物館それぞれの立場から連携を必要とする背景について触れておくものとする。

(1) 学校側の視点からみた博学連携へ至る背景

　学校側の視点からは、学習指導要領による博物館活用の示唆がおこなわれていることを連携に至る理由として挙げることができる。小学校・中学校および高等学校の各学習指導要領では、それぞれ学校による博物館活用を推奨する記述がなされており、まず、総合的な学習の時間から確認してみると、内容の取扱いに関する項目に、公民館や図書館とならんで博物館との連携が明示されている点が指摘できる[40]。ここでは社会教育施設のほかにも、各種団体や地域の教材を積極的に活用するよう記述されていることから、校内学習では対応しきれない学びの補填として、多角的な面から学校教育の活性化を図る意図が窺えるのである。

　同様に、特別活動の項目においては、行事の年間指導計画を作成するにあたって考慮するべき点として、「家庭や地域の人々との連携、社会教育施設等の活用などを工夫すること」[41]という一文が盛り込まれている。博物館という明記はされてはいないものの、行事においても社会教育施設の活用が望まれていることを示していると言えよう。

　各科目ごとの項目においては、主に社会や理科といった教科に博物館の活用に関する言及がされているのを確認できる。小学校の社会科では、第3学年および第4学年は郷土学習、第6学年はより歴史学習に範囲を拡大した指導内容が軸として展開されているが、「指導計画の作成」の中には「博物館

や郷土資料館等の施設の活用を図るとともに、身近な地域及び国土の遺跡や文化財などの観察や調査を取り入れるようにすること。」[42]と、博物館の活用が明記されているのである。中学校社会科においては、日本人の生活やそれに付随する文化に関する学習のほか、身近な地域史の学習などに際して、博物館および郷土資料館の見学・調査を取り入れることが求められており[43]、さらに高校地理歴史では、世界史と日本史のなかで博物館活用が明記され、具体的に歴史を学ばせる工夫が必要とされているのである[44]。

理科においては、社会科ほど具体的に、指導内容に関して博物館活用を示唆する記述は見られないが、小学校および中学校の理科では、「指導計画の作成」において、博物館ならびに科学学習センターとの連携、協力が盛り込まれ[45]、実験や観察の場としての博物館活用が想定されている。なお、高校理科の場合は、「理科課題研究」の「内容の取扱い」において、大学や研究機関と並列して博物館との連携が明示されており[46]、授業で得た知識を発展させて取り組む探求活動において、博物館活用が求められていると言えよう。

以上のような各指導要領に見られる博物館活用に関連する記述を見てみると、これらには、校内で学べる内容の深化および発展や、学校で対応できない学習内容の補填、すなわち実物の観察や触察の機会を博物館との連携に求める意図を読み取ることができるのである。また、学習の理解を深めるほかに、通常の座学を超えた指導によって学習そのものに対する興味関心を高める点にも活用意義が見出せるのである。

(2) 博物館側の視点からみた博学連携へ至る背景

博物館側の視点からは、第一に関連法制上に連携を示唆する内容が盛り込まれている点に注目できる。まず、現行の博物館法には、学校教育についての記述が以下のように示されているのが確認できる[47]。

第3条　十一　学校、図書館、研究所、公民館等の教育、学術又は文化に関する諸施設と協力し、その活動を援助すること。

　　2　博物館は、その事業を行うに当っては、土地の事情を考慮し、国民の実生活の向上に資し、更に学校教育を援助し得るようにも留意しなければならない。

以上のように、博物館は学校教育を援助することが法制上で求められているのである。

さらに、平成15（2003）年に既成の法案「公立博物館の設置及び運営に関する基準」を改正し新たに設けられた「公立博物館の設置及び運営上の望ましい基準」には、学校教育について次のように示されている[48]。

第五條　博物館は、利用者の学習活動に資するため、次に掲げる事項を実施するものとする。
　一　資料に関する各種の説明会、講演会等（児童又は生徒を対象とした体験活動その他の学習活動を含む。）の開催、館外巡回展示の実施等の方法により学習機会を提供すること。
　二　資料の利用その他博物館の利用に関し、学校の教職員及び社会教育指導者に対して助言と援助を与えること。

第七條　博物館は、事業を実施するに当たっては、学校、社会教育施設、社会教育関係団体、関係行政機関等との緊密な連絡、協力等の方法により、学校、家庭及び地域社会との連携の推進に努めるものとする。
　2　博物館は、その実施する事業への青少年、高齢者、障害者、乳幼児の保護者、外国人等の参加を促進するよう努めるものとする。
　3　博物館は、その実施する事業において、利用者等の学習の成果並びに知識及び技能を生かすことができるよう努めるものとする。

旧条文と比較すると、学校を含めた地域社会との連携がより明確に求められていることがわかる。体験活動という用語が用いられるなど、参加を意識した連携が「運営上望ましい」として規定されているのである。

以上に見られるような制度的な理由のほかには、博物館への理解の深化を促し、生涯学習の振興を図りたいという意図を連携の理由として挙げることができる。博物館での調べ学習や体験学習といった活動を通すことにより、児童生徒に博物館に親しんでもらい、理解と認識を深め、活用に慣れてもらうことで、生涯を通した博物館の利用すなわち生涯学習の場としての意識を育み、博物館の活性化を図るという術として連携が活用されていると言えよう。

第3節　学校による博物館活用の形態

　ここでは、博物館・学校・フィールドの三つの学習の場によって、活用形態を分類して示すこととする。

(1) 博物館での学習

　学習の場を教室から博物館に移して活用する形態であり、修学旅行や遠足といった学校行事の一環として訪れる場合と、教科学習としての活用に分けることができる。

　修学旅行や遠足の場合は、旅行先の土地への理解を深めるために活用する例が多いが、教科学習は通常の授業に博物館を取り入れたもので、より学校教育に近い活用であるといえる。とくに総合的な学習の時間、理科、社会、美術の科目等で実施され、大人数が一度に利用する修学旅行と比較すると少人数であることから、より丁寧な指導が可能である。二次資料を含めた博物館資料を学習の核とし、資料の観察や体験学習等様々な教育プログラムが展開される。学習スペースは博物館の会議室等を充てることが出来るが、博物館が比較的引率のしやすい距離に位置していないかぎり、教科学習としての利用は困難である。

(2) 学校内での学習

　博物館の外へ資料を持ち出して、学校の授業に活用する形態である。理科や社会科など、比較的博物館資料を用いた学習が実施されやすい教科以外にも、例えば国語の授業で昔話に登場した民具を借りだすなど、日常であまり見られないものを用いて授業理解に繋げる学習方法にも活用することができる。博物館の所蔵する標本や資料を教育用に貸出している博物館では、学習指導要領から教育利用が可能なリストを作成し、数種類のキットを製作するなど[49]、貸出キットを用意しているため、校内学習に利用することが可能である。一方、資料の取扱いにおいては、教員も学芸員同様に知識や技術が必

要となることを留意しておかなければならない。また、資料の貸出し事業がモノのみを提供する形態であるのに対し、モノと一緒に博物館学芸員が同行し授業を行うことで教育的な働きかけを付加出来る出前授業[50]の活用も実施されており、利用できる博物館資料の量が限られてしまう反面、児童生徒の引率による移動が必要ないため、学校側として利用がおこないやすい。

　さらにこれらを発展したものとして、県立博物館と学校が連携して学校内に資料室を設ける、スクールミュージアムの設置などがみられる[51]。スクールミュージアムが従来の学校付属博物館と異なるのは、学校が児童と共に資料の収集、製作および展示に取り組む点であり、児童の主体的な関わりを継続していくことによって、従来の学校付属博物館が陥りがちであった経年による単なる物置化などという実状からの脱却が期待される。このような取り組みは、学校所蔵の資料および文化財の見直しのほか、学校が博物館から資料の取扱いや活用方法の指導・提案を得られる機会ともなり、学校付属博物館を学校にとって有意義な存在にする試みとして注目できるものである。

(3) フィールド学習

　学習の場を山や川、町などの屋外に設定する形態であり、自然観察や地域施設の見学のほか、フィールドにあわせた体験学習をおこなうことができる。具体的には、自然であれば生物や地形、環境などの学習が可能であり、地域施設や町であれば習俗の体験などに活用できる。実際にフィールドに身を置くことで、博物館や学校では体感出来ない本物の環境を肌で学習することができる。なお、この場合の学芸員の役割は解説者として位置づけられ、前述した博物館内学習と校内学習の発展として展開される場合が大半である。

第4節　博学連携の主な課題点と今後の展望

　博学連携において弊害となりやすいのは、博物館の立地といった実質的な問題のほか、博物館と学校の意識の差のような認識面での問題である。
　立地の問題は、学習の場を博物館に移しておこなう場合に生じやすく、具体

的には、博物館の立地によっては学校からのアクセスが悪くなるなどの問題が挙げられる。見学が困難な立地であれば、博物館の下見などを含めた事前協議の時間が十分にとり難いといった問題にも及んでしまうことが考えられる。

　認識の面では、博物館側と学校側の意識の差が問題となってくる。博物館を利用する学校は多くみられる一方で、博物館利用の目的や学習のねらいが不明瞭なまま来館する教員も多い。なかには当日の指導を学芸員に一任する例もあり、教員の博学連携に対する意識が十分では無い場合もみられる。活用目的や学習目標が不明確であると、結果的に学習効果の低下を招くこととなり、形ばかりの連携に陥りがちである。逆に、学芸員の教育普及活動への意識の欠如も連携の弊害となる要因であり、学芸員側としては、学習指導要領や学校教科書を理解し、自身の博物館展示がどのように学校教育に活かせるかに留意しておくことが望ましい。博学連携においては、博物館と学校両者共に互いを知り、相互理解と情報共有を図っていく努力が必要である。

　今後取り組んでいくべき課題点としては、学校教育に提供できる資料の整備や充実化のほか、学校側に博物館の利用方法を明確に伝達するために、教員用の指導資料や資料利用の手引きの作成を試みるなどといった取り組みが挙げられる。昨今、海外の実践例をもとに模索されている、博物館と学校教育をつなぐ第三者の配置という形態の連携案[52]では、連携に必要な研究やその情報提供を第三者が担う方法が検討されている。具体的には、教員免許や学芸員資格の単位認定を実施している大学がコーディネータとして連携に介入するというもので、授業案の提供や教育に必要な資料の分類および研究、そして研究結果をもとにした学校側への情報提供（博物館の有する資料や学習プログラムの情報提供）などを執り行うというものである。学校と博物館の連携がスムーズになるだけではなく、大学側にも、教員免許および学芸員資格取得希望者がこのプログラムに携わることで実践的な経験・技能を積むことができるというメリットがあり、新たな博学連携の形態として期待することができる。博学連携はもはや学校と博物館のみで創り上げていくものでは無く、より質の高い連携を目指すために、教育施設などを第三者として連携に加えていくという段階へ差し掛かっていると言えるであろう。

註

1) 小笠原喜康編 2012『博物館教育論 新しい博物館教育を描きだす』ぎょうせい、p.186
2) 1877「教育博物館規則」教育博物館、p.2
3) 黒羽弥吉 1881「小学校教則綱領」p.8
4) 金子 淳 1996「博物館と学校教育『連携論』の系譜とその位相」『くにたち郷土文化館研究紀要』1、くにたち郷土文化館
5) 同註3
6) 外池 智 2000『昭和初期における郷土教育の施策と実践に関する研究―「綜合郷土研究」編纂の師範学校を事例として』、NSK出版
7) 大蔵省 1891年『官報』1891年11月17日、p.181
8) 同註4
9) 同註6
10) 同註4
11) 同註4
12) 1928「博物館事業促進会設立の趣旨」『博物館研究』1―2、博物館事業促進会、pp.15-16
13) 1930「第二回全国公開実物教育機関主任者協議会議事録」『博物館研究』3―12、博物館事業促進会、p.3
14) 同註4
15) 原子廣輾編 1942『日本文化』第七十七冊、日本文化協会、pp.12-13
16) 棚橋源太郎 1931「学校と博物館」『教育時論』1646、開発社、p.10
17) 同註16
18) 伊藤寿朗監修 1990『博物館基本文献集』第1巻、大空社、p.102
19) 棚橋源太郎 1930「学校博物館問題」『博物館研究』3―2、博物館事業促進会、p.11
20) 1931「本會組織の變更規則改正」『博物館研究』4―12、日本博物館協会、p.1
21) 小川利夫他編 2001『再建日本の博物館対策 博物館学入門他』日本現代教育基本文献叢書社会・生涯教育文献集Ⅵ 56号、日本図書センター、p.1
22) 同註21、p.4
23) 1951『官報』102、p.4
24) 同註4
25) 日本博物館協会編 1956『博物館学入門』理想社、pp.36-37
26) 同註25、pp.102-103
27) 新井重三 1964「学校の教科単元にもとづく地方博物館の展示単元の編成について」『博物館研究』37―4、日本博物館協会、p.112
28) 加藤有次 1965「博物館と学校教育との関連性について―考古学博物館につ

いての試み―」『國學院雜誌』66―11、國學院大學綜合企画部、p.95
29) 同註28、p.97
30) 同註28、p.103
31) 同註4
32) 伊藤寿朗 1984「博物館における学社連携②」日本教育新聞12月10日号、10面
33) 小原　巖編 2000『博物館展示・教育論』博物館学シリーズ3、樹村房
34) 文部省編 1971『急激な社会構造の変化に対処する社会教育のあり方について』p.9
35) 1973『官報』第14079 p.8
36) 伊藤寿朗 1991『ひらけ、博物館』岩波ブックレットNo.188、岩波書店
37) 同註36、p.10
38) 同註36、p.10
39) 同註36、p.10
40) 文部科学省 2008『小学校学習指導要領』東京書籍、p.111、『中学校学習指導要領』東山書房 p.117、文部科学省 2009『高等学校学習指導要領』、東山書房、p.352
41) 文部科学省 2008『小学校学習指導要領』東京書籍、p.114
42) 同註41、p.41
43) 文部科学省 2008『中学校学習指導要領』東山書房、pp.36-39
44) 文部科学省 2009『高等学校学習指導要領』東山書房、p.37
45) 同註41、p.70
　　同註43、p.72
46) 同註44、p.88
47) 文部法令研究会編 2011『文部法令総覧10』ぎょうせい、p.851
48) 2003『官報』3622、p.4
49) 同註33
50) 同註33
51) 青木　豊 2008「学校博物館の現状と今後の可能性（予察）―学芸教諭の誕生に向けて―」『全博協研究紀要』10、全国大学博物館学講座協議会
52) 甲斐麻純・松岡　守 2013「博物館と学校教育の連携の現状と今後の展望」『三重大学教育学部研究紀要』64、三重大学教育学部

参考文献
金子　淳 1996「博物館と学校教育「連携論」の系譜とその位相」『くにたち郷土文化館研究紀要』1、くにたち郷土文化館

佐藤惠重 2000「博学連携を考える」『MUSEUM ちば 千葉県博物館協会研究紀要』31、千葉県博物館協会

大堀　哲・水嶋英治編 2012『新博物館学教科書 博物館学Ⅱ—博物館展示論＊博物館教育論』学文社

永田雄次郎 1987「博物館と学校教育に関する一考察」『尚古集成館紀要』1、尚古集成館

加藤仁紀・吉越笑子 2000「博物館と学校との連携について」『MUSEUM ちば 千葉県博物館協会研究紀要』31、千葉県博物館協会

中村　齋・藤田昇治 1991「博物館と学校教育」『北海道開拓記念館調査報告』30、北海道開拓記念館

甲斐麻純・松岡　守 2013「博物館と学校教育の連携の現状と今後の展望」『三重大学教育学部研究紀要』64、三重大学教育学部

第Ⅷ章　博物館教育プログラムの種類

大貫英明

はじめに

　博物館の教育プログラムの種類を述べるあたり、本章で扱う教育プログラムについて確認しておきたい。プログラムの意味を『日本国語大辞典』第二版（2001年、小学館）に求めると、1映画、放送、各種の催し物など、出し物の組み合わせ。また、その順序、内容、出演者などを記した紙や小冊子。2予定。計画表。スケジュールなどとある。本章はこうした字義を踏まえ、博物館の教育プログラムを、博物館の目的の達成のために策定される「教育計画」と、その計画に基づいて実施される「教育事業」とその組み合わせと捉え、その種類について述べる。

　次に本章の構成であるが、第1節では「教育計画」を取り上げ、博物館に教育計画が求められる背景と具体的な博物館教育に関わる計画事例を紹介し、その種類と課題を述べる。第2節では、「教育事業」を取り上げ、研究者による位置付けと分類を確認するとともに具体的な事業と組み合わせ事例を紹介し、その種類と課題について述べることとする。

第1節　博物館と教育計画

(1) 博物館に教育計画が求められる背景

　公立博物館は、行政改革に伴う事務事業評価の対象とされ、PDCAサイクルのPプラン（計画）としての事業計画あるいは目標づくりが進められてきた。しかし教育や文化事業に経営的評価はなじまないとする意見も多くあ

り、博物館が進んで主体的に事業計画づくりを進めることはなかった。ところが政府主導によって進められた教育改革により、公私に関わらずすべての博物館に、評価を前提とした事業計画づくりが求められることになった。

教育振興基本計画の作成　教育改革国民会議は平成12（2000）年12月、政府に対して「教育基本法」の見直しと「教育振興基本計画」の策定などを「教育改革国民会議報告―教育を変える17の提案―」として示した。文部科学省はこれを受け、2001（平成13）年11月にその実行について中央教育審議会に諮問し、2003（平成15）年3月には「新しい時代にふさわしい教育基本法と教育振興基本計画のあり方について」の答申を得る。教育振興基本計画の作成を盛りこんだ改正教育基本法案は、2003（平成15）年11月に衆議院本会議を、12月には参議院本会議で可決され成立した。博物館事業を規制する教育振興基本計画は、教育基本法に次のように定められた。

　第17条　政府は、教育の振興に関する施策の総合的かつ計画的な推進を図るため、教育の振興に関する施策についての基本的な方針及び講ずべき施策その他必要な事項について、基本的な計画を定め、これを国会に報告するとともに、公表しなければならない。

　2　地方公共団体は、前項の計画を斟酌し、その地域の実情に応じ、当該地方公共団体における教育の振興のための施策に関する基本的な計画を定めるように努めなければならない。

　政府は「教育振興基本計画」を2008（平成20）年7月に閣議決定し、国会に報告する。その内容は「教育立国」の実現を図るとするもので、義務教育を中心とするものであったが、博物館については個人の自立や住民の学習活動を通じた地域の活性化に重要な役割を果たす社会教育施設と位置づけ、施策としては、「地域住民の参画を得ながら、地域の自然、歴史、文化等に関する質の高い博物館・美術館活動が行われるよう、子どもや地域住民が地域の美術品や文化財に触れる機会等の提供を支援する」とするとともに、広域的な地域連携や館種を超えたネットワークの構築、そして学芸員の資質の向上のために養成課程の改善を図るとした。

教育事務の点検と評価　政府は続いて学校をはじめ、博物館など教育機関を設置・運営する教育委員会が、使命感を持ってその責任を果たすためとし

て、「地方教育行政の組織及び運営に関する法律」を改正（平成20年4月施行）し、教育事務の点検と評価を次のように規定する。

> 第27条　教育委員会は、毎年、その権限に属する事務（前条第一項の規定により教育長に委任された事務その他教育長の権限に属する事務（同条第三項の規定により事務局職員等に委任された事務を含む。）の管理及び執行の状況について点検及び評価を行い、その結果に関する報告書を作成し、これを議会に提出するとともに、公表しなければならない。
>
> 2　教育委員会は、前項の点検及び評価を行うに当たっては、教育に関し学識経験を有する者の知見の活用を図るものとする。

これにより全国の教育委員会は、教育基本法が定める教育振興の基本計画づくりに加え、自らが所管する博物館などの点検と評価を義務付けられたのである。

博物館による評価　さらに政府は教育委員会による点検と評価にとどまらず、公民館、図書館、博物館に対し、自ら運営を評価しその改善を図るためとして、社会教育法、図書館法及び博物館法を改正（平成20年6月公布、一部を除き同日施行）し、博物館法には、次の条文を加えた。

> 第9条　博物館は、当該博物館の運営状況について評価を行うとともに、その結果に基づき博物館の運営の改善を図るため必要な措置を講ずるよう努めなければならない。
>
> 2　博物館は、当該博物館の事業に関する地域住民その他の関係者の理解を深めるとともに、これらの者との連携及び協力の推進に資するため、当該博物館の運営の状況に関する情報を積極的に提供するよう努めなければならない。

博物館は、自らも運営状況を評価するとともに、評価に基づく運営の改善に努めなくてはならないとされ、さらにはその情報を、地域などに積極的に提供することが求められたのである。

博物館の設置運営に関する基準　文部科学省は法改正を受け、2011（平成23）年12月、博物館法第8条に基づく「博物館の設置及び運営上の望ましい基準」を告示する。従来の「公立博物館の設置及び運営に関する基準」

(平成15年)を全面改正したもので、これにより公私を問わず我が国の博物館は、基本的運営方針と事業計画を策定し、その方針と計画に基づいた点検と評価に努めるとされたのである。

> 第3条　博物館は、その設置の目的を踏まえ、資料の収集・保管・展示、調査研究、教育普及活動等の実施に関する基本的な運営の方針（以下「基本的運営方針」という。）を策定し、公表するよう努めるものとする。
>
> 　2　博物館は、基本的運営方針を踏まえ、事業年度ごとに、その事業年度の事業計画を策定し、公表するよう努めるものとする。
>
> 　3　博物館は、基本的運営方針及び前項の事業計画の策定に当たっては、利用者及び地域住民の要望並びに社会の要請に十分留意するものとする。
>
> 第4条　博物館は、基本的運営方針に基づいた運営がなされることを確保し、その事業の水準の向上を図るため、各年度の事業計画の達成状況その他の運営の状況について、自ら点検及び評価を行うよう努めるものとする。（以下省略）

博物館はこうした教育改革に伴う法令や基準の改正により、教育事業を含む事業計画の策定が求められることになったのである。なお、告示された基準の見直しにあたっての「これからの博物館の在り方に関する検討協力者会議」はその報告書において、「博物館に相当する施設及び博物館類似施設、特に首長部局所管の施設や、大学博物館についても、博物館と同等の機能を有していることが多いことから、この新たな望ましい基準を参考として運営されることが望まれる」としている[1]。

(2) 自治体が定める教育振興の基本計画と博物館教育

①都道府県の基本計画

都道府県教育委員会が策定する教育振興の基本計画の多くは、学校教育を中心とするもので博物館の施策を盛り込むものは限られており、特徴ある2県の例を示す。

岡山県　「岡山県教育振興基本計画」―未来を拓く人づくりプラン―（平成22年2月）は、教育基本法に規定される基本的な計画で、県が目指す教育や今後5年間に取り組む施策の基本的な方向等を示すものとする。

博物館の教育事業に関わるものとしては、施策の方向で県立博物館の機能充実等を掲げ「伝統・文化や文化財保護に関する教育普及活動の充実や学校教育との連携に一層努めるとともに、県民の博物館活動への参画などを通して、地域から信頼と協力を得られる運営に努めます」とする。そして主な取り組みとしてジュニア歴史スクール、博物館講座など教育普及事業の充実を掲げ、目標指標では、県立博物館の利用状況として年間入館者数（5.2万人／年、現況値4.1万人／年）をあげている。

山梨県　「やまなしの教育振興プラン」～ふるさとを愛し、世界に通ずる人づくり～（平成21年2月）は、教育基本法の規定に基づく教育振興の基本計画とし、計画期間を2009（平成21）年から2013（平成25）年の5年間とする。
「生涯学習環境の充実」の項目では施策として、県内の博物館等が参加する「ミュージアム甲斐・ネットワーク」の充実や、文化関係団体、NPO、ボランティア等と連携・協力した博物館活動の展開により「山梨学」等、多様な生涯学習機会の提供に努めるとする。目標指標では文化の振興の柱のなかで、県立博物館と連携して教育活動を行っている学校の割合をあげ、平成25年度の目標値を50％とする。

ちなみにホームページによる2010（平成22）年度の進行状況は、小学校が41.1％、中学校が31.5％、高校は34％とあり、今後の取り組みとしては、小・中学校であまり増加がみられないことから近隣の学校の活用を呼びかけるとする。また交通費や利便性などの要因により連携校が固定化されつつあることから、今後は講師の派遣や教材の借用等による連携を検討していくとする。

②市町村の基本計画

町村では計画づくりは進行中とするものも多く、策定されたものも学校教育を中心とするものが多い。これに対し博物館を持つ市の教育委員会が策定する基本計画には、具体的な教育事業と目標値が示される例が多く、特徴ある2市の例を示す。

事例1：神奈川県平塚市

「平塚市教育振興基本計画『奏(かなで)プラン』」は、市総合計画の教育部門の計画であり、政府の教育振興基本計画の策定などを受けて平成22年3月に策定された。

市民の学びをいかした生涯学習社会の実現という理念のもと、計画期間を10年間とする「基本計画」と、理念や方針を具体的事業をもって取り組む「実施計画」により構成する。実施計画では重点項目の「地域文化の活性化」と「生涯学習施設の総合的な活用」、「情報活用への支援」に、それぞれ博物館と美術館の教育普及事業や調査研究事業などを位置づける。計画に位置づけられた展示などを除いた教育事業は次のとおりである。

・美術教育普及活動推進事業（展覧会でのギャラリートーク）

担当課	美術館
事業概要	担当学芸員が展示室内で展覧会のポイントや作品の解説・質疑応答などを行いながら、観覧者に展覧会全体を理解してもらうギャラリートークをします。
主な行動目標	美術に対する関心を高めてもらうため、参加者を増やします。
目標値	平成22年度　500人　　平成26年度　600人

・美術教育普及活動推進事業（ワークショップの開催）

担当課	美術館
事業概要	美術に親しむ人々の拡大と美術に関する学習活動や体験を目的に、子供・親子や成人を対象としたワークショップを行う生涯学習の場を提供します。
主な行動目標	美術体験に対する関心を高めてもらうため、参加者を増やします。
目標値	平成22年度　1,000人　　平成26年度　1,200人

・博物館教育普及事業

担当課	博物館
事業概要	地域の歴史・自然について学ぶさまざまな講座、野外活動、展示などを通じて、地域の特色や環境の理解など、多様な体験学習の機会を提供します。

主な行動目標　博物館行事に参加する人の満足度を高めることを図ります。
目標値　　　平成 22 年度　6,000 人　　平成 26 年度　6,500 人
・プラネタリウム一般投影事業
担当課　　　博物館
事業概要　　天文宇宙への興味関心を育てたり、天文現象の正しい理解を促したりするなかから、科学的な見方、考え方への導きを行います。
主な行動目標　プラネタリウムの一般投影を観覧する人の満足度を高めることを図ります。
目標値　　　平成 22 年度　5,000 人　　平成 26 年度　7,000 人

計画の特徴　行動目標には美術館や博物館の意志が表れ、「関心を高めてもらうため参加者を増やす」、「行事参加者やプラネタリウム観覧者の満足度を高める」とするが、目標値は増加率や満足度とはならず、参加者数のみが設定されている。

事例2：千葉県千葉市

千葉市と市教育委員会は、千葉市基本構想や政府の教育振興基本計画の策定、第3次生涯学習推進計画の成果を踏まえ、「第4次千葉市生涯学習推進計画」～学びあい、支えあい、地域が輝くまち・千葉市を目指して～」を平成 23 年 3 月に策定した。計画期間は、平成 27 年度までの 5 年間とする。

基本施策の「参加と協働により学習支援施設での事業を進める」では、加曽利貝塚博物館や郷土博物館などでの解説ボランティアの活動を位置づけるほか、「『ちばを学び創る』の学習機会を提供する」では、博物館の具体的な教育事業をあげる。

・加曽利貝塚博物館教育普及事業
事業内容　　土器づくりの会、考古学講座、郷土史講座などを実施します。
・郷土博物館教育普及事業
事業内容　　歴史講座、ふるさと講座、体験学習、夏休み小・中学生郷土史講座、鎧作り体験講座、歴史散歩などの各種事業を実施します。
目標値　　　学習機会提供による年間延べ学習者の数を 11,100 人（平成 21 年度実績値 10,800 人）と定めている。

計画の特徴　千葉市生涯学習推進計画には、地域教育力移行率という成果指標による評価がある。これは加曽利貝塚博物館や郷土博物館などの年間解説ボランティア活動者数を、加曽利貝塚博物館や郷土博物館などで実施するボランティア養成学習者数で割ったものである。しかし自主的・自発的な学習を基本とする社会教育機関の成果指標として、ボランティアとして活動した率が独り歩きすることがないよう運用には注意を促したい。

(3) 博物館の教育計画

博物館による評価を前提とした事業計画づくりは、多くの館では策定中という状況にあり、先進事例として特徴ある2館の例を示す。

事例1：兵庫県立人と自然の博物館

兵庫県立人と自然の博物館は、平成12年度に博物館活動を全面的に見直し、平成18年度までの5年間の「中期目標」を定め事業評価を実施してきた。平成19年度にはこの5年間を踏まえ、人が介在する学習システム＝「演示」機能を強化し、より多くの県民が自然・環境への関心を持ち、集い、学び合う博物館を目指すとした新たな第2期中期目標を設定する。

[計画の概要]

「研究」では、学術論文の数（40本／年）や一般向けの著書の数をあげ、「資料」では、登録点数（10,000点／年）などをあげる。「生涯学習の支援」では、ひとはく「未体験者」の関心を開拓し、新たな「人と自然の博物館基本計画」を共に実現する「担い手」を育成するとして、下記の目標と指標を掲げる。

「マーケティング及びマネジメント」では、情報化社会に対応した情報提供を拡大し、広く県民の博物館事業への理解を醸成するとともに、博物館を活用する機運を拡大するとして、HPアクセス件数（300千件／年）とメディア等出演件数（記事掲載数＋テレビ等出演件数500回／年）をあげる。

[生涯学習への支援]

【目標】「演示」手法を最大限に活用し、利用者の新規開拓と団体利用者の個人再来館を促し、参加者数、参加者層を拡大する。

<指標1> ビジター数（総利用者数） 目標値 2,500 千人/5 年間
<指標2> 来館団体数 目標値 5,000 団体/5 年間
【目　標】 段階的・連続的な学習プログラムを提供し、地域研究員・連携活動グループを育成する。これらの「担い手」や他団体との連携を促進し、博物館事業の拡大をはかる。
<指標1> 地域研究員・連携活動グループ登録者数　目標値 500 人/23 年度
<指標2> 他団体との連携プログラム数　　　　　目標値 100 件/年

　計画の特徴　一期中期目標は大きな成果をあげたが、慣れてくると回数をこなす傾向が表れるようになったとふりかえり、本来は事業の回数や参加者の数ではなく、効果を図らなければならないはずとする。そして第2期では、セミナー等を通じてレベルアップした個人や活動グループが、やがて地域の担い手として活躍するようになることを想定し、個人を「地域研究員」、グループを「連携活動グループ」として育て、何人の地域研究員や連兼活動グループを養成することができたかにより、事業の達成度を測るとする[2]。

事例2：岡山県立博物館

「岡山県立博物館中期目標」—地域に活きる魅力ある博物館を目指して—は、政府の教育振興基本計画の策定、博物館法の改正などを受け、入館者や博物館協議会委員の意見をもとに平成21年3月に策定された。

[計画の概要]

　「使命と計画」では、厳しい財政状況にあるが安定した経営を行う工夫改善を行い、県民の信頼と支援を得るよう努力するとし、「資料収集と保存・活用」では、寄付や寄託による資料の収集や収蔵資料の活用としての展示などをあげ、「調査研究」では、成果の活用としての出版や展示、講座の開催（年6回）などをあげる。「展示」では、特別展などの入館者数や実施回数などを評価指標として掲げるとともに、関連事業の充実として、記念講演会を1展覧会1回以上、実演等を1展覧会3.5回以上、展示解説を1展覧会3回以上とする中期目標値（平成25年）を示す。

　「教育普及・学校教育との連携」では、下記の教育事業とその数値指標を示し、「県民参加の協働運営」では、広報活動（記者クラブへの資料提供件数、30件/年や取材件数、70件/年など）や、ホームページの充実

（アクセス数、600,000件/年や、更新頻度月1回以上）をあげる。またボランティアの受け入れでは展示解説ボランティアを、6回/年、20人以上/年、活動支援ボランティアを、5回/年、20人以上/年とし、地域社会と協働の展覧会の開催では、共催団体数を1展覧会3団以上、連携博物館数を1博物館/年とする。

[教育事業計画]

①吉備の国ジュニア歴史スクール

<中期目標の内容>　史跡や博物館をバスツアーで見学し、学習の成果を各学校で発表します。(3コース、各3日)

<中期目標値>　3コース3日/年　120人/年（平成25年度）

②博物館講座1スタンダードコース

<中期目標の内容>　学芸員を中心とした職員が博物館資料を活用し、研究成果を解説します。

<中期目標値>　8講座（2班）/年　140人/年（平成25年度）

③博物館講座2スペシャルコース

<中期目標の内容>　各分野で活躍する研究者による岡山の歴史と文化に関するテーマで講演します。

<中期目標値>　4講座/年　120人/年（平成25年度）

④体験学習1わくわく歴史体験ゾーン

<中期目標の内容>　参加体験型の資料により、遊んで学べる歴史体験ゾーンの充実を図ります。(参加体験型資料の充実)

<中期目標値>　10点（平成25年度末で）

⑤体験学習2よろいと小袖を着てみよう

<中期目標の内容>　本物の甲冑や小袖を実際に着用することで、資料の質感や迫力を体験することができるようにします。

<中期目標値>　よろい10人/年　小袖10人/年（平成25年度）

⑥館内授業

<中期目標の内容>　小中高校生を対象に博物館で資料に触れたり、展示を見学しながら授業を行います。

<中期目標値>　50校/年　2,500人/年（平成25年度）

⑦出前授業
　＜中期目標の内容＞　学芸員が学校に出向いて授業を行います。
　＜中期目標値＞　20校/年　1,000人/年（平成25年度）
⑧歴史探検ツアー
　＜中期目標の内容＞　子どもたちが、郷土の歴史に親しめるよう学芸員が解説しながら県内の史跡や博物館を見学します。
　＜中期目標値＞　1コース/年　40人/年（平成25年度）
⑨展示解説
　＜中期目標の内容＞　毎月、第2・4土曜日に学芸員が専門分野を中心に展示内容を解説します。
　＜中期目標値＞　30人/1開設日（平成25年度）
　このほか学芸員実習や中学生職場体験、教職員研修を、それぞれ受け入れ人数などの目標値をあげて示している。

　計画の特徴　事業ごとに内容と目標値を細く明示するとともに、特別展などの展示関連の教育事業を記念講演会と実演、展示解説をセットで位置付けている。また県民参加の協働運営として広報活動の充実や、ボランティアでは展示解説に加え活動支援のボランティア活動を位置付けるほか、地域社会と協働の展覧会の開催を位置付ける点が特徴といえる。

(4) 博物館教育計画の種類と課題

　博物館教育計画の種類　博物館教育に関わる計画として、政府が作成する教育振興基本計画と、自治体が作成する教育振興の基本計画、あるいは生涯学習推進計画、そして博物館自身がつくる中期目標（計画）をみてきた。
　教育社会学の新井郁男氏は教育計画を巨視的計画と教育政策計画、内部的教育計画、運営的計画に分類する[3]。この新井氏の分類に従うなら、政府が作成した教育振興基本計画は、教育以外の社会・経済部門との関連において教育にどのような資源配分を行うかを課題とする巨視的計画に位置づけることができる。そして自治体が作成する教育振興の基本計画などは、教育目標との関連において、教育部門の内部においてどのような資源配分を行うかを課題とする教育政策計画と位置づけることができる。内部的教育計画は、

様々の方法やメディア、技術のどれを選択するかを課題とするとされ、教育委員会が策定すべき社会教育計画がこれにあたるが、その好例は見ることができない。教育機関としての博物館が策定する教育計画は、教育に関する様々の意思決定の方法や教育システムの管理と運営をモニターする運営的計画と位置づけることができよう。

これまでみてきた諸計画は、政府主導によって推し進められてきたものであり、多くの自治体では、博物館など教育機関の運営的計画も定まらぬうちに策定され、住民にその目的が分かりにくいものとなってしまっている。住民にとっては、教育ビジョンや資源の配分もイメージできない、従前の行政改革の事務事業評価の計画となんら変わらぬ計画でしかない。

博物館教育計画の課題　公共政策を研究する小池純司氏は、わが国の行政評価の取り組みは国や地方を問わず官主導で実施されてきたが、こうした官主導の評価では、行政の最終顧客である国民・住民にとっての価値の向上に必ずしも寄与するものとはならないとする。そして欧米諸国では行政計画を、行政の取り組みが使命や理想像を実現する手段として示され、どのような価値を根拠として政策が実現されているかを把握できるよう、「使命（Mission）→理想像（Vision）→目指すべき成果（Outcome）→実施する取り組み（Output）」という順番で構成されることが多いとする[4]。

経営評価としての我が国の行政評価は、その見直しの時期を迎えているといえる。なかんずく教育改革を目指す教育計画づくりにあっては、博物館は顧客である住民に対し、その存在価値の実現や正当性を検証するため、メッセージ性を持った理想像（Vision）と目指すべき成果（Outcome）を明確にした、住民に分かりやすい計画づくりが求められている。さらに博物館は教育部門の内部において正当な資源（財源）配分を受けるべく、戦略性を持った目指すべき成果（Outcome）を理事者に明示した博物館教育計画を策定し、教育政策計画に位置づけさせなければならない。

社会教育政策を研究する原義彦氏は、評価を前提にした社会教育計画策定の具体的手順を著している[5]。原氏が示す手順は、まず計画体系のうち施策や施策の方向性を示す大項目と、大項目の実現のためのいくつかの柱で構成される中項目、さらに中項目の内容を具体化した事務事業で構成する小項

目の体系化を図ることに始まる。そして大項目であれば「戦略的な目標」を、中項目であれば「達成目標」を設定し、そのもととなる小項目「事務事業」を設定しその検討を進めるものである。

　小項目である事務事業を実施した後に予想される効果や成果を詳細に検討し、中項目の達成が見込まれると判断されるなら次の手順に進み、評価が難しいとするなら事務事業を再検討する。こうした手順を、中項目へ大項目へと順に積み上げ、計画を策定するのである。

　この手順を参考に博物館教育計画の策定を想定するなら、例としてみてきた岡山県立博物館では、小項目である「事務事業」（教育事業）は目標値とともに示されてはいるが、大項目としての「戦略的な目標」や「達成目標」ごとにまとめられる中項目が明確でないことが理解できる。このままでは、住民が博物館に何を期待してよいのかが分かりにくい計画といえる。

　また「兵庫県立人と自然の博物館の計画」では、「ひとはく『未体験者』の関心を開拓し、新たな『人と自然の博物館基本計画』を共に実現する『担い手』を育成する」と戦略的目標と、「段階的・連続的な学習プログラムを提供し、地域研究員・連携活動グループを育成する。これらの「担い手」や他団体との連携を促進し、博物館事業の拡大をはかる」とする達成目標は明示されているが、具体的に実施する取り組みが明確でなく、住民が博物館から受ける取り組み（Output）を検証することができない。

　これからの博物館教育計画としては、人と自然の博物館が示すように具体的な戦略的目標や達成目標を明らかにし、それらを達成するための具体的取り組みとしての個々の事業を、岡山県立博物館のように目標値とともに示す必要がある[6]。公立私立を問わず博物館の学芸員には、自らの博物館の使命（Mission）を明確にし、住民や来館者に対しては強いメッセージ性を持った理想像（Vision）を示すとともに、理事者に対しては博物館が正当な資源（財源）配分を得ることのできる具体的な成果を明示する計画づくりの力量が求められている。

註
1）　これからの博物館の在り方に関する検討協力者会議 2010『博物館の設置及

び運営上の望ましい基準の見直しについて「これからの博物館の在り方に関する検討協力者会議」報告書』p.7
2) 兵庫県立人と自然の博物館編 2008 年『人と自然の博物館の新展開―五年間をふりかえり未来へ』p.16
3) 新井郁男 1990「教育計画」編集代表細谷俊夫ほか『新教育学大事典』第一法規出版株式会社、p.231
4) 小池純司 2004 「行政評価の次の方向性―『価値に基づく行政運営』の要件―」『NRI パブリックマネジメントとレビュー August2004vol.13』
5) 原 義彦 2009「第 3 章第 2 節 評価を前提にした計画策定の手順」『地方公共団体における社会教育計画等の策定及び評価に関する調査研究報告』、国立教育政策研究所社会教育実践研究センター、pp.21-29
6) 拙稿 2014「博物館と教育事業計画の策定」『國學院雑誌 第 115 巻 8 号』國學院大學

第 2 節　博物館の教育事業

　本節では、教育計画に小項目として掲載される「教育事業」を取り上げ、博物館研究者による教育事業の位置づけと分類を確認したうえで、博物館で実施される具体的な教育事業とその組み合わせの事例を紹介し、その種類と課題について述べる。

(1) 研究者による教育事業の位置づけと分類

①鶴田総一郎氏の位置づけと分類

　鶴田総一郎氏は、博物館学の最初の教本である日本博物館協会編『博物館学入門』(1955 年) の刊行に当たり、その前編「博物館学総論」を執筆し、博物館学の体系を世に示した。

　教育事業の位置づけ　鶴田氏は「博物館総論」[1]で博物館は形式的な展示だけでは「死んでいる博物館」であり、資料展示は、人との結びつきという点で、十分に研究された結果にもとづいた方法で行なわれるべきで、「もの」が来館者に話しかけ、来館者の気持ちを動かし、考えを進めその先に進もう

とする興味をおこさせる博物館が「生きている博物館」であるとする。そして入館者案内や解説方法、講座、講習会、学校教育との連絡法などに関する教育学的研究の結果により体系立ててこれらを実施してこそ、博物館の教育普及といえるとする。

また「最近（筆者注：昭和 30 年頃）の博物館利用者が、単なる展示特に常設展示に対しては、あまり興味を示さなくなってきた傾向がある」とし、社会人は固定的展示には飽きてしまっている、これに対して商業広告やテレビ等は、「大衆をお客様として扱い、興味をそらさずにひきつけて行くたくましさをもっている」、博物館は「一面的な解説を付けただけの、冷たくおし黙っているだけの資料を並べて、本筋は通したとしているのは果たして現代のセンスに合致しているのだろうか」、「歴史的に見れば「展示」が主体でよかった時代もあろうが、いまではそのままでは遺物的方法になりつつあるということである。ここに、展示から教育活動へという方法の移行がみられる」とする。

教育活動の分類　鶴田氏は教育活動を次のように分類している。

分類 1 : 館内活動

a) **展示資料を中心とする博物館案内**　文字からという間接経験では効果が確かでなく、観覧者の要求に応じきれないとして、案内人、案内施設、解説書や案内書、案内資料の作製と頒布、そして展示資料に関する研究会や講演会が必要であるとする。

b) **一般教育活動**　教育活動のためには専任職員の設置や、各種施設の開放と指導、利用者との組織的結合、学校教育の補助活動、レファレンス・ワークが必要であるとする。そして集会活動としての教育には、対象の確定、内容、方法の検討が必要であるとして、博物館活動に関する協議会・研究会・座談会・懇談会等、研究発表会・技術講習会・講演会・講習会・研究会等、展示会・展覧会・映画・芝居・演劇等、聴覚に訴える形式の集会、その他、読書会、音楽会、悪食会など様々な集会活動が考えられるとする。

次に、作文、論文、絵画等各種懸賞募集や、年中行事としての各種行事、開館記念行事などに伴う教育活動、さらには館の所在する地域社会

とのつながりから生ずる事業なども考えられるとする。

分類 2：館外活動
館内には無い特別な方法と効果があるものとして次を上げる。
　a）**展示資料を中心とする館外活動**　巡回展示、展示資料の貸し出し、博物館教師による巡回指導
　b）**一般館外活動**　博物館教師、利用者との組織的結合、集会活動としては、採集会、見学旅行、夏季学校、冬山教室等、館外調査研究の実施、広報、宣伝活動

鶴田氏の特徴　活動名称に時代を感じさせるものもあるが、博物館教育イコール展示という当時の風潮にあって、教育事業としての集会活動の重要性を指摘し、かつ「展示から教育活動へという方法の移行がみられる」とするなど、半世紀を経た今日にあってもなお通用する位置づけと分類といえる。

②伊藤寿朗氏の位置づけと分類

　伊藤寿朗氏は、「博物館問題研究会」のリーダーとして博物館実践とその理論化を進め、博物館学史構築の基礎資料として『博物館基本文献集』（1991年、大空社）、博物館実践を市民に託した『ひらけ、博物館』（岩波ブックレットNo.188、1991年）を相次いで出版した。

　教育事業の位置づけ　伊藤氏は、『ひらけ、博物館』のなかで地域志向型博物館を提示し、その教育はモノシリの養成ではなく「自分で学習を発展させていく自己教育力を育てることを目的とする。それは受け身の学習者から、自ら学習し、他の学習者と高め合うとともに、ふさわしい方法や条件を自らつくりあげていく人をはぐくもうとするもの」とする。そして自治体のなかには博物館を文化施設ととらえ、市民の自主性を重んじるとした事業を展開するが、それは「博物館のカルチャーセンター化」に過ぎないと批判する。

　また、博物館利用者の中には「生活の場である地域を見直し、日常生活での新しい課題を発見」することを求め、自ら「課題を見つけ、探究していく能力を身に付け、知識の質を高めることを求める」タイプが見られるとする。博物館としては、一方的な学習の機会の提供では不十分であり、「参加」という、

利用者の継続的で主体的な参画の「場」と、そして次の学習段階へと進む「階段」を用意する新しい世代の運営スタイルが必要となっている[2]とする。

教育事業の分類　「市民と博物館」(1993年『市民のなかの博物館』吉川弘文館)において伊藤氏は、「教育事業をどういう目的で実施するかという軸で分けてみる」として教育事業の諸形態を次頁の図1[3]で示す。

伊藤氏の特徴　伊藤氏は鶴田氏をはじめ諸研究者が、博物館を教育主体として事業を分類するのに対し、利用する側の主体的学習(自己教育)の視点から、教育事業を「調査・研究の開放とその社会的還元を目的とした教育事業」と「学習の形態とその保障を目的とした教育事業」に分け、事業と形態を分類する。

こうした伊藤氏の地域志向型博物館の教育事業の位置づけや分類は、教育プログラムを考え編成する目安として、いまだ新鮮なものとして捉えることができる。

③加藤有次氏による位置づけと分類

博物館学の確立と体系化を目指し、『博物館学講座』全10巻(1978~1981年、雄山閣)の編集員を務め、平成2年には学芸員養成の参考図書として『博物館ハンドブック』(1994年、雄山閣)を椎名仙卓と共編する。

教育事業の位置づけ　加藤有次氏は、『博物館総論』(1996年、雄山閣)において、博物館法第三条第一項の各号を掲げ、「この法律に基づいて、このような事業を推進することは、博物館にとって当然の必要条件であるが、さらに必要な点は、このような事業を、いかなる理念で推進するかであり、そのことが確立されないかぎり、単に新しい博物館の形態を整えたのみで満足することに終わる危険性が十分にあると考えるのである。博物館の機能には、なすべき事業の仕組みと相関関係から、絶えず新しいものを生み出すエネルギーがなければならない。そのためには、博物館にとって常に地域社会人の生き生きとした場が存在し、そこにいる人々がいかなる角度からも博物館を利用しえるよう考える必要がある。」とする。

また加藤氏は、資料の収集活動と整理・保管活動、調査研究活動を博物館の第一次機能と位置づけ。第一次機能の活用機能としての教育普及機能や情報

第Ⅷ章　博物館教育プログラムの種類

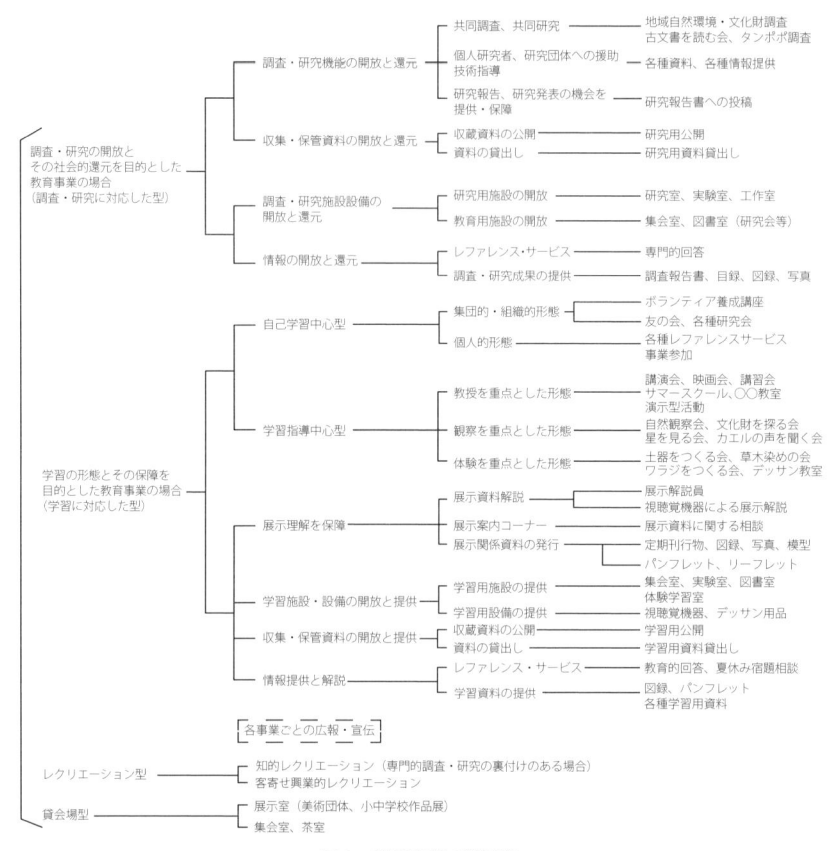

図1　教育事業の諸形態

提供センター機能を、博物館の第二次機能と位置づける。そして「第一次機能から第二次機能を確立してこそ現代博物館の本来の機能といえる」としている。

教育事業の分類　加藤氏の博物館教育活動の分類[4]は、次頁の図2のとおりである。

加藤氏の特徴　教育普及活動をイン・ドアとアウト・ドアに分ける点は鶴田氏と異なることはないが、団体育成と諸機関との連携を別に柱として立てる点や、学術・教育情報資料提供センターとしての機能を加える点、そして一般教育活動の講座・教室活動の受講生を、研究会として自主的サークル活動への進展を助成するとした点は、高度経済成長を経た地域博物館の教育実践をふまえた分類となっている。

第 2 節　博物館の教育事業

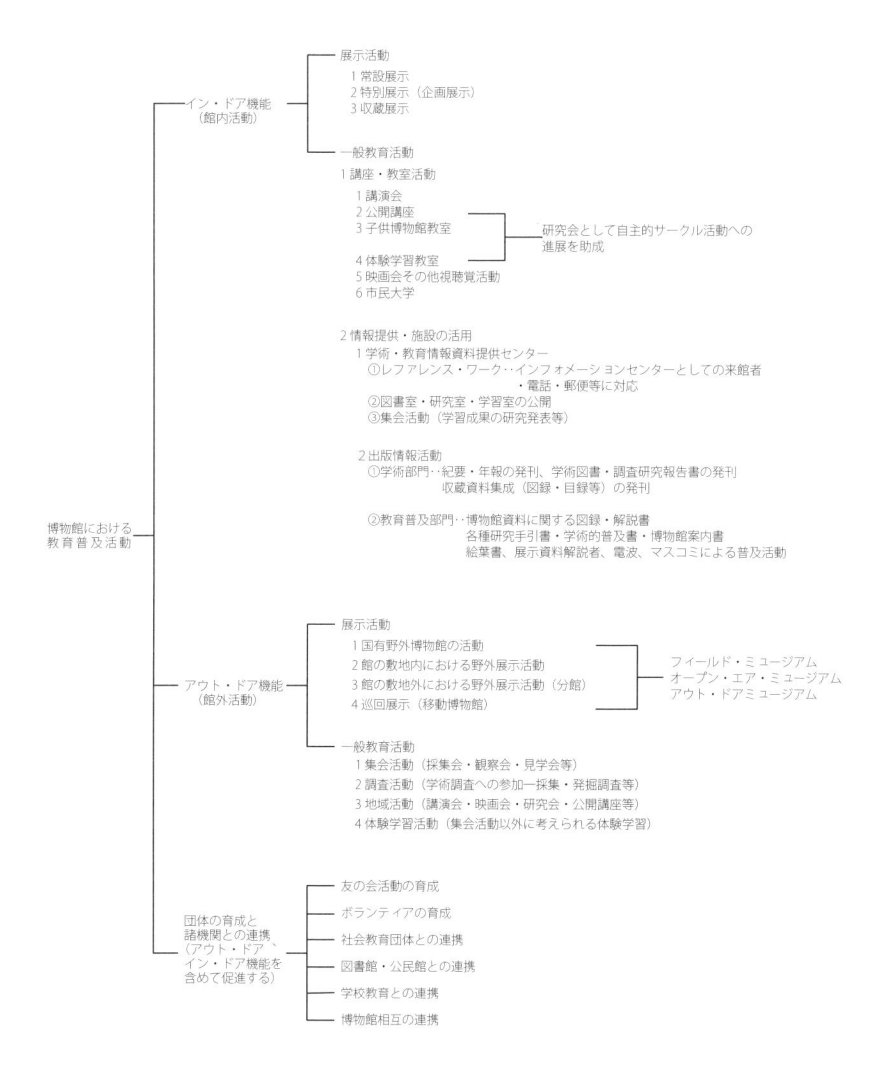

図２　博物館教育活動一覧

（2）展示関連の教育事業例

　次に企画展や特別展などに伴う、教育事業とその組み合わせとして、特徴ある 2 館の事例を見る。

第Ⅷ章　博物館教育プログラムの種類

①山梨県立博物館

2011（平成 23）年の秋期企画展「柳沢吉保と甲府城」は、会期を 10 月 8 日〜11 月 28 日とする。関連する教育事業[5]を筆者の区分によってまとめると次のようになる。

 ＜展示解説＞　学芸員によるギャラリー・トークは、会期中に 4 回、午後 3 時から 1 時間程度行う。スタッフによるガイドツアーは、上記を除く毎日、午後 3 時から 30 分程度行う。

 ＜シンポジウム＞　テーマは「柳沢吉保と甲府城」とし、島内景二氏ほか 2 名の外部講師により、10 月末の日曜の午後、博物館隣の総合教育センターで実施する。

 ＜講座＞　「山梨再発見講座」は他部局との共催事業で、10 月から 11 月の木曜の午後、連続 4 回、いずれも学芸員等が専門とする分野を各自 1 回担当する。「かいじあむ古文書講座」は、学芸員 2 名が各自 1 回おこなう解説講座である。

 ＜参加・体験事業＞　「収蔵品ゆかりの地ツアー」は甲府城ツアー（10 月）と、六義園ツアー（11 月）を各 1 回行う。「柳沢吉保にまつわる歌と語りと音の会」は 10 月の日曜に 1 回、「茶道を体験してみよう！」は 11 月の日曜に 1 回実施する。

山梨県立博物館の特徴　企画展に伴う教育事業の組み立ては、展示解説を一般向けの案内と、専門的な質問に答えられるギャラリートークの組み合わせとする。記念講演は行わず、専門分野の異なる講師 3 名が、甲府城や柳沢吉保に関する最新の研究成果を話題として提供するシンポジウムとする。講座は、学芸員等が企画展の意図を伝える連続講座と、甲府城と吉保ゆかりの古文書を読み解く講座を組み合わせる。だれもが気軽に参加できる事業としては、柳沢氏の人柄や事跡を学ぶゆかりの地ツアーと、歌や語り、茶道を体験するものを組み合わせる。

②神奈川県立歴史博物館

平成 21 年度の特別展は、横浜開港 150 年という周年事業を中心とし、「鎌倉の日蓮聖人　中世人の信仰世界」、「彩色立面図に見る日本の近代建築」などが実施されている[6]。これらを筆者の区分で次のようにまとめた。

神奈川開港・開国 150 周年メモリアルイベント
横浜開港百五十年―神奈川・世界との交流―

会期は、平成 21 年 4 月 25 日（土）から 6 月 14 日（日）、日本財団の助成事業。

＜展示解説＞ 学芸員による展示解説を 5 月と 6 月の日曜の午後に各 1 回、そのほか展示解説ボランティアによる 1 日 2 回の定時解説を行う。

＜記念講演＞ 5 月の日曜の午後、学芸員による「日本の開国とアジア」と、外部講師による「日本文化の発信者 オールコック」を各 1 回実施する。

＜講座＞ 他部局が主管する「県博セミナー」のテーマを「開港場の諸相」とし、5 月から 6 月の土曜の午後に全 5 回を実施する。講師は横浜をはじめ長崎、函館など各開港場の地元博物館の学芸員等が担当する。

＜参加・体験事業＞ 4 月には「記念吹奏楽コンサート」を。5 月と 8 月には子ども向け事業としてペーパークラフトによる「『黒船』をつくろう!」を各 1 回行う。

また夏休み期間中には、近隣の博物館 21 館と共同で横浜開港 150 周年記念「ミュージアム・クイズラリー よこはま 2009」を実施する。

慶應義塾創立 150 年記念 神奈川開港・開国 150 周年
メモリアルイベント福澤諭吉と神奈川 すべては横浜にはじまる

会期は、平成 21 年 8 月 22 日（土）から 9 月 23 日（水・祝）、慶應義塾・フジサンケイグループとの共催事業。

＜展示解説＞ 学芸員と慶應義塾福澤研究センター講師よる展示解説を 8 月から 9 月にかけて土曜の午後に全 4 回実施する。他に展示解説ボランティアによる 1 日 2 回の定時解説を行う。

＜記念講演とシンポジウム＞ 記念講演は 8 月と 9 月の日曜の午後、慶應義塾大学他の講師による「開港＆開校 ちょっといい話」などを 3 回実施。8 月末には慶應義塾福澤研究センターセミナーシンポジウム「家族とは何か―福澤諭吉の女性論家族論から現代を考える」を実施。司会とシンポジストは、慶應義塾福澤研究センターほか外部講師による。

＜参加・体験事業＞ 子ども向け事業は、「博物館のススメ」として博物館のバックヤードの見学会を 1 回、映画「破天荒力」の上映会を 8 月と 9 月に全 3 回行う。

鎌倉の日蓮聖人 中世人の信仰世界

会期は、平成21年10月17日（土）から11月29日（日）、日蓮宗神奈川第二部宗務所・文化庁との共催事業。

＜展示解説＞ 学芸員による展示解説を10月と11月の土曜の午後に各1回実施、他に展示解説ボランティアは1日2回の定時解説を行う。

＜記念講演＞ 11月の祝日の午後、立正大学他の講師による「日蓮聖人の美術」と「日蓮の生涯と立正安国論」を各1回実施する。

＜講座＞ テーマを「中世東国と日蓮信仰」とし、10月から11月の土曜の午後に、学芸員と身延山大学ほか講師5名による全5回の連続講座を行う。

彩色立面図に見る日本の近代建築
―銀行・オフィスビルから邸宅まで―前期 神奈川県編

会期は、平成22年2月20日（土）から3月28日（日）

＜展示解説＞ 学芸員による展示解説を3月の日曜の午後に2回、他に展示解説ボランティアによる1日2回の定期解説を行う。

＜記念講演＞ 3月の日曜の午後、外部講師による「かながわを築いた建築家と建築物」を1回実施する。

＜参加・体験事業＞ 2月の土曜の午後、ミュージアムコンサートと博物館屋上ドームの公開を行う。

他の展示事業

コレクション展示、「江戸時代の地図・絵地図」（平成21年6月から8月）と、「古瀬戸と中国の青磁・白磁」（平成22年1月から2月）では、学芸員による展示解説を各2回行う。平成21年10月から11月には、「日英友好150年の礎を築く 第8代エルギン伯爵と絵画工芸品展」を行うが、この展では特に教育事業は行っていない。

他部局との共催事業である「神奈川の遺跡展2009 横浜開港の考古学」（平成21年12月から22年1月）では、展示解説を12月と1月に3回行い、外部講師による記念講演は12月に2回実施する。

神奈川県立歴史博物館の特徴 展示関連事業としては、展示解説を基本とし、規模の大きな展覧会では記念講演やシンポジウムに、講座と参加・体験事業を組み合わせる。近年の財政状況を反映し、事業経費削減のため助成事

業や他の機関との共催事業の活用が顕著にみられる。また『年報』に端的に表れるが、館としての一般学習支援事業としては展示にかかわるものを除くと、常設展示のミュージアムトークや子ども・青少年向け事業などがわずかに見られるのみとなっている。評価制度を前提とした入館者数確保のためか、展示事業優先の運営となっていることがわかる。

(3) 一般教育事業

特別展示などに伴うことのない日常的に催される教育事業を、博物館であり美術館でもある川崎市市民ミュージアムと、地域博物館として高い評価を得ている平塚市博物館を事例として、筆者の区分でまとめてみる。

①川崎市市民ミュージアム

市民ミュージアムは、学校や地域などとの連携を図るため、平成21年度から、新たに教育普及部門を立ち上げた。事業はスクールプログラムとミュージアムプログラム（講座等いわゆる教育普及事業）、そして行政課題の一つである子育て支援事業で構成する。展示解説としては、月ごとにテーマを設定して収蔵品を紹介する「マンスリー展示」で、学芸員が第3土曜の午後にマンスリートークを実施している。講演会は企画展などで実施されるのみである[7]。

＜講座＞「ミュージアム歴史講座」は、年間を通じ隔月に6回実施。講座とするが全体テーマは持たず、川崎市の歴史や民俗、ホットな話題などを集成したもので最前線で研究されている方を招いて行う。「ミュージアム古文書講座」は、はじめて古文書を読む人のための入門講座として、11月から12月にかけ全5回を実施。

＜参加・体験事業＞「不思議アート体験」は、5月に2回実施する。作品を身体表現など様々な視点で鑑賞し、造形体験も行う。講師は外部講師で、対象は小学生3年生以上で、親子参加を可能とする。「読めない絵本と影絵鑑賞」は、12月に1回実施。偶然できあがる形を楽しむ絵本を作り、影絵作品の鑑賞も行う。対象は5歳～小学校低学年までの児童とその家族。これらは親子の触れ合いもねらったワークショップである。

バスツアーは春に「埼玉古墳群と吉見百穴をめぐる」を、秋には群馬県碓氷峠の近代鉄道遺産の散策を実施。「遺跡めぐり―府中市内の古墳をめぐる―」は1月に実施。これらは史跡探訪の催しである。

「ミュージアム歴史たんけん隊」は、大山街道の史跡を訪ねながら大山まで散策する継続事業で、初年度の21年度は、オリエンテーションを7月に実施し、その後3回かけて宮前平から大和市鶴間までを散策した。「ミュージアム歴史散策」は、10月に多摩区と宮前区にまたがる長尾の里を散策した。これらは成人や高齢者の健康志向を考慮し、ウォーキングを取り入れた事業としている。

「ミュージアム探検ツアー」は、10月に2回実施。普段は見られないバックヤードなどを巡り、ミュージアムの仕事や役割、機能を紹介する博物館紹介事業である。

「おやじ de ミュージアム 遊びの工作」は、7月25日に逍遥展示空間（大ホール）で実施した子どもから大人まで誰でも参加できるワークショップ。市内各区で生まれた市民グループ「おやじの会」と市民ミュージアムの共同企画事業である。本事業は住民との連携事業であり、異年齢交流をねらった事業でもある。自然素材を使った工作や、昔ながらの遊びのワークショップから得たおやじたちと子どもたちの学習効果には大きなものがあったと想像できる。

＜イベント事業＞　逍遥展示空間を生かした多彩な催し「ベートーヴェン・トリオ・ボン、ピアノ・リサイタル」などのほか、野外では登録制で毎日曜にストリート演奏を実施。「カワサキ・ティーンズ・プロジェクト 2009 ティーンズ弾き語りコンサート」は、音楽やアートで自分を「表現」しようとする10代のためのイベントで、8月の夕べに実施した。ボランティアスタッフ15名が音響などの講座を設け、コンサートを運営した。この事業は若者の居場所づくり、社会参加事業としての特色も持っている。

7月に実施した「夏まつりサンセットライブ」は、夏の夕暮れ時を音楽とエスニックフードで楽しむ野外ライブで、国際都市川崎ならではの多文化交流の事業でもある。プロムナードコンサーは公募の事業で

「Trio Lily アフタヌーンコンサート」を 10 月に実施した。

＜職員派遣事業＞　博物館では 17 事業（市民の自主サークル活動への支援が 2 件、市民館等教育機関事業への派遣が 15 件）、美術館では 3 事業いずれも市民館等教育機関事業への派遣である。

＜ボランティア事業＞　平成 20 年度からミュージアムの事業をサポートするボランティアスタッフが活動を開始している。21 年度は 5 月と 11 月に新規ボランティアを募集し、33 名が新たに登録し、全登録者数は 51 名になった。

　イベントサポートの活動回数は 56 回で、参加延べ人数は 170 名。見学サポートは、主に「スクールプログラム」の社会科学習推進事業で来館する児童の見学サポートを行い、活動回数は 65 回、延べ人数は 192 名であった。

＜友の会事業＞　21 年目を迎えた友の会は、地元市民館の記念行事に参加するなど積極的に地域に関わる。21 年度からは、毎月第 1 土曜にミニホールで「祭りのビデオ観賞会」を開催する。一方時代の流れでイベント支援部会は廃部したとする。

　会議は、総会、役員会、市民ミュージアムとの懇談会を実施する。企画部は、会員向け企画展示解説や、ビデオ観賞会などを行う。広報部は、月刊「友の会だより」と会報を発行、友の会自主企画「祭りのビデオ観賞会」の PR パンフレットを作成配布する。総務部は、会員募集と会員への印刷物の配布や庶務を処理する。

　学習部会の歴史部会（続日本紀を読む会）は会員 17 名で、毎月第 3 金曜に活動。2 月には府中市郷土の森博物館ほかの見学会を実施。歴史部会（古文書を読む会）は会員 15 名で、毎月第 4 金曜に活動。成川家文書の講読を行う。写真部会は毎月第 2 日曜に活動。版画部会は毎月第 1・2・3 の土曜にシルクスクリーン版画と銅版画の制作を行う。またスキルをいかしたボランティア活動として、技術講座を 2 回、そして教育機関と福祉施設では版画指導を 1 回行う。こうした版画部会の社会教育実践は、市民ミュージアムの支援力の表れである。

＜広報事業＞　定期刊行物の作成と配布では、市民ミュージアムニュ

ース（年2回）、市民ミュージアムカレンダー（年6回）を、市民館など市内各施設や市外の類似施設、マスコミ関係などに配布する。マスコミへの情報提供は、新聞やテレビなどで紹介される広報効果が大きく、300~350社に対して継続的にプレスリリースを行う。

　企画展など規模の大きな事業では、3ヶ月程度前から広報計画を立て、各担当者と協力し広報活動を行う。ポスター、チラシの配布先も事業内容に合わせ、その都度調整する。そして事業ごとに掲載記事を整理して報告書を作成し、その後の効果的な広報活動に活用している。

　ホームページは、館内で更新が可能な部分を増やす改修を進めるとともに、青少年への情報発信のためカワサキ・ティーンズ・プロジェクトでは独自のドメインを取得しホームページを作成する。そのほか市と連携した広報活動や、館内外の広報掲示板の管理など、地域に根ざした広報を心がけている。

＜その他事業＞　ペットスタープロジェクト「キラメキ☆夢のペットスター」は、美術大学と地域の高等学校と連携した共同企画事業である。ペットボトルを使った巨大な光のオブジェの制作と公開は、準備期間を5月から8月とし、ワークショップは8月に行い、公開期間は8月から9月であった。

　ミュージアムライブラリーは、研究利用を主に蔵書の検索と閲覧利用が可能なもので、平成21年度の利用者数は6,376名である。

＜学校支援事業＞　「スクールプログラム」として市内の小・中・高等学校の児童・生徒を対象としたプログラムを用意する。

　「社会科教育推進事業」は、小学4年生を対象に、6月下旬から2月中旬までの間、2時間を博物館で過ごす移動教室で、展示見学などを通じ、先人の工夫や川崎市域への理解などを深め、学習単元「昔のくらしと町づくり」の一助とする。参加91校/114校（80％の参加率）、参加人数9,708名、バス借り上げ193台という実績は、川崎市が博物館によせる学校教育への期待の表れといえる。

　「博物館プログラム」は、民俗・考古、歴史の常設展、企画展の見学と解説事業で、3校334名が活用した。「美術館プログラム」は、アー

トギャラリー、企画展の見学と解説事業で、5校1園1,535名が活用した。「出張プログラム」は、学芸員が学校に出向いて行う出張授業で、5校664名が活用している。

　他に「職業体験」が16校86名、「団体見学」が12校330名あり、「学校連携展覧会」としては、第58回川崎市中学校理科作品展ほか4件の展覧会、作品展が実施されている。

＜子育て支援事業＞　「ママカフェ」は、幼いころから博物館・美術館に足を運び、文化に親しみを持ってもらえる場を提供するもので、子育て中の親同士が気軽に集まり、情報を提供・収集する場として博物館を活用してもらうことを目的に実施。遊びスペースを作り、見守りのボランティアスタッフ（登録7名）を配置し、毎月第1・3木曜日の10時～11時30分、レストラン内5席20組を目安として実施する。

川崎市市民ミュージアムの特徴　子育て事業や、親子のふれ合い事業、若者の居場所づくり事業、異年齢の交流事業から多文化理解の事業まで、今日的な行政課題を数多く、無理なく博物館教育事業に組み込んでいる。「おやじdeミュージアム遊びの工作」や、カワサキ・ティーンズ・プロジェクト「2009ティーンズ弾き語りコンサート」などは、大都市川崎の特色を示す住民との連携事業であり、住民の教育力を育む効果は大きく、友の会版画部会の教育実践とともに市民ミュージアムの新たな博物館教育への発展が期待される。

　一方で参加・体験というイベント的事業が目立ち、学習を深め仲間づくりにつながる継続的な学習は、古文書講座やミュージアム探検隊などに限られるようである。博物館活動への住民の参加と協働の視点からみて、自主サークル育成の機会となる継続的な集団学習の事業化の検討も必要であろう。

②平塚市博物館

「わたしたちをとりまく自然や、身近な生活の中には、わからないことがたくさんあります。それらをひとつひとつ掘り起こし、いろいろな視点から自然と文化について見直して行きたいと思います。それが、地域の未来を切り開く糸口になればと考えています」とするのが平塚市博物館である[8]。シンポジウムなどの催しは、特別展などに関わる事業以外では確認できない。

＜展示解説＞　「展示ボランティアの会」の会員が、活動日を決め、曜

日ごとの班を作り展示解説の活動をしている。

＜講座、教室など＞ 2007（平成19）年度の「第12回考古学入門講座」は動物の骨、土や石から見た考古学をテーマとして10月に3回実施する。講師はいずれも外部講師である。「自然観察入門講座」は、夏休みの自由研究のヒントになる内容として7月に2回行う。小学校高学年から中学生を主な対象とし、「貝化石を調べよう」をテーマとし大磯層の化石と、街中で使われる石材の化石を調べる（協力：地質サークル）。受講者が意外なところで発見する化石の驚きに、博物館の意図する学習課題（社会的課題）がうかがわれる。

「自然観察ゼミナール」としては、「植物観察入門」を6月に2回行う。内容は受講者が自分で調べられるよう、図鑑の見方や観察する視点を講義し、観察会を行う。「自然観察会リーダー入門」は、10月から11月に3回行う。リーダーとして自然観察会の運営を目指す人を対象とする。3回目は博物館事業「自然ウオーキング」で解説実習を行う。これら入門事業は、受け売りではない、自分の力で知識を育む観察の入門編と、知ることの喜びを他の人と分かつことから、自らの学習を確かなものとする学習の発展を考慮した組み立てとしている。

他に参加者が気軽に楽しめる「キノコの観察会」や「コケの観察会」を神奈川キノコの会や湘南コケの会の協力で10月と11月にそれぞれ実施する。事業の構成は野外観察と採集、そして室内での観察を組み合わせている。

「土屋子ども探検隊」（公民館との共催事業）は、8月に地区の小中学生を対象に、雑木林の観察と公民館での土壌動物の観察を行う。この事業は自然観察園の設置計画に伴う地元住民との話し合いのなかから、地元の子どもたちも自然と触れ合う体験が少ないという現実を博物館側が知ることによって企画されたもの。自然観察園の創造という夢のある事業であり、生きた収蔵庫であり展示・教育の場が、自分たちの地域に生まれる喜びを知る住民が増え、ともに運営したいとする機運が育つことが期待される。

「プラネタリウムで宇宙を学ぶ会」は、第4日曜の投影終了後に実施

するもので、最新情報を解説する講義形式の自由参加の学習会である。
＜参加・体験事業＞ 「体験学習」は夏休みの8月に、「火おこし・弓矢に挑戦」を1回、「縄文土器を作ろう」は3回、「地形模型を作ろう」は2回実施した。

　自然観察ウォーキングは、2007（平成19）年度の新規の事業で、自然観察園の設置計画に伴い土屋地区で、5月と11月、3月に3回実施した。11月は「自然観察会リーダー入門」と連携して行った。自然観察園の整備を見越して、地区外の人々にも候補地の素晴らしさと重要性を知っていただきたいとする事業である。「みんなで調べよう」は、市民から調査協力者を募り地域調査をおこなう申込制の事業で、19年度も引き続き「つばめ調べ」を実施した。4月にガイダンスを行い、調査期間は4月から7月とし7月22日にまとめを行った。「星を見る会」は天体観察をする自由参加の会で、19年度は天候事情により5回を実施。天体観察会の有志はスタッフとして参加し、会場の設営、望遠鏡操作、天体解説、受付など運営に協力する。
＜イベント事業＞ 「第9回博物館祭り」は、平成20年2月に平塚の古代を学ぶ会他13団体が、活動成果の発表を行った。運営は各団体から選出された実行委員で構成する実行委員会が行う。普及事業から生まれた会員制行事の会を中心に自主的に実施される本事業は、平塚市博物館ならではの事業といえる。

　「博物館こどもフェスタ2007」は、小中学生に博物館への関心を高めてもらう機会として2006（平成18）年度からはじめた。19年度は5月に古代生活体験「火起こし」ほか12の催し物を会員制行事の会などの協力を得て実施した。「イブニングミュージアムウィーク」も18年度からはじめた事業で、より多くの住民に博物館を利用してもらうための試みとして、夏期及び秋期の特別展開催中の1週間を、夜7時まで開館延長をしてイベントを行うもの。19年度の夏は「草笛コンサート」や「民家で怪談噺を聴く会」など8つのイベントを催し、秋には初めて平塚ミニ講座として「平塚の活断層」など4テーマの講座や「天文の夕べ」（星に関する話と星を見る会）を2回行う。18年度から始められたこれら

第Ⅷ章　博物館教育プログラムの種類

二つのイベントは、対象の年代や生活時間帯を考慮した、新たな利用者の獲得を狙った戦略的な試みといえる。

「ミニ文化祭」は、17年度から若い世代の地域研究の発表の場と交流の機会として始めたもの。対象は小学生から大学生まで、博物館のテーマである「相模川流域の自然と文化」にふさわしい研究発表を募集して行うもの。19年度は5テーマの発表展示が行われた。

プラネタリウムでは「演劇・コンサート事業」として、19年度は劇団「雑貨団」による公演を8月と3月に各2回、「うるう年コンサート」は2月に1回、ハイビジョンシアター「ミラクル昆虫王国」を8月に4日間（6回）を実施した。

また9月から11月の土・日と祝日には、平塚市美術館の企画展「絵で読む宮沢賢治」との連携事業として「銀河鉄道の夜」を投映した。美術館の企画展入場券にプラネタリウムの観覧券（引換券）をセットする企画で、美術館には出かけるが「博物館には？」とする層を獲得する試みともいえる。

＜ボランティア事業＞ 「展示解説ボランティアの会」は平成11年度に公募により発足。21名の会員は、毎月第1・3木曜を定例会として意見交換などを行なう。館内研修は、第9期生（19年度）を対象に、常設展示研修を学芸員が6月に3回、11月に1回実施した。特別展については、全会員を対象に7月と3月に行った。他に館外研修や博物館主催の研修会に参加する自主研修などをおこない、その成果は定例会で報告し合う。「学芸員四方山話」は、展示解説に必要な知識を充実させるため、主に第3木曜の午後、学芸員が持ち回りで会員に話題提供をする。

会報は、住民や来館者にボランティア活動状況を知ってもらい、博物館をPRするために発行する。「博物館まつり」や「博物館こどもフェスタ」にも参加する。団体案内としては、市内の小学校など、31団体に展示解説を行った。

＜広報・出版事業＞ 『あなたと博物館』を月1回、『博物館年報』と研究報告『自然と文化』を年1回、その他特別展の図録や解説書、ポスター、リーフレットなどを発行する。プラネタリウムポスター、同リーフ

レットは年4回、炎の証言第12号（空襲体験の証言）、ほしまつり『星まつりを調べる会の記録』などもこの年には発行している。テキストとしては、体験学習ほか各事業に合わせそれぞれ発行した。

平成19年度のホームページのトップページへのアクセス件数は57,234件で、ページ別アクセス数はプラネタリウムが19,980件、行事案内が12,979件、利用案内が11,884件、特別展・企画展案内が9,980件、教室・サークルが6,067件、子どもページが3,330件、博物館の概要が3,240件、刊行物が3,194件、Web読み物が2,803件、English pageが568件、展示室案内が33件、博物館アーカイブが25件であった。

新聞やミニコミ誌等で報道された博物館活動は40件で、18年度の25件から大幅に増加した。その要因は、社会一般に関心の高い事業の実施ができたことと、積極的に情報提供を努めたことによるとする。

＜学校支援事業＞　常設展示の団体見学は、小中学校から大学まで延べ45校3,576名が利用。展示解説は原則おこなわないが、依頼があれば展示解説ボランティアが対応し、学芸員が対応する場合もあるとする。

プラネタリウムの学習投影は、保育園、幼稚園、小学校を対象に投影を行い、保育園、幼稚園は延べ56園、2,618名、小学校は延べ35校3,280名が利用した。中学生職業体験は9校28名、職場訪問は2高校1中学、36名に対応した。

博物館資料の館外貸し出しは、小学校15件、中学校1件、高校1件に応じている。小学校からは土器、戦跡資料、民具、ボーリングコアなどの希望が多かったとする。

＜サークル活動育成・支援事業＞　平塚市博物館では、神奈川県植物誌調査会湘南ブロック、神奈川キノコの会、湘南コケの会の活動を、市民が主体的に取り組み博物館は支援する調査研究活動と位置付けている。植物誌調査会湘南ブロックは神奈川県の植物相の解明を、キノコの会はキノコ類の観察と調査を目的とした会で、平塚市で得られた標本は寄贈いただいている。湘南コケの会は、コケについて勉強したいという声がもとになって生まれたサークルで、その成果は『自然と文化』で報告する。

平塚市博物館の特徴　平塚市博物館の教育事業を特徴づけるのが、会員制

行事である。博物館行事と位置付けた学習会や調査・研究、資料の収集活動であり、公募会員が自主的・継続的に行なう教育事業である。新規会員にはベテラン会員が指導を行う。学習成果を「博物館まつり」などで発表する会としては、古文書講読会、裏打ちの会、古代生活実験室、お囃子研究会がある。特徴ある会の活動として裏打ちの会の博物館実習生の指導や、古代生活実験室（土器づくり班、火起こし班など5グループ）では教育機関からの指導依頼が多いため、小学生向けのテキスト作成を視野に入れた活動を行っている。「ろばたばなし」は会員の公募は行わず、自由参加の会であるが、図書館などでお話会の実績を積んだ方々が毎月第3日曜日に、常設展示室の「相模の家」で来館者に地元の昔話などを語っている。

　このほか平塚の古代を学ぶ会は、国府内の遺跡を学び特別展の準備活動に関わる。水辺の楽（ガク）校生きもの調べの会は、相模川の河川敷に国土交通省と市によって設定された「馬入水辺の楽校」（地元自治会など有志で構成される会が運営）をフィールドに、毎月1回の観察会を行いその成果は「博物館まつり」などで発表する。

　住民と博物館が共同で実施する調査研究活動と位置付ける会員制行事の会の活動も多く、平塚の空襲と戦災を記録する会、地域史研究ゼミ、石仏を調べる会、民俗探訪会、漂着物を拾う会、相模川の生い立ちを探る会、平塚地質調査会、天体観察会、星まつりを調べる会の活動がある。調査の成果は「博物館まつり」などで発表されるが、平塚の空襲と戦災を記録する会や石仏を調べる会は報告書を刊行する。星まつりを調べる会は特別展の企画や準備に関わる。平塚地質調査会は資料の収集や整理を行い、天体観察会は会の事業として講演会を開催する。

　浜口哲一氏は、「平塚市博物館で展開されてきた事業は、どれも普及行事から出発しながら、調査や展示、出版などにもつながる発展を見せていきました。そして行事の参加者として、関わりを持ち始めた市民は、いつの間にか博物館の様々な機能の一翼を担う存在になっていたのです。」[9]とする。

（4）博物館教育事業の種類と課題

①教育事業の種類

博物館研究者による分類を踏まえ、例示した4館の教育事業を題材に、生涯学習の観点から学習形態を類型化する堀薫夫氏の見解を参考として図3「博物館教育事業の種類」を作成した。堀氏は生涯学習の方法のタイポロジーを、個人学習と集合学習に大きく二分し、個人学習を媒体利用と施設利用に二分する。そして集合学習は集会学習と集合学習に分類し、ワークショッ

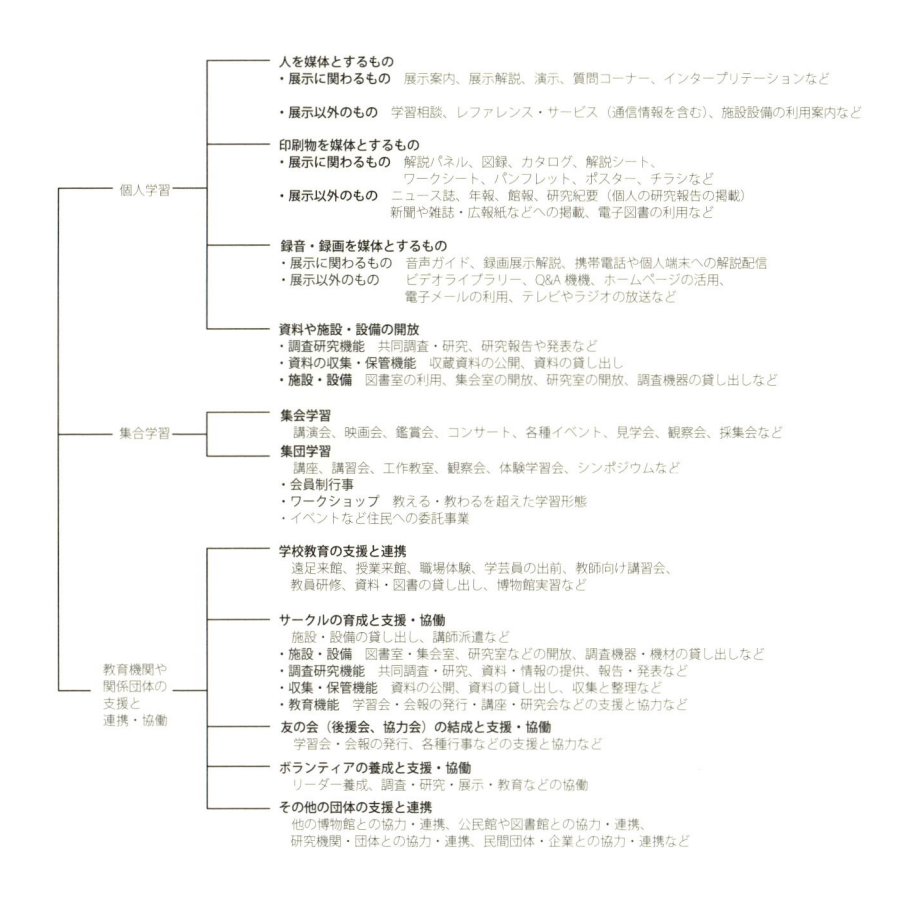

```
個人学習 ─┬─ 人を媒体とするもの
          │   ・展示に関わるもの  展示案内、展示解説、演示、質問コーナー、インタープリテーションなど
          │   ・展示以外のもの    学習相談、レファレンス・サービス（通信情報を含む）、施設設備の利用案内など
          ├─ 印刷物を媒体とするもの
          │   ・展示に関わるもの  解説パネル、図録、カタログ、解説シート、
          │                        ワークシート、パンフレット、ポスター、チラシなど
          │   ・展示以外のもの    ニュース誌、年報、館報、研究紀要（個人の研究報告の掲載）
          │                        新聞や雑誌・広報紙などへの掲載、電子図書の利用など
          ├─ 録音・録画を媒体とするもの
          │   ・展示に関わるもの   音声ガイド、録画展示解説、携帯電話や個人端末への解説配信
          │   ・展示以外のもの     ビデオライブラリー、Q&A機構、ホームページの活用、
          │                        電子メールの利用、テレビやラジオの放送など
          └─ 資料や施設・設備の開放
              ・調査研究機能  共同調査・研究、研究報告や発表など
              ・資料の収集・保管機能  収蔵資料の公開、資料の貸し出し
              ・施設・設備  図書室の利用、集会室の開放、研究室の開放、調査機器の貸し出しなど

集合学習 ─┬─ 集会学習
          │    講演会、映画会、鑑賞会、コンサート、各種イベント、見学会、観察会、採集会など
          ├─ 集団学習
          │    講座、講習会、工作教室、観察会、体験学習会、シンポジウムなど
          ├─ 会員制行事
          ├─ ワークショップ  教える・教わるを超えた学習形態
          └─ イベントなど住民への委託事業

教育機関や ─┬─ 学校教育の支援と連携
関係団体の     │    遠足来館、授業来館、職場体験、学芸員の出前、教師向け講習会、
支援と         │    教員研修、資料・図書の貸し出し、博物館実習など
連携・協働    ├─ サークルの育成と支援・協働
              │    施設・設備の貸し出し、講師派遣など
              │   ・施設・設備  図書室・集会室、研究室などの開放、調査機器・機材の貸し出しなど
              │   ・調査研究機能  共同調査・研究、資料・情報の提供、報告・発表など
              │   ・収集・保管機能  資料の公開、資料の貸し出し、収集と整理など
              │   ・教育機能  学習会・会報の発行・講座・研究会などの支援と協力など
              ├─ 友の会（後援会、協力会）の結成と支援・協働
              │    学習会・会報の発行、各種行事などの支援と協力など
              ├─ ボランティアの養成と支援・協働
              │    リーダー養成、調査・研究・展示・教育などの協働
              └─ その他の団体の支援と連携
                   他の博物館との協力・連携、公民館や図書館との協力・連携、
                   研究機関・団体との協力・連携、民間団体・企業との協力・連携など
```

図3　博物館教育事業の種類

203

プを「教える─教わる」という教育的関係をこえたものとして別立てとしている[10]。

　個人学習と集合学習に二分する堀氏の考えは、博物館教育を、もっぱら個人が享受する展示関連事業と、集会活動を中心とする一般教育事業に分ける鶴田氏や加藤氏の考えと大きく異なることはない。図３も個人学習と集合学習に対応するものに分けた。そしてこれに加藤氏が団体の育成と諸機関との連携と位置付けたものを加えるとともに、全体に伊藤氏の博物館機能の開放と学習の保障、協働の視点を加えて図表とした。

　堀氏は印刷と、録音・録画、通信を個人学習の媒体に位置づけたが、図３では通信を他の媒体に統合し、「人」を加えた。また堀氏は、図書館や博物館を施設利用とするが、図３では伊藤氏の視点を踏まえ資料や施設・設備などの開放とした。集合学習は堀氏の分類を踏まえ、誰もが気軽に参加できる集会学習と、参加者相互の教育的作用を図る集団学習に分け、堀氏は別立てとするワークショップを、他者の意見や発想から学ぶ学習形態と考え、集団学習に位置づけた。

　ちなみに「教育」と「学習」の用語であるが、博物館教育プログラムとしての教育計画や教育事業の「教育」とは、博物館による「意図的働きかけ」と捉え、個人学習や集合学習などの「学習」は、住民からみた学習の機会、学習資源としての博物館機能の活用として捉えた。

【個人学習】
　人を媒体とするもの　展示案内や展示解説は、特別展などに伴うものと、常設展示で日常的に行われるものがある。展示案内（ガイドツアー）は、山梨県立博物館のようにスタッフを配置するものや、神奈川県立歴史博物館などのようにボランティアによるものがある。専門的な解説と質疑にも対応できる展示解説（ギャラリートーク）は、通常学芸員が行うが、特別展などでは神奈川県立歴史博物館のように外部講師（ゲストスピーカー）を招くこともある。

　兵庫県立人と自然の博物館が位置付ける演示は、科学館などの実験展示を超えたもので、利用者とモノ、利用者と空間の間に「人が介在」し、モノやことがらを理解する手法である。平塚市博物館の常設展示の民家で行われる「ろば

たばなし」もここに位置づけられる。また多くの館で実施する夏休みの子ども学習相談や、一般的な施設や展示の案内やレファレンス・ワーク（通信媒体によるものを含む）も、個人学習を支える重要な教育事業である。

印刷物を媒体とするもの　解説パネルやカタログ、解説シートやワークシート、博物館ニュースや研究紀要などの印刷物（電子版を含む）や、新聞や雑誌など対する広報活動などがあげられる。利用者の研究成果を年報や研究報告書などに掲載することもここに位置づけられる。

録音・録画を媒体とするもの　固定機器や貸出携帯器による音声や画像の展示解説があげられる。近年では、携帯電話など個人端末への配信が注目されている。情報コーナーなどにおかれるビデオライブラリーや、Q&A機器、さらにはホームページの利用や、テレビ・ラジオなどのマスコミなどへの情報提供もここに位置づけられる。

資料や施設・設備などの開放　調査研究の成果である各種収集資料の公開と貸し出し（通信媒体による提供を含む）や、利用者の学習や調査、資料整理に必要となる施設や設備、器具の開放もあげられる。また利用者との共同調査や共同研究なども位置づけられる。

【集合学習】

集合学習は、誰もが気軽に参加し、知識や技術が得られる一時的な催しの集会学習と、参加者相互が得られた知識や疑問を話し合ったり、技能を臨機に応変して活用し確かめ合うなど、参加者相互の教育的作用を図る継続的学習としての集団学習に分類できる。

a）集会学習

＜講演会＞　一度に多くの受講者に知識や情報を伝達できる学習法であり、特別展やイベントなどに伴って実施される。通常、講師は話題性があり集客が望める外部講師を依頼する。受講者と講師の関わりは、司会を介した質疑応答に留まる。

＜イベント事業＞　平塚市博物館のサークルの活動発表の場として位置付けられる「博物館祭り」や、プラネタリウムでの演劇やコンサート、神奈川歴史博物館の映画会や川崎市市民ミュージアムの音楽会など、誰もが自由に参加できる催しである。

＜見学会など＞　山梨県立博物館の「収蔵品ゆかりの地ツアー」や、川崎市市民ミュージアムのバスツアー、「ミュージアム歴史散策」、「ミュージアム探検ツアー」などがある。学習と実習が組合わせられ、参加者相互の教育的作用を図る採集会などは集団学習に含まれる。

b）集団学習

＜講座＞　博物館が実施する講座は公民館などとは異なり、資料に触れたり試したりするなかで参加者同士が話し合い、知識を確かなものとし生活に生かすことができるよう意図的な働きかけをもって実施される継続学習である。

生涯学習の研究者佐藤晴雄氏は、学習プログラムのタイプを直列型と放射型に分け、直列型はねらいに向け一定の順序性に従って複数回の学習が一直線に組み立てられるタイプで、実技習得をねらいとするプログラムに多いとする。川崎市市民ミュージアムの「ミュージアム古文書講座」や平塚市博物館の「自然観察入門講座」がこれにあたる。放射型はねらいに向けて様々な視点や分野の学習が組まれるタイプで、直列型と異なり各回の学習が独立しているので、途中欠席があっても大きな支障はないが、累積的な学習には向かず、概論や入門的な座学に取り入れられるタイプとする[11]。神奈川県立歴史博物館の講座「中世東国と日蓮信仰」や、平塚市博物館の「考古学入門講座」がこれにあたる。

ちなみに講座や教室をはじめとする各種教育事業の、学習目標や学習方法などをタイムスケジュールとして示したものを学習プログラムと呼ぶ。学習プログラムは、教育プログラムとして位置付けた教育計画に基づく、個々の教育事業の学習方法などを定めたものである。

＜教室など＞　講座とは異なり、講義に実習やフィールドワークなどを組みあわせ、技術や仕組みなどを学習するもの。博物館では資料やフィールドに直接触れ、実習や観察を組み合わせ、参加者が自らの力で臨機に応変できる力が得られるよう意図的な働きかけをもつ継続学習である。事業名称は教室にとどまらず多様な表現が用いられる。川崎市民ミュージアムの大山街道を巡検する「ミュージアム歴史探検隊」や、平塚市博物館の「自然観察ゼミナール」などはこれにあたる。

平塚市博物館の会員制行事は、博物館が一方的に学習者を導くものではなく、館の行事として位置付けた学習会や調査会などを、公募した会員が主体

的に計画段階から参画し、自主的に運営する継続的学習である。公民館などが住民の主体的学習を保障する委託学級などに似た学習形態といえる。

　浜口氏は会員制行事「活動を支えるテーマの設定。活動テーマが魅力的で市民の好奇心をひきつけるものであった点に、活動の発展の要因があったと思われます」、「市民がそれぞれの興味や関心に従って活動し、共有財産を作っていく場こそ博物館の働きだということになります。学芸員は、市民の力をコーディネートしながら、資料や情報の蓄積に方向性を与え、みんなが利用しやすい形に整えていく役目を持っているといえばよいでしょう。」としている[12]。

　＜シンポジウム＞　シンポジウム・フォーラムは講師や専門家が、それぞれの立場からテーマにそって意見を述べ、参加者は講師との質疑応答を踏まえ、参加者同士が話し合うなど議論に加わるものである。講師同士の討論がないところがパネル・フォーラムとは異なる。博物館では展示テーマや具体的資料などに沿った話し合いに、参加者が加わることができるよう、シンポジストなどの教材や会場の選択などに周到な準備が求められる。

　＜ワークショップ＞　堀氏は、従来の知識伝達型の教育方法とは異なる「教える―教わる」という教育的関係を超えたものとする。参加者相互の体験に基づく意見や発想の交換から自己開発の糸口を見つけようとする学習会である。川崎市市民ミュージアムの「不思議アート体験」や「読めない絵本と影絵鑑賞」、平塚市美術館のワークショップがこれにあたる。

【関係機関・団体の支援と連携・協働】

　＜学校教育の支援と連携＞　川崎市市民ミュージアムの「スクールプログラム事業」が好例であり、移動教室としての「社会科教育推進事業」、展示解説事業の「博物館プログラム」、学芸員の派遣事業である「出張プログラム」、職業体験、学校連携展覧会などで構成される。この市民ミュージアムの「スクールプログラム」は、利用者であり活用者である教師や児童・生徒との対話や、実践と評価から生み出された学校教育を対象とする教育事業の組み合わせである。

　＜サークルの育成と支援・協働＞　平塚市博物館では植物誌調査会湘南ブロックなどのサークル活動を、市民が主体的に取り組み博物館は支援する調

査研究活動と位置付ける。自主組織としてのサークルと博物館の関係は、博物館はサポートするがコントロールはしないという公的社会教育の原則「サポート・ノーコントロール」の関係にある。

川崎市市民ミュージアムの「ママカフェ事業」は、子育て中の親同士が気軽に集まり、情報を提供・収集する場として博物館を活用してもらうとする事業である。子育て世代（幼児）は、博物館の顧客とはなりにくい世代であり、子育てサークルの育成と支援は、新たな博物館教育事業を開拓できる可能性も展望できる。

＜友の会の結成と支援・協働＞　川崎市市民ミュージアムの友の会は21年の歴史を持つ。運営の中心である企画部では、会員向けの企画展示解説や、ビデオ観賞会などの自主事業を行う。広報部は「たより」や会報を発行し、事業パンフレットも作成し配布する。総務部は会員の募集や会員への印刷物の配布などの庶務を処理する。学習部会は歴史・写真・版画の各部会からなり、自主的、定期的学習活動を行ない、版画部会では技術講座を行なうなど博物館との協働の姿もうかがわれる。

＜ボランティアの養成と支援・協働＞　平塚市博物館では、常設展示や特別展の解説研修のほか、館外研修に加え自主研修として館事業への参加を促し、定例会ではその成果を報告し合いスキルを高め合うなどの工夫をしている。また「博物館まつり」へのボランティアの参加は、ボランティアとサークルの垣根を取り払い、サークルと共に博物館事業を作り上げる場として参加を働きかけたものであろう。さらには一人一人の学芸員が持ち回りでボランティアとの対話に努める「四方山話」は、協働を図るうえで大切な信頼関係を、担当の学芸員個人ではなく学芸集団として作り上げる場として設定したものと考えられる。ボランティアを博物館活動を豊かなものとする対等な関係のパートナーとして捉える博物館の意図的働きかけがうかがわれる。

＜その他団体との支援と連携＞　神奈川県立歴史博物館の慶應義塾との共催特別展や、平塚市博物館の美術館との連携事業、若い世代の研究発表の場「ミニ文化祭」も連携事業といえる。川崎市市民ミュージアムの「おやじの会」や、「カワサキ・ティーンズ・プロジェクト」などとの連携事業は、異世代交流や若者の社会参加などをテーマとしており、博物館教育事業の新た

な展開につながるものとして注目される。また美術大学などとの連携事業なども博物館がもつ機能を団体や教育機関に開放する事業として重要である。

②博物館教育事業の課題

教育事業と博物館・学芸員の関係　人間の知りたいとする要求は本能の一つと、心理学は指摘する。博物館はこうした人の性を利用した、消費の対象としての知識の切り売の場、物知り養成の場であってはならない。博物館は知識を生活に生かし、知識の価値そのものを判断することのできる、生きる力を育む社会教育機関としての機能を果たすことを社会的（法的）任務としている。

学芸員は博物館の使命に鑑み、日々変化する社会や住民の実生活から取り組むべき調査・研究課題をとらえ、的確な資料収集にもとづいた、来館者に感動を与える展示と、展示を補完する誰もが気軽に参加できる多様な教育事業を展開する力量を必要としている。そして、集団による継続学習やサークルの育成と支援、各種団体との連携や協働は、こうした基本的教育事業を踏まえたうえで展開されるものである。

＜学習プログラムづくり＞　講座や教室などの学習プログラムは、準備のための委員の公募から始まる。学芸員は、準備委員との話し合いにより住民の学習要求を把握するとともに、話し合いのなかから準備委員自身が学習必要を発見するプロセスが、学習プログラムづくりの要となる。

学習要求とは、学習者が具体的に学習したいとする課題（たとえば古文書が読みたい、石仏が分かるようになりたいなど）であり、学習必要とは博物館が学んでほしいとする課題（たとえば文化財や自然保護、地域コミュニティーの再生など）である。ここで大切なのは学習要求をそのままプログラム化するのではなく、その背後にある学習者の意図をつかむことである。知識や技術の取得とともに、「学習する場を通じて仲間づくりがしたい、知識や技術を生かして社会的に必要とされる自分を取り戻したい」、「健康づくりのためにウォーキングの題材に自然や文化財を生かしたい」などとする学習者の意図を把握し、それをプログラムに生かさなくては、建前の講座となり学習者にとって魅力ある教育事業はつくりだせない。

準備会での話し合いは大切な学習の場であり、委員相互の信頼関係（本

音の話し合いのための）づくりが大切である。委員の公募がむずかしいなら、学芸員の選任による準備会も考えられるが、最低3人以上が、3回以上話し合う場が必要である。学芸員の独りよがりな学習プログラムを排除し、博物館教育計画に基づいた目指すべき成果を生み出す学習プログラムとするには、こうした準備は不可欠である。

一方、住民の学習要求の把握はその数や声の大きさに左右されてはならないという点も、学芸員は留意しなくてはならない。公的社会教育機関としては、社会や住民が直面する課題で、博物館の使命に照らして必要とする学習課題であるなら、少数者の意見であったとしても学習プログラムづくりの場で準備会に働きかけることも必要となる。

学習テーマが決まれば次には、テーマだけでなく必ず各回の具体的な学習内容を明示したプログラムとして、博物館ニュースやホームページなどで公表し、受講生を公募しなくてはならない。受講すればどのような知識が、技能がどの程度習得できるのかをプログラム上に明示しなくては、多くの受講者の応募は望めない。

＜講座や教室などの実施＞　教育事業の実施に当たっては、その自主的運営が受講者相互の信頼関係（本音の話し合いのための）づくりの大切な機会となる。参加者同士があいさつもない「上げ膳、据え膳」の講座や教室では、互いの知識を確認し合う、本音の話し合いは望めない。一緒に学習や調査を続けようとするサークル作りの機運が育つこともない。会場の準備や出席簿の管理、講師を迎える準備から片付けまでのすべてを受講自身が自主的に運営することが重要である。

学芸員の役割は、そのための班づくりや当番の仕事などをお膳立てまでが、重要な役割であると認識すべきである。平塚市博物館の会員制行事は、まさに公募会員が、資料調査や資料の収集など博物館事業に企画から運営にいたるまで、主体的に参画できる教育事業といえる。

学芸員がサークルの結成を受講者に求めるのではなく、受講者に学習を続けたいと求められるか否かが、学芸員の教育力の目安といえる。

講座終了後の反省会も重要である。受講者の有志による成果のまとめ（まとめ誌の作成など）や、目標は達成されたか、何が足らなかったのか、次に

実施するとしたら注意すべき点は何かなどを話し合い、建設的な意見をまとめる評価の場（次回の準備会となる場合もあり、サークル結成の準備会となる場合もある）も欠くことのできないプロセスである。

　こうした準備会から反省会に至る手順は、講座や教室だけでなく、シンポジウムやワークショップの実施にはもちろん、講演会やイベントなどの集会学習にあっても不可欠である。学習目標の設定や、学習資源と学習方法の選定には、事前の住民との話し合いと参加者を加えた反省会は不可欠である。博物館教育事業の自己評価は、こうした準備会と反省会での住民の声をもとに下されるものである。

　＜サークル活動に対する課題＞　サークル活動は、住民の知的学習を継続的に維持する最も有効な学習形態である。しかしサークル活動に過大な期待を寄せてはならない。サークル活動は知的学習を深めるには大きな効果をみせるが、価値観の形成や技能の習得は、最終的には個人に帰すものである。そしてサークルの仲間を結び付けているのは「楽しく充実した時間が過ごせた」とするところにもあることを理解しなくてはならない。サークルとの連携や協働も博物館の教育的役割の一つであるが、サークルの意志を住民一般の意識と勘違いしては、博物館は単なる愛好家の集まりの場と化し、地域から遊離することにもなる。博物館を訪れる大多数の来館者は、サークルなど団体などに属すことのない、サイレント・マジョリティーであることを忘れてはならない。

　またサークルは博物館の下請けではない。サークルは自主的、自発的に学習し、他を教育する社会教育関係団体である。サポート・ノーコントロールの原則は忘れてはならない。博物館はサークルの活動が博物館の課題とたとえ一致しなくとも、施設や機能の利用や活用を拒むことはできない。サークルや個人の学習の自由を保障することは、博物館の重要な教育的・法的任務である。そしてこのことは博物館活動を豊かなものとするパートナーとしてのボランティアの活動や、友の会、各種団体においても同様である。

　＜教育計画と教育事業の構造化＞　　博物館教育事業は、前節で詳述した博物館教育計画の小項目に位置づけられるものである。博物館教育計画は、顧客である国民や住民に対し、博物館の存在価値の実現や正当性を検証する

第Ⅷ章　博物館教育プログラムの種類

ため、メッセージ性を持った理想像（Vision）と目指すべき成果（Outcome）を明確にした住民に分かりやすい計画としなくてはならない。

　本節でみてきた小項目の「博物館教育事業」は、博物館教育計画の中項目である「達成目標」や大項目である「戦略的な目標」を成就するに最も効果ある事業として位置づけられたものである。個人学習を対象とする展示関連事業も、一時的な集会学習や継続的な集団学習も、サークルや団体の育成そして連携と協働の事業も、展示を含むすべての教育事業は、博物館の理想像を達成するため、目指すべき成果を生むにふさわしいとして精選された事業であるべきである。

　したがって、その実施にあたっては最大限の教育効果が図られるべく、住民との対話をもとに綿密な準備と、参加者（学習者）の主体性と自発性に基づく運営が保障されなくてはならない。そして参加者や住民による一つひとつの事業評価をもとに、事業の改変や廃止を含む自己評価を博物館は下さなくてはならない。

　博物館教育計画は、通常10年ごとに見直しを図る基本計画（博物館の使命に照らした「理想像」の検討など）と、5年ごとに見直す実施計画（理想像の達成に照らした「目指すべき成果」の検討など）によって構成される。その一方で、行政計画や予算計画との整合を図るために、各事業の評価をもとに、年度ごとの事業計画も作成しなくてはならない。個々の教育事業はそれぞれの評価によって、目指すべき成果を生むにふさわしいか否かを、年度ごとに問われるのである。

　博物館の目的の達成のために策定される「教育計画」と、その計画に基づいて実施される「教育事業」、そしてその組み合わせを博物館教育プログラムと捉え、その種類と課題について述べてきた。博物館教育のプログラミングとは、博物館教育計画に基づく教育事業の実施とその評価に基づく、新たな博物館像を作り出すサイクルに他ならない。

　学芸員は、博物館の使命に基づいた教育課題を、住民の学習要求をもとに教育事業（学習プログラム）としてまとめ、国民や住民にわかりやすい教育ビジョンとして示し、さらには正当な資源（財源）配分を受けるべく、戦略

性を持った成果（Outcome）を理事者に示すことのできる博物館教育プログラムづくりの力量を求められている。

註
1) 鶴田総一郎 1991「博物館学総論」『博物館基本文献集別巻』（復刻）大空社
2) 伊藤寿朗 1991『ひらけ、博物館』岩波ブックレット 188、岩波書店
3) 伊藤寿朗 1993「市民と博物館」『市民のなかの博物館』吉川弘文館、p.46
4) 加藤有次 1996「博物館機能論」『博物館総論』有山閣、pp.158-159
5) 2011「交い　かいじあむ通信 Kai　第 23 号」山梨県立博物館
6) 2010『神奈川県立歴史博物館年報　平成 21 年度』神奈川県立歴史博物館
7) 2009『平成 21 年度　川崎市市民ミュージアム年報』川崎市市民ミュージアム
8) 2011「『博物館の概要』・平塚市博物館へようこそ」平塚市博物館ホームページ
9) 浜口哲一 2000『放課後博物館へようこそ』地人書館、p.177
10) 堀　薫夫 2011「生涯学習の方法」『新しい時代の生涯学習（第 2 版）』有斐閣、p.241
11) 佐藤晴雄 2007「学習プログラムのタイプ」『生涯学習概論』学陽書房、pp.115-118
12) 同註 9、p.178

第Ⅸ章　望まれる博物館活動の指導者

中村　浩

はじめに

博物館活動にとって不可欠なものに博物館資料（コレクション）であることは論を待たないだろう。ただ資料が充実したとしても、その資料に命を与え、観覧者に語りかけるきっかけを作るのは資料自身ではなく、そこに介在するのは明らかに人間であり、それも博物館側の指導者とされる人間によってである。

博物館施設そのもの開館（開設）以後に行われる博物館活動によって補える場合も少なからずあると考えられるが成立理念そのものにかかわる内容の資料収集や博物館の方向性はすでに施設建設段階には、ほぼ決定しているのが一般的であるといえよう。それぞれの博物館の成立の由来やコンセプトに関わる場合もあろうが、博物館の建設、設立に関わる指導者像と開設後の指導者がある。

本稿では博物館の構想から設立に至る過程及び開設後の博物館活動の指導者ついて考えて見たいと思う。

(1) フィラデルフィア美術館

アメリカ合衆国のフィラデルフィア美術館は、その卓越した展示手法によって世界的にも知られる美術館の一つである。この美術館は、1876年アメリカ独立100周年に開催されたアメリカ初の万国博覧会にまで遡る。やがて1925年から30年間館長に在任したFiske Kimballは現在の館の基礎と発展の道筋を築いた人物として、まさに設立期の博物館活動の指導者として例示するにふさわしい人物であろう。

Kimbalの業績について、フィラデルフィア美術館館長のアン・ダノンコートが要領よくまとめて紹介しているのでそこから引用しつつ紹介する[1]。

Kimball がフィラデルフィア美術館の館長に就任したのは、創立当初からの美術館であったメモリアルホールに代わる新しい美術館の建物が完成に近づいていた時期に相当する 1925 年のことである。とくに新たに建設される広大な博物館の建物の展示の方向性を決める重要な時期に該当していた。

　Kimbal の関心は広範で、ヨーロッパのロココ美術からトーマス・ジェファーソンの建築にまで及ぶものであった。例えば Thomas Jefferson and the first monument of the classical revival in America ほか。

　とくに Kimbal は美術作品に対して非常に高い水準を求めたが、一方で観衆が美術作品を容易に理解し、楽しめるようにそれぞれの文脈で作品を展示することに情熱を傾けたという。さらにアン・ダノンコートによると彼は「展示室で生き生きとした歴史体験が実現すればこそ、美術館は最も強烈にコミュニケーションの場として機能する」と確信していた。

　これらの理念を実現するため Kimbal は、キュレーターを中国、日本、オーストリア、イギリス、フランス、オランダなど各地に派遣して優れた美術作品に見合う質の高さを持ち、保存状態の良い室内展示用の建築部材を探索させた。彼は、それらの建材を用いて設営された展示室に、美術作品を配置していった。

　同時に Kimbal は様々な出自のアメリカ人の来館者に自己のアイデンティティを確認できる場を提供することを考えた。この目的のためにフィラデルフィアの大きなタウンハウスの応接室とペンシルヴァニアのドイツ人の住居の台所を購入し、パリとロンドンから入手した 18 世紀の大広間や 17 世紀オランダの小部屋と並置して展示した。

　日本語版ガイドブック作成当時のフィラデルフィア美術館館長のアン・ダノンコートは今日、美術館を訪れる人々は、展示室から展示室へと移動するうちにインドの寺院や中国の宮殿を通り抜け、日本の茶室で静寂と出会うように導かれる。Kimball が意図した「歴史の散歩道」は、現在もなお劇的効果を発揮しており、それは展示作品についての情報をあらゆる年齢層の観衆に伝達する際に用いられる現代の最先端の展示手法を完全に先取りするものであった。

　と記述している[1]。

　確かにたとえば日本美術の展示の観客は、実物大に建築された茶室を目の

215

当たりにしながらその文化が生み出した作品を鑑賞するのである。まったく予備知識なしに訪問した観客であったとしても、少なくともそれら作品を生み出した文化的背景がいかなるものであるのかはおぼろげながらは理解できるだろう。ただしすべての日本美術が茶を背景とした文化によっているものでないことは承知されていたとしても、茶＝日本文化という理解は少なくとも欧米知識人にはある程度浸透していると考えられ、より効果的な鑑賞となるだろう。

さらにKimbalは館内の展示に意を尽くしたにとどまらず、隣接するフェアマウント公園内に建築当時のまま相当数残存していた歴史上重要な邸宅を慎重に修復する事業も精力的に推進したとも紹介している。

ところでFiske Kimballは、1888年12月マサチューセッツ州ニュートンに生まれた。ハーバード大学を卒業し、1915年イリノイ州大学で学位を取得。以後各大学のアート部門の開設などに参画した後、1925年フィラデルフィア美術館館長に就任している。1955年8月ドイツ・ミュンヘンにおいて67歳で死去した。

(2) 大和ミュージアム（呉市立海事歴史科学館）

一方目を日本に転じてみると、多数の博物館が設立され、そこに大きく影響を与えた人物は数知れないほどの数に上ると考えられる。しかしあえてその人物を例示するとなるとその業績履歴が必ずしも明瞭に記録されているとは限らない。

近年広島県呉市に開館した大和ミュージアムは、来館者数日本一を誇る博物館である。正式名称を呉市立海事歴史科学館という、第二次世界大戦における戦争の悲惨さと平和の大切さを現代に伝える博物館のひとつであるとともに呉市が世界に誇る造船技術の歴史を有することから、その科学技術の歴史を後世に伝えるという役割も担った海事科学博物館でもある。

この博物館の建設にあたって先頭に立って努力したのは歴史の専門家でもなく、軍事的な専門家でもない自治省のキャリア官僚であり、そこから呉市市長を三期務めあげられた小笠原臣也であった。小笠原による大和ミュージアム誕生の経緯をまとめられた著書[2]からその経緯を抜粋し、そこから望

まれる博物館活動の指導者像、とりわけ博物館設立段階における指導者像を考えてみたいと思う。

昭和55年度以降、海に関する県立博物館の建設要望が出され、平成2～3年度に博物館基本構想策定、3～6年度に資料調査及び資料収集などの設立基本構想が策定され、8年度には県立から市立への変換があった。

平成9年度には呉市において海事博物館建設を前提とした基本計画が策定され、建設場所の決定等が行われた。10年度は展示計画策定、11年度には設立趣意書の作成や大和の潜水調査などがおこなわれた。12年度には基本設計（建築・展示）および資収集の実施。13年度は実施設計、募金委員会の設置、14年度には市政100周年事業として建築工事、管理運営計画策定が行われた。15年度には展示製作が開始され、大和の模型は当初計画の20分の1から10分の1に縮尺が変更され、より迫力あるものとなった。16年度には隣接して海上自衛隊の呉史料館の予算化が決まり、翌17年度には建設工事が着工した。

このような様々な経緯を経て平成17年4月23日に呉市海事歴史科学館、通称大和ミュージアムは開館した。

ところでこの博物館の設立を巡って推進者として主導した小笠原臣也は、1935年広島県呉市に生まれ、1957年中央大学法学部を卒業後、自治省（現総務省）に入省後、地方と本省勤務を交互に経験した後、1987年広島県副知事、さらに1993年から3期連続で広島県呉市市長を歴任された地方行政選挙制度等に通じたキャリア官僚でもある。

小笠原自身は「決して歴史の専門家ではないし、私自身、人に語れるほどの特別な歴史体験をしているわけではない」とされるが、人生の各段階で人々と接する中で「個人や地域や国家という観点から歴史に興味を持つ機会が与えられ、何人も歴史を学ぶことが極めて重要だとおもうようになった。」と自身の立場から、歴史から得られるものについて記述される。

この歴史に対する考えは、氏の博物館に対する情熱の基盤として重要と考えるのであえて引用しておきたい。

その第一は歴史を学ぶことによって、それぞれの時代の先人が払った努力を自覚する。そこから自分が長い広いつながりと支えによって生かされてい

ることを知り、自然と感謝の念を持つことになる。

　第二に歴史を学ぶことは様々な生き方を疑似体験させてくれ、様々な反省や教訓を与えてくれる。とくに特攻出撃を前に自分たちの死にどのような意味があるのかという問いかけに答えた白渕薫大尉の言葉を引用して、戦後の日本人の自己中心主義、経済至上主義に陥り、人間としての本当の豊かさ、礼節や道義心、あるいは他者への思いやり、秩序や品格を失っている昨今の現状を憂い、慙愧の念がこみあげてくると氏は記述する。

　さらに、その原因はともあれ、これから立ち直って日本を作るには日本国民がもっともっと歴史を認識し、歴史を学ぶべきとする。その思いを多くの人に共有してほしいということから戦艦大和の戦死者名簿と白渕大尉の言葉を大きく展示し、大和ミュージアムが訴えたい主要なテーマの一つであることを示している。

　第三に歴史は個人にとっても、地域にとってもかけがえのない個性であり、アイデンティティである。それを自覚することは、それぞれにとっても極めて重要であるとする。

　他と違う優れた点、誇りにすべき点は、個人や地域、国家の存在価値の源泉になるし、より個性を発揮し、より発展する原動力になるだろう。過去の歴史で反省した教訓にすべき点があれば、それを十分に活かしていくことが、より大きな輪の中で生きる個人や地域、国家のあり方として極めて大切なのではないかと思うとされている。

　以上のような氏の考え方の基盤の上に立って、大和ミュージアムの建設は主導的に進められていった。すでに建設経過の概略は記述したので省略するが、その過程について代表的な項目について見ておきたい。

　資料収集については「博物館の価値は資料収集」で決定されるという観点から鋭意進められた。その過程で全国各地あるいは全世界に向けて調査活動を行っている。この点、先に例示したフィラデルフィア美術館館長 Fiske Kimbal の場合と近似している。

　大和ミュージアムの資料収集について小笠原は詳細に記録されている。それらの重要なものについて一部紹介すると、次のごとくである。

　その一つが近代造船技術の網羅的な調査である。これについては博物館資

料収集委員会を立ち上げ、日本科学振興財団、市事務局が一体となってあたり、214,000 点（平成 19 年 3 月）にのぼる資料の収集、評価、鑑定が行われた。これら資料には福井静雄艦艇コレクションや、シップアンド・オーシャン財団の資料、新藤源吾コレクション、住田正一海事資料などが含まれている。

とりわけ実物資料という点にこだわったこともあり、新藤コレクションは特筆に値するものであろう。そこには戦艦陸奥の主砲や零戦、特殊潜航艇「海龍」、魚雷などを含む 423 点があり、この資料の獲得によって日本国内では旧海軍、旧海軍工廠関係の実物資料を収蔵する博物館となった。さらに人間魚雷「回天」の実物なども加えられた。これら実物資料は現在館内の展示をより魅力的にする効果を上げている。

さらに戦艦「大和」へのこだわりは、大和の設計図がコレクションに加えられていることからも明らかである。

なお第二次大戦後、日本海軍の資料はアメリカを中心とした海外に残されているものが多い。このためアメリカ各地の記念館、博物館、国立公文書館などの資料調査を 1995 年、1996 年に実施し、種々協議を経てアメリカ海軍歴史センターから長期貸し出しという成果を得ている。このほかヨーロッパ各地の開示、船舶に関する博物館の調査も行われ、博物館の参考とされた。これら一連の海外調査の実施についても、既述の Kimbal の構想との近似性が指摘されよう。

さらに Kimbal の構想と近似するのは博物館内部の展示に関わりのあるなしに関わらず、館外に配置展示された海事関連資料である。館内の展示についても種々苦労して実物を中心に収集されてきたが、館外の展示についても、館内と同様のこだわりを持って収集されたことがわかる。

とくに海事関連の資料としてテクノスーパー・ライナー（モデル船）、わが国最初の本格的潜水調査船「しんかい」、水中翼船「金星」の各実物資料は、造船技術の現状と将来を知るコレクションとして重要であろう。

また博物館開設前に行った「大和におもう」という平成 7 年以来 10 年間、計 9 回に及ぶシンポジウムの実施は、市民をはじめとする各方面への普及広報の面からも有効な手段であった。とくに小笠原が「偏見先入観なく素直に「大和」を受けとめる機運が出てきた」と評価し、それが建設への幅広い理

第Ⅸ章　望まれる博物館活動の指導者

解協力につながったとしている。いずれにしても Kimbal が参画した博物館は、市民の寄贈によってコレクションが増加充実してきたことが背景にあることが知られている。当該大和ミュージアムについても呉市民の幅広い理解と協力によって完成したことが共通点として挙げられるであろう。

　以上、大和ミュージアムの開館を巡っての指導者について考えて見た。これらから明らかにされることは、交渉段階から指導（指揮）する人物については強力なリーダーシップの必要性とその動じない郷土愛に裏付けられた先見性にあるといえる。従ってそこには博物館学や歴史学等の専門性がとくに問われることは少ないと考えて大過ないだろう。

　幸い当該大和ミュージアム（呉市立海事歴史科学博物館）は小笠原臣也というこの上ない指導者を得て開館にこぎつけ、またその後の関係者の努力もあって初年度170万人という驚くべき入場者を獲得している。その数字が一過性のものでないことを期待するものである。

(3) 高槻市立今城歴史館

　博物館設立に到る様々な問題点をクリアして漸く開館にこぎつけた施設にあってもその後の指導者によって館の命運が大きく左右されることも十分考えられる。先に設立段階の望ましい指導者像について記述してきたが、ここでは開館以後の望ましい指導者像について考えて見たい。

　大阪府高槻市今城塚古墳は国指定史跡として知られる前方後円墳であり、継体天皇の墳墓という説も出されている古墳である。この古墳の史跡整備と文化財保護活用のためのガイダンス施設として古墳を中心とした「大王の杜」が構想され、その中核施設隣接して建設されたのが、高槻市立今城歴史館である。

　すなわちこの歴史館は史跡今城塚古墳の保存整備に伴って、設置されたものであり、その設置目的は文化財整備事業であり、史跡今城塚古墳に隣接する遺跡博物館である。

　この建設にあたって、古墳の確認調査から建設計画の主導的役割をしてきた一人が、当該歴史館の館長森田克行である。彼は大学生当時から高槻市内の遺跡調査に参加しており、卒業後高槻市に奉職した。やがて彼は高槻市教

育委員会に属する文化財担当の行政職員として文化財センター所長、文化財課長、地域教育監を歴任した幹部行政マンであった。さらに彼はすぐれた考古学研究者でもあった。その研究範囲は広く弥生時代から歴史時代まで及び、とくに古墳時代研究とりわけ埴輪研究者としてよく知られている人物である。彼は高槻市の生まれ、育ったのも高槻市という生粋の高槻人である。市の文化財の調査とそれらの保護整備事業を主導的に担当してきた森田は、現在高槻市立今城塚歴史館の館長として勤務している。

　高槻市立今城塚歴史館は、二階建の近代的な建物で、一階フロアに常設展示が行われている。この展示は六コーナーにより構成されるものである。先ず三島の古墳時代前史が導入展示としてイラストによる解説や前方後円墳の模型が見られる。次に「三島の初期ヤマト政権」、「倭の五王と三島」と続く。ここでは、過去に三島地域で発掘調査が行われた土保山古墳、岡本山A三号墳、さらに大田茶臼山古墳などの代表的な古墳が紹介される[3,4]。

　さらに1988年から調査が行われ、1991年7月20日付で「史跡今城塚古墳附新池埴輪製作所遺跡」として史跡指定された新池埴輪工房遺跡は、埴輪窯18基と工房3棟などを擁する5世紀中葉から6世紀中葉までの埴輪製作遺跡で、大田茶臼山古墳や今城塚に埴輪を供給したことが明らかとなった。当該遺跡は、史跡公園として整備の後、愛称「ハニワ工場公園」として市民に親しまれているが、ここではその調査成果の展示が見られる

　さらに最も広い面積を占める「今城塚古墳の実像」では、巨大古墳の築造風景の実物大のジオラマがある。これは墳丘部の築造状況を切り取ってジオラマ化したものであるが、相当迫力のある展示となっている。その対面には今城塚古墳出土の埴輪群が隙間のないほど並べられ、まさに埴輪の林を形成している。とくに形象埴輪の種類の多さや規模の大きさは群を抜くものがあり、見る者を圧倒させる。

　最後に古墳時代の終焉のコーナーがあり、藤原鎌足の墓として注目された阿武山古墳の紹介があり、常設展を締めくくっている。

　この最後に続いて学芸員の部屋という展示コーナーがある。ここは学芸員の研究成果からその一端を紹介する展示コーナーであり、常に研究活動を行っている学芸員の活動報告の場所でもある。

博物館活動として展示に主力を置いているほか、精力的に講座講演という普及広報事業に力を注いでいる。とくに名誉館長水野正好による講演会、講座、さらに館長自身による館長講座、学芸員による学芸員講座の連続的開催というように館長以下、博物館員のほぼ全員が担当して文化財保護および博物館の普及教育活動にあたっている。このほか展示に関連するフォーラムの実施や、研究会の主催など研究活動にも精力的に取り組んでいる。これらの背景には当然、当該分野に対する森田をはじめとするスタッフのたゆまぬ研究活動への取り組みがあることは言うまでもない。

なお前後するが博物館に隣接する今城塚古墳では出土した埴輪のレプリカを配置した埴輪祭祀場とそれを望むはにわバルコニー、古墳全体模型、さらに内堀断面展示などの見学を含めた「大王の杜」、少し離れた「ハニワ工場公園」など関連遺跡との一体的連携も考慮されており、先に見た Kimbal の構想以上のスケールがあるといえる[5]。

とくに平成23年度に今城塚古墳に約26万人、歴史館に9万人の見学者を数え、その内訳も市民のみならず全国各地からの来訪者が見られたと報告されている。

むすびにかえて

以上博物館活動の望まれる指導者像について、開館前および開館以後の活動の指導者について具体的な例を挙げながら記述してきた。とくにこれら指導者には専門的な研究者の場合とまったく専門的には門外漢の場合とがあることが明らかになった。

しかしいずれの場合にあっても、構想する博物館に対する情熱と愛情の強さはおおよそ他の追従を許さないというほどのものが感じられる。すなわち、博物館教育、運営に望まれる指導者は、情熱と指導力の存在ということに尽きるのではないかと考えて大過ないだろう。

ともすれば行政体の定年後の、あるいは専門的研究者が博物館の館長として迎えられたケースで、一時的な職として、あるいは名誉職として就任する例も少なくないように思われる。そのすべてが指導者として問題であるとは決していえない。いずれにしても博物館活動の活性化という面を考慮すれ

ば、そこに求められる指導者像はおのずから明らかなものであろう。望まれる博物館活動の指導者の内、博物館の構想段階から実現に到るプロセスでの指導者像について記述してきたが、開設以降の博物館活動における望まれる指導者像の提示については、今後の課題としておきたい。

註
1) アン・ダノンコート 1999「Introduction」『Philadelphia Museum of Art Handbook of the Collections』（日本語版）、Philadelphia Museum of Art
2) 小笠原臣也 2007『戦艦「大和」の博物館　大和ミュージアム誕生の全記録』芙蓉書房出版
3) 2012『高槻市立今城塚古代歴史館常設展示図録』高槻市立今城塚古代歴史館
4) 森田克行 2006『今城塚と三島古墳群』同成社
5) 宮崎靖男 2013「1、"いましろ大王の杜"の開設について」『高槻市文化財年報　平成23年度』高槻市教育委員会文化財課

第Ⅹ章　博物館教育の課題

駒見和夫

　終章となる本章では、博物館教育の発展・充実に向けた課題として、はじめに博物館における教育の位置づけと認識を再考し、次に、来館者研究とプログラム評価、展示環境の整備、多角的な展示形態など、利用者の学習に貢献するためのシステムの構築について指摘する。そして、博物館教育を遂行する人的体制の検討と、教育提供の基盤となるユニバーサルサービスに関する問題を提示し、今後の方向性を探ることとしたい。

第1節　博物館教育に対する認識の再考

　学芸員をはじめとした博物館のスタッフにおいて、博物館が教育的な役割を担っていることを否定する人はいないであろう。わが国の博物館を規定する法制下では、社会教育法によって博物館を地方教育委員会が所管する社会教育のための機関であることを示している。しかし、博物館における教育が全体の活動プランのなかでどのように位置づくのか、そしていかなる社会的意義を有するのかといった認識は、博物館を取り巻く人たちにあまり明確とはなっていないように看取される。博物館教育の望むべきあり方を考えるにあたり、まずこの点を明らかにしたうえで各種のプログラムや活動を見直し、それらを再構成していかなければならない。

(1) 教育と博物館の機能

　一般的に博物館の機能は、資料をもとにして、収集、保存管理、展示・教育、調査研究、の4つと捉えられている。この認識では、博物館教育が展示を中心に講座やワークショップなどの活動を包括し、4機能の1つに位置づ

くこととなる。このような捉え方はわが国の博物館法での規定がもとになっており、それは第2条で次のように示された博物館の定義である。

　　この法律において"博物館"とは、歴史、芸術、民俗、産業、自然科学等に関する資料を①収集し、②保管（育成を含む）し、③展示して教育的配慮の下に一般公衆の利用に供し、その教養、調査研究、レクリエーション等に資するために必要な事業を行い、あわせて④これらの資料に関する調査研究をすることを目的とする機関…。　（数字と下線を加筆）

　つまり、博物館の目的として、資料の①収集、②保管（育成）、③展示と必要な諸事業、④調査研究の機能、が並列して示され、ここに教育という活動は含められていない。教育に関しては"教育的配慮"と"教養"という表現で、それぞれ展示と必要な諸事業の一端に置かれているだけなのである。公・私立の博物館の振興を意図した博物館法は1951（昭和26）年の制定で、以後部分的な改正はなされているものの、根本となる博物館の定義には現在まで手が加えられていない。

　博物館法に示されたこの定義は、同年に制定された国際博物館憲章の影響を強く受けている。国際博物館憲章は、国際教育文化機関（UNESCO）の下部機構として第二次世界大戦後に設立された国際博物館会議（The International Council of Museums〈略称ICOM〉）が、1951年に採択したものである。あらためて記すまでもなくICOMは博物館と博物館専門職を代表する国際非政府組織であり、その定める憲章や規約は博物館の定義や活動のあり方を国際的な視野から提示するものといえる。1951年採択の憲章では、博物館の目的が次のように示されている。

　　博物館とは、芸術、美術、科学及び技術関係の収集品、ならびに植物園、動物園、水族館等、文化的価値のある資料、標本類を各種の方法で保存し、研究し、その価値を高揚し、なかんずく公衆の慰楽と教育に資するために公開することを目的として、公共の利益のために経営されるあらゆる恒常的施設をいう。　　　　　　　（下線を加筆）

これをみると、コレクションの存在を前提に、保存と研究と公開の機能を示しているのであるが、なかでも"公衆の慰楽と教育に資するための公開"に重きを置いている点は、日本の博物館法と大きく異なっている。憲章

の起草者で ICOM 初代会長のジョルジュ＝アンリ・リヴィエール（Georges Henri Riviére）はフランスの博物館学の創始者ともいえる人物であり、彼の博物館学の講義では、博物館の概念において"社会に奉仕する"という点が何度も強調されていたという[1]。市民社会における博物館の存在意義が社会への奉仕であり、その具体的方法が、人びとの慰楽と教育のためにおこなわれる公開ということなのである。

(2) 公共の教育を根幹とする現代博物館

ICOM 憲章は大幅な改定が制定以降 3 度おこなわれており、博物館の定義にも見直しが加えられている。1962 年の憲章改正では"施設"としていた博物館の捉え方を"機関"に変え、1974 年に改正採択された ICOM 規約ではその定義が次のように改められた。

　　博物館とは、社会とその発展に寄与することを目的として広く市民に開放された営利を目的としない恒久機関であって、研究・教育・レクリエーションに供するために、人類とその環境に関する有形の物証を収集し、保存し、調査し、資料としての利用に供し、また展示を行うものをいう。

ここでは、"研究""教育""レクリエーション"が博物館の主たる役割で、それを達成するために"収集""調査""利用""展示"がおこなわれるとしている。すなわち、教育が各機能を集約した博物館の役割へと位置づけが高められ、博物館を公共の教育機関とすることが明確にされたのである。

両改正の間の 1965 年には、国際教育文化機関の成人教育推進国際委員会でフランスの教育学者ポール・ラングラン（Paul Lengrand）が「生涯教育」を提唱し、この主張と理念は急速に広まって各国の教育施策への導入が進んだ。ラングランによる生涯教育は、現代の危機的状況に置かれた人間存在に対する挑戦的課題の克服手段として、人間の一生を通じておこなわれる統合・一体化して創出した教育の過程を機能させることを原理とする。そして、この推進策の一つに、利用者に身近な博物館を設けて活用することが、図書館や文化センター、職業訓練学校などの設置とともに示唆されている[2]。このように、相互に補い合い総合的に構築された生涯教育の役割の一部を博物館に求める見解が広まったことも強く影響し、博物館の捉え方に変化が生

じていったのである。

　さらに、1989年に改正採択されたICOM規約では、

　　博物館とは、社会とその発展に貢献するため、人間とその環境に関する物的資料を①<u>研究、教育及び楽しみの目的のために</u>、②<u>取得、保存、研究、伝達、展示</u>する公共の非営利的常設機関である。

（数字と下線を加筆）

と定義が整理された。つまり、博物館の目的（＝①）と、機能（＝②）をより明確に示し、博物館は資料の"取得（収集）""保存""研究""伝達""展示"の各活動によって、"研究""教育""楽しみ"を目的とする機関と位置づけたのである。以後、現在に至るまでこの定義がICOMでの博物館認識の基軸となっている。

　このように国際的な博物館の捉え方は、社会環境や市民意識の変化に対応して修正がおこなわれてきた。そして現代では、市民による研究と娯楽の役割が重視されるとともに、博物館活動の総体こそが教育と認識されているのである。娯楽については、欧米で進捗した来館者研究によって、多くの人の博物館利用は、休日や平日の自由時間を家族や友人たちと楽しく過ごすのを期待した余暇活動であることが明らかとなっている[3]。そのため、教育を目的とする博物館では、楽しみの要素や工夫を排除した内容ではその遂行が困難となる。つまり、教育と楽しみは対峙するのではなく、一体となるものとして活動を構築することが求められ、展示だけではなく活動のすべてを包括した博物館体験が重視されて、目的へと位置づけられたと理解される。また研究に関しても、市民の学習から進展した、彼ら自身による研究にも対応することを意図し、その目的に位置づくことになったと捉えられるのである。

　ただし、教育は従前より博物館の主たる役割であった。今日の博物館の骨格が整う近代のイギリスやフランスでは、啓蒙思潮の浸透や市民革命などにより封建的諸関係が崩壊し、天賦の人権である自由で平等な個人の保障が進行した。そこに成立した博物館は、市民の人権の確立と保障のために知識を解放する役割が求められ、あるいは見出され、公共の教育機関であることを根幹とするものであった。これが博物館を公衆とともに活動する存在に押し上げ、社会に定着をみるようになった博物館の存在意義なのである。国際的

な博物館認識は、近代博物館成立以来の公共の教育に対する役割がその中核において明確化されつつ、今日に至っていると捉えるべきであろう。

また、アメリカ博物館協会では1992年に『EXCELLENCE AND EQUITY（卓抜と均等）』がまとめられ、

> 博物館は、最も広い意味での教育を公共的サービスの役割の中心に置くものとする。公衆に対するサービスに努めることが、各博物館の職命のなかに明示され、各博物館の活動の中心に置かれなければならない[4]。

とうたっている。また、1995年に定められたカナダ博物館協会規則でも、博物館の定義は、

> … 定期的にしかるべき時間に一般公開され、人々の学習と楽しみのために、美術、科学、歴史、技術資料などの、文化的価値のある資料や標本を、収集・保存、調査研究、解釈、集積し展示することを目的として、公共の利益のために管理運営される[5]。

とあり、市民への学習と楽しみを博物館の役割に置き、そのために各機能が果たされるべきことを示しているのである。

(3) 博物館教育の再認識

ところが、日本の博物館法では制定から60年以上もの間、その定義を改めることはなかった。博物館における教育は、前述のように1機能である展示と必要な諸事業の一部の位置づけでしかないのである。わが国でも博物館をとりまく社会環境はこの長期間に著しく変貌し、中央教育審議会による1981（昭和56）年の答申「生涯教育について」では、生涯教育遂行のために公民館や図書館とともに博物館を整備し、それぞれ地域の特性を生かした意欲的な取り組みが求められ、博物館が市民にとって地域社会における主要な生涯学習機関とみなされるようになってきた。

こうした社会環境の変化に対応するため、博物館の理念や機能を見直す視点から日本博物館協会が2001（平成13）年にまとめた『「対話と連携」の博物館』では、

> 生涯学習社会の新しい教育システムの中では、博物館が従来の学校中心の教育活動と比較にならないほどの重要な役割を分担し、それを果た

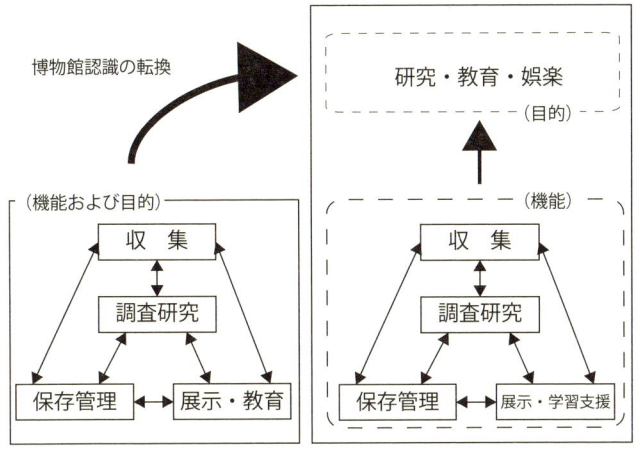

図1　博物館の機能と目的に対する認識

すことこそ博物館の社会的存在理由なのだという共通認識を、すべてのスタッフが持つこと[6]。

との主張がみられる。また、2003（平成15）年の『博物館の望ましい姿』のなかでも、

　　博物館も、生涯学習を担う社会教育・文化施設として、これら社会環境の変化に対応して、その収集資料の多面的な活用を通じて、人びとの学習機会の拡充と文化的余暇活動の充実に寄与すること[7]。

が求められると記し、いずれも生涯学習社会の博物館における教育的役割の重要性を強く指摘しているのである。

　にもかかわらず、博物館法の定義が不変であることが強く作用し、人びとの博物館観がなかなか変わっていかない。博物館における教育は、機能や活動の総体として果たすべき目的とする認識が浸透していないのである。例えば『広辞苑』最新版で"博物館"を引くと、「古今東西にわたって考古資料・美術品・歴史的遺物その他の学術的資料をひろく蒐集・保管し、これを組織的に陳列して公衆に展覧する施設。また、その蒐集品などの調査・研究を行う機関」と記されている。ここには収集、保管、展示、調査研究の機能は示されているが、人びとへの教育の役割をもつ機関という博物館像は少しも浮かび上がってこない。これがわが国の博物館の役割に対する一般的な理解であり、それは学芸員をはじめとした博物館を取り巻く多くのスタッフの認識

を反映したものなのであろう。

　今日の社会環境下にある博物館の役割は、生涯学習を推進する機関に位置づき、人びとの学習資源としての期待が強い。したがって、博物館教育に対する理解も、従来のように機能の一部と捉えるのではなく、機能を集約した目的として認識を転換すべきなのである。すなわち、資料の収集、保存管理、展示・学習支援、調査研究がそれぞれ有機的に機能することにより、人びとの研究や教育や娯楽に資する目的を果たす、という構造となる(図1)。根幹をなすのは公共の教育機関としての位置づけである。

　教育を博物館機能の一部とする認識のもとでは、多くの場合、それは展示や関連する活動にかかわるものとしかみなされない。資料の収集や保存管理、調査研究の機能は別にそれぞれ独立しており、人びとの教育に貢献するという意識は生じがたい。しかし、教育を博物館の目的に位置づけるならば、資料の収集や保存管理は、収集し保管することが目的なのではなく、人びとの学習や娯楽のためにおこなわれるのであり、調査研究の機能についても同様なのである。博物館における教育は、展示や学習支援だけではなく、収集、保存管理、調査研究の機能も駆使して遂行するという意識を醸成し、そのうえで各種のプログラムや活動を再構成していくことが、博物館教育を発展・充実させるための根本的な課題だと思われる。

註
1) 　西野嘉章 1993「"美術"から"文化財"へ―フランスの学芸行政改革に関する報告書（一）」『美学美術史研究論集』11、名古屋大学文学部、p.4
2) 　ポール・ラングラン（波多野完治 訳）1971『生涯教育入門』全日本社会教育連合会
3) 　ジョン・H・フォーク、リン・D・ディアーキング（高橋順一 訳）1996『博物館体験　学芸員のための視点』雄山閣、pp.19-34、など。
4) 　アメリカ博物館協会報告書（日本博物館協会 訳）1992『卓抜と均等教育と博物館がもつ公共性の様相』pp.13-14
5) 　カナダ博物館協会（日本博物館協会 訳）1999『倫理指針』pp.2-3
6) 　日本博物館協会 2000『「対話と連携」の博物館―理解への対話・行動への連携―』p.4
7) 　日本博物館協会 2003『博物館の望ましい姿　市民とともに創る新時代博物館』p.4

第2節　学びに向けたシステムの整備

　博物館が教育の役割を十分に果たすためには、利用者の学習に貢献するための有効なシステムを整えなければならない。その基盤として、人びとの博物館に対するニーズや館内での行動を把握し、その分析から博物館での学習を生み出す条件を検討するなどの来館者研究の推進が大切である。併せて、各種の博物館プログラムに対する評価の実践も、教育活動の質と効果を保障するための鍵となる。来館者研究とプログラム評価の取り組みは、わが国の博物館ではあまり深まっていない。

　また、学習に適した博物館環境の整備も着眼すべきポイントである。さらに、人びとが博物館ともっとも強い結びつきをもつ展示について、"学ぶ"という視点に立ち、既存の方法を見直す必要があるように思われる。

(1) 来館者研究とプログラム評価

　公共の教育機関としての地位を博物館が確立するためには、学びの効果を高めることを意図した来館者研究の組織的な取り組みと、展示をはじめとしてワークショップやアウトリーチなど各種のプログラムに対する評価の実施は、必須の課題である。来館者研究は広い意味での人間の行動に関する調査研究で、博物館での人びとの動向や意識を把握し、博物館利用に対する理解や捉え方を知ることが目的であり、その分析結果は展示やプログラムの改善などに役立つものとなる(図2)。

　来館者研究はアメリカで発達し、欧米での定着がみられる。アメリカでは連邦政府が社会サービスに対する予算投入を進めた1960年代に急速に広まり、以後、行動調査を中心に多彩な研究がおこなわれてきた。多くは展示を中心としたプログラムの評価を担当する博物館スタッフによる取り組みで、資金助成の条件として博物館教育の成果を測るプログラム評価を求められたことが契機となり、その研究が活発化した。1989年にはアメリカ博物館協会において"Committee on Audience Research and Evaluation（観衆の研究

第 X 章　博物館教育の課題

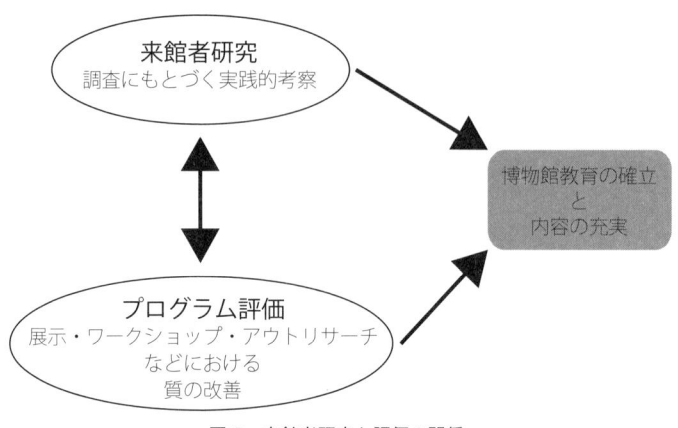

図2　来館者研究と評価の関係

と評価の委員会）"が、翌年には学会組織の"Visitor Studies Association（来館者研究協会）"が設置され、当該研究推進の母体となった。今日では来館者研究が博物館に関する研究の多くを占めるほどにもなっており、博物館でのプログラム評価の実施は当該機関の責任と認識され、教育活動の土台となっている。

　一方、わが国ではバブル経済期の1980年代後半から90年代に博物館の数は多くなったが、配置の増えた学芸員による研究活動の大部分は、収蔵資料やその学問分野に関するものであった。博物館が生涯学習機関の位置づけをもつようになっても、来館者を対象とした博物館研究に注意が向けられることは少なく、博物館スタッフの多くもその価値をほとんど認めていなかったように見受けられる。近年に至って来館者研究の取り組みは増えつつあるが、博物館が刊行する紀要や研究報告書をみても旧来と同じく主に資料研究が紙面を占めており、来館者研究を重視しない傾向はあまり変わってはいない。けれども、2008（平成20）年の博物館法の一部改正によって、

　　博物館は、当該博物館の運営の状況について評価を行うとともに、その結果に基づき博物館の運営の改善を図るため必要な措置を講ずるよう努めなければならない。（第9条）

とされ、運営状況に関する評価とその結果の活用が努力義務として新たに加えられた。生涯学習社会において強く求められる教育的役割の評価は、博物

館の運営状況の中核になる事がらであり、評価の基盤となる来館者研究の必要性は高まっている。

この来館者研究についての要点を指摘しておくと、代表的な調査方法は観察法で、展示室内における人びとの動線と各展示物での観覧時間の追跡や館内行動の把握などが、わが国の博物館でもしばしば試みられている。その調査手段は、調査者による直接追跡や、ビデオや写真などの映像利用、インタビューの実施、アンケート用紙への回答などの方法が実践的な観点で用いられる。他にも、博物館体験から生じる人びとの学習や意識に関する調査研究があり、インタビューやアンケートの実施、感想ノートの配備、来館者の会話記録の作成などの手段でおこなわれる場合が多い。調査を事前と事後に実施することは、展示やプログラムにおける目的達成度や問題点の把握などに有益となる。

これらの調査に際しては、研究目的を明確にして体系的にデータを集積し、複合的な方法や手段を用い、正確な情報を一貫して記録・分析するシステムを構築しておくことが大切である。また、追跡調査や行動観察では、人びとの博物館利用の妨げや干渉、あるいは権利や尊厳を侵すことがあってはならない。

来館者の実態に関する統計的調査やアンケート、あるいは記述ノートによるデータ集積の実施は比較的よくみられるが、豊富な情報を包蔵しているにもかかわらず、博物館体験の質を向上させるために効果的に活用している例は少ないように思われる。これらを現状把握のデータとして扱うだけでなく、来館者に対する理解を深める視点で分析を加え、そこから人びとの博物館に対する意識や評価を考察し、展示やプログラムの見直しにつなげていくべきである。そして来館者に対する調査研究に取り組むことは、博物館のスタッフが来館者を適切に理解し、博物館教育に関する技量を高めるための有益な方法ともなる。

このような来館者研究の成果は、博物館におけるプログラム評価と深く関連する。評価は、展示をはじめとする各種の教育プログラムにおいて、予測したねらいや目標に対する達成度や効果を測るとともに、その検討からプログラムの改善に導く実践的な対応である。一般的な評価は企画したプログラ

ムの総括として、主に来館者に対する調査をもとに実施される。一方、プログラムの変更や改善を意図して、その実施途中に評価がおこなわれる場合もある。比較的長期にわたるプログラムの場合、実践しながら評価をおこなって修正するというプロセスを繰り返すことにより、その改善が進み教育的効果や利用者の満足度が高まることとなる。

　評価に対する取り組みは、今や公共の教育機関では当然の責務となっている。博物館が展示をはじめとする各種のプログラムによって教育的役割を果たそうとするならば、それぞれに明確なねらいや目標を立て、効果的な成果を上げるために、定期的に組織的な評価を実施することが強く求められる。評価は客観性の点から第三者に託すのが有効ではあるが、まずは企画し担当した学芸員や博物館スタッフが自己点検をおこない、博物館教育の価値を高めることに努めるべきであろう。

(2) 博物館環境の検討

　博物館が人びとへの学習効果を高めて教育の役割を十分に果たすためには、楽しさを感じながら、支障なく学習にのぞむことのできる環境を作り出すことも重要な要素となる。その場合、施設や設備の物理的要件を整えるとともに、利用者に対する心理的・生理的な環境整備が不可欠である。

　人びとが博物館に抱く印象について、以前実施した博物館・美術館への印象の把握を目的とする記述式のアンケート調査によると（図3）、「楽しい・おもしろい」との回答がもっとも多い。同様に好ましく捉えるものとして、「落ち着く・心休まる」「知識の獲得・発見の場」「きれい」「華やか」という印象が抱かれており、全体的には好感をもった肯定的な捉え方の割合が上回っている。

　その一方で、「堅苦しい」とする回答のように、好ましくないとみる印象もかなり多い。「楽しい・おもしろい」と好ましく捉える反面、それに近い割合でほぼ正反対の印象が抱かれ、博物館を否定的にみている。また、「堅苦しい」と「落ち着く・心休まる」はいずれも博物館を静的に捉える認識と理解されるが、両者を比較すると静的な雰囲気を好ましくないとする割合の方が高い。

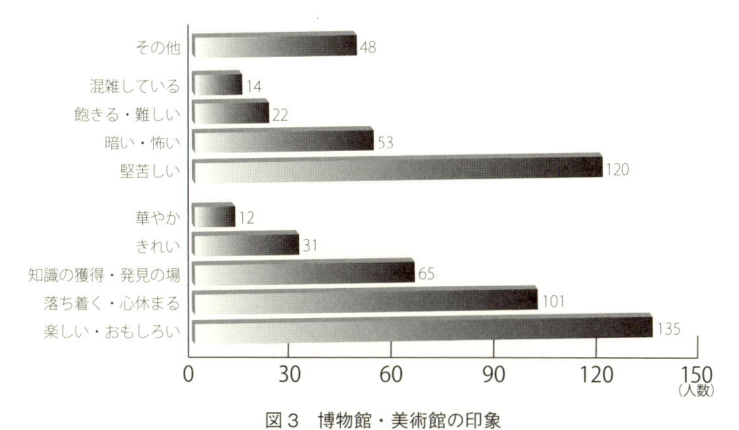

第2節 学びに向けたシステムの整備

項目	人数
その他	48
混雑している	14
飽きる・難しい	22
暗い・怖い	53
堅苦しい	120
華やか	12
きれい	31
知識の獲得・発見の場	65
落ち着く・心休まる	101
楽しい・おもしろい	135

図3　博物館・美術館の印象
※和洋女子大学の学生とその家族・知人を対象に、2007年4月実施。回答者数478名
<内訳>　男性124名、女性:354名
　　　　19歳以下:142名、20~39歳:172名、40~59歳:133名、60~79歳:24名、80歳以上:7名

　同じくあまり良くは感じていない印象に、「暗い・怖い」「飽きる・難しい」「混雑している」がある。"暗い"は博物館での保存管理の機能とも関係するが、暗い状態から"怖い"という感覚も生じて、親しめない印象をもつ人が少なくはないということであろう。

　入館者数の統計からみると、わが国の博物館利用は国民1人あたり年間1.5回程度となる[1]。けれども、先のアンケート調査に際して博物館と美術館の利用頻度を質問したところ、過去1年間に利用していない人の割合が40%以上にも達しており、博物館の利用が広く定着しているとはみとめがたい。人びとの気軽なアクセスを阻む要因は、上記のように堅苦しいイメージや、わかりにくくて楽しめないと捉えられる展示、運営上のシステムや施設環境の問題などにあると考えられる。したがってそれを排除する対応が、博物館を親しみ深く利用しやすい場所とし、効果的な学習が成立する基本条件となるのである。

　また、心理的負担の除去も利用の促進や適切な学習環境のポイントとなる。心理的負担には、展示の観覧に際し利用者が抱く気がかり、不安、苦痛、心配などがあげられる。これらは身体疲労といった生理的な状態とも関連し、両者は不可分な関係にある場合が多い。博物館展示で利用者が心理的負担を抱く客観的な要因は、展示空間の構造や設備にあるものと、その諸条

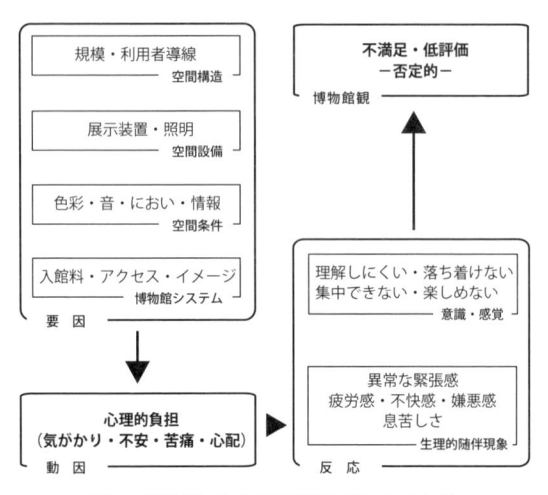

図4 博物館における心理的負担のかかわり

件にあるものとがみとめられる。

　このうち空間構造は、展示室の面積や展示の占有割合、天井高、設定された動線などが問題となる。空間設備については展示装置の構造、展示照明の照度や照射方法、空間条件は色彩の調整、足音や雑音を含めた音、におい、情報などがあげられる。ほかには博物館のシステム上の事象に起因するものがある。物理的障壁とも捉えられるが、利用を躊躇させるような高額と感じられる入館料や、利便性を欠いた交通アクセス、先に示した堅苦しいイメージなどが問題となる。

　このような条件が不適切であった場合、それを要因とする心理的負担によって利用者に異常な緊張感、疲労感、不快感、嫌悪感、息苦しさ、といった生理的な随伴現象が起きてしまう。このため展示に対して理解しにくい、落ち着いて集中できない、楽しめない、という意識が生じ、博物館利用に対する不満足や低評価に結びつくこととなる(図4)。つまり、博物館がどんなに目的意識の高い優れた展示を企画し、いかに学術的・稀少的価値の高い作品や資料を展示しても、利用者が抱く心理的負担の要因の解消に努めなければ、企画の意図や作品・資料の価値を利用者に正しく伝えることは困難となり、学習効果は高まらないのである。

(3) 多角的な形態の展示へ

　人びとが博物館利用でもっとも期待している場面は展示であり、それが博物館教育の中核に位置づけられる。展示のねらいは、資料や作品に内在する情報や魅力を正確に伝えるのが基本であり、観覧者はその実態を認識することで理解を深め、感動や共感を得ることが可能となる。このため展示では資料や作品の情報をできるだけ多く、なおかつ正確に伝えることに努める必要があろう。

　博物館展示は基本的に見ることで成り立つ場合が多いが、視覚から得られる情報はきわめて限定されたものでしかない。博物館が収蔵するコレクションは、人文科学系では人びとの暮らしのなかで使われたものがほとんどである。人びとは多種の感覚を用いて生活しており、そこで生まれた資料や作品の本質は目で見える部分だけにあるわけではなく、むしろ視覚では捉えきれないところに内在することの方が多い。したがって、観覧者が展示物の実態を正しく把握して認識するためには、視覚に対するアプローチだけに限定しない提示方法の工夫が必要となってくる。

　すなわち、視覚や触覚、聴覚、嗅覚、さらには味覚など、各種の感覚に対して多角的・複合的に働きかけることにより、資料や作品を正確により深く把握し、さらには展示テーマへの理解に導く"知覚型"の展示形態が求められるのである。

　従来、資料や作品を身体全体で捉える体験を通して感受や理解に導こうとする体験展示や、アメリカの"こどもの博物館"での活動からの導入で触察を基本に実践的な学びを目的とするハンズ・オン展示などが、これと似た形態で取り組まれている。しかし、体験展示もハンズ・オン展示も明確な概念や方法論が共有されておらず、触ることや試すことができる資料・作品を一部に配置した展示として、漠然と捉えられているように看取される。利用者の学習に貢献するという目的を明らかにし、展示の全体計画において効果的であるための設置の検討が重要である。

　いずれにしろ博物館が教育的役割を十分に発揮しようとするならば、資料・作品や展示の理解を深め楽しい学習に導く方法として、視覚型を脱却した知覚型の展示形態への対応が今後の博物館活動の留意点になると思われる。

なお、博物館の機能において、コレクションを最大限良好な状態で次世代に継承する保存は、活動の基本をなす役割である。同時に、現在の博物館利用者に資料や作品がもつ情報や魅力を最大限理解してもらうことも、教育機関である博物館の根幹といえる。"知覚型"のような展示形態は保存に相反する方法とみなされる傾向が強く、容易には受け入れられがたい。博物館のすべてのコレクションはかけがえのない貴重なものであるから、当然ながら保存に対する取り組みはないがしろにすべきではない。

ただし、市民社会において、コレクションが貴重だと位置づけられるのは、多くの人に知って理解してもらうことに価値が認められるからなのである。教育に資するべき博物館がおこなう人びとへの奉仕は、展示を中心としたコレクションの活用に大きな意義が存在する。貴重な資料や作品を現在の人びとに知って理解してもらい、さらに後世の人びとにも知ってもらうために継承するのである。つまり、将来においても研究や学習や楽しみに役立てることが保存の目的であり、人びとへの活用を意図しない保存は教育機関としての博物館の望ましいあり方とは思われない。こうした姿勢のもとで、"展示・学習支援"と"保存管理"の機能のバランスを図るべきと思われる。

註
1) 日本博物館協会 2010「平成20年度 博物館入館者数」『博物館研究』45—4、p.7

参考文献
ジョン・H・フォーク、リン・D・ディアーキング（高橋順一 訳） 1996『博物館体験 学芸員のための視点』雄山閣
ジョージ・E・ハイン（鷹野光行 監訳）2010『博物館で学ぶ』同成社

第3節　人的体制とユニバーサルサービスの確立

　博物館が公共の教育機関であろうとするならば、各種の活動を遂行する担当者は教育者あるいは教育指導者の位置づけをもつことになる。そこでは学芸員をはじめとする博物館スタッフにおいて、教育の役割を担うという意識を醸成するとともに、博物館教育の方法や内容を検討し展開していく人員体制の整備が嘱望される。

　また、生涯学習はすべての人びとが生きていくことを保障し、支援する教育システムである。その一部を受諾すべき博物館が付与された役割を果たすためには、基本的条件として、だれもが支障なく楽しく学べるためのユニバーサルサービスは必須となる。

(1) 博物館教育を担うスタッフの育成

　博物館法では博物館の専門的職員として学芸員が位置づけられている（第4条3）。ただしその職務は幅広く、博物館が果たすべき全ての機能が包括される。つまり、学芸員の職責上の専門性は、学術研究、専門技術、教育の各役割を総合的に担うことが求められているのである。

　しかし、今日の博物館では各機能の高度化が求められるようになっており、あらゆる役割を学芸員が単独で担うことはきわめて難しい。分担して各機能の専門性が発揮できるようにスタッフ配置を工夫するなど、人的な環境整備が課題となっている。とりわけ、公共の教育機関としての役割に期待が寄せられており、人びとの学習支援に責任を果たす博物館スタッフの重要度は高い。周知のように、アメリカの博物館では教育活動に特化した専門職のミュージアム・エデュケーター（Museum Educator）や、同様の役割をもつミュージアム・ティーチャー（Museum Teacher）、インタープリター（Interpreter）などが配置され、博物館学習の効果を高めるための活動が定着している。このような状況は欧米のいくつかの国でもみとめられる。

　わが国の博物館では、教育にかかわる専門職が発達することはあまりな

った。けれども近年に至り、日本博物館協会が2000（平成12）年にまとめた『「対話と連携」の博物館』では、博物館の社会的存在理由が教育の役割とする認識のもと、学芸員の職務分担により博物館教育への専従的な対応を求めている[1]。また、2003（平成15）年の『博物館の望ましい姿』では、学芸員の職務の専門分化（学問領域による専門分化や資料保存・教育普及などの機能による分担）とともに、他の専門的・技術的職員の配置にも留意することの提案がみとめられる[2]。さらに2007（平成19）年に"これからの博物館の在り方に関する検討協力者会議"がまとめた報告では、学芸員と分離した博物館教育専門職の配置が展望されている[3]。

このように、生涯学習社会に対応すべき今日の博物館では、教育活動の充実のために学芸員が役割を分けて学習支援を担うことや、教育専門職の配置の必要性がうったえられようになってきた。しかしながら、専門職が2〜3名、あるいはそれにも満たない小規模館では、明確な役割分担や、教育に特化した新たな専門職の配置は容易ではない。現状では、単独で、あらゆる職務とともに教育的役割を担うのが大勢といえよう。したがって、教育専門職の配置や育成の必要性は高いであろうが、それ以上に、すべての学芸員が博物館教育に対して適切な認識をもち、対応できる能力を磨くことがより有用だと思われる。

従来、多くの学芸員の職員観は、博物館を研究が基盤となるコレクションの活用機関と捉え、職責上の専門は、総合性の必要はみとめるものの、学術研究の遂行者とする傾向が強いように看取される。コレクションを基盤として活動する博物館では、収蔵の資料や作品に関する研究は重要であり、その活動はけっして否定されるものではない。しかし、博物館は本来が公共の教育機関であることを根幹とする存在で、そのうえ生涯学習社会の現在にあっては、既述のように教育の役割に対する機能が一段と強く望まれているのである。このような点からも、博物館専門職である学芸員のすべてが、教育職として基本的な役割を果たさなければならないことを、しっかりと認識すべきだと思われる。

また、博物館が実施する教育的活動では、学芸員や教育専門職員が中心になり、展示解説員やボランティアガイドが組織されて、役割の一端を担う場

合も多い。展示解説員やボランティアガイドは博物館利用者と対面し、彼らと展示や各種のプログラムとをつなぐ位置にあり、学習を引き出して展開するナビゲーターといえる。その責任は大きく、各館の運営理念や活動方針に沿って計画的な研修の機会を設定し、適切な知識と技能や態度を身につけることが大切である。博物館教育の役割を効果的に実践できるように、各種の活動に従事するすべてのスタッフが教育担当者の自覚をもち、自らも学び、行動することが求められる。

(2) ユニバーサル博物館への取り組み

博物館で取り組むべきユニバーサルサービスは、だれもが支障なく楽しんで学ぶための施設・設備を整備するとともに、意識をもって活動を遂行できる人を育成し、学習者をサポートするシステムの構築が重要といえる。博物館スタッフのみならず、博物館をとりまく市民をも巻き込んでユニバーサルサービスに対する理念や意識を高めることにおいて、欧米の活動スタイルに学ぶべきところがある。

アメリカのスミソニアン協会では、障害をもつ人の迎え入れを推進するための実践方針である "Accessibility for People with Disabilities（障害をもつ人のためのアクセシビリティ）"[4] が1994年に作成され、広く公開して社会にアピールするものとなっている。この文書は、実施するすべてのプログラムや建物・施設内の全体において、障害をもつ人たちの利用を十分に満たすことを誓い、目標を達成するための具体的方策を、スミソニアンの方針として確立するために示された宣言である。目的、背景、理念と運営、責任、全体的要求事項の5項目で構成され、"理念と運営"の条項では障害をもつ人への対応だけでなく、ユニバーサルサービスに関するスミソニアンの理念を次のように明示している。

> すべての人びとにスミソニアン協会施設へのアクセシビリティを提供することは、協会の使命に大きくかかわっている。つまり、"知識の向上と普及"というスミソニアンの使命は、協会が所有する資源にアクセスすることができて、初めて意味をなすのである。長期にわたる研究のための調査から、設営された展示の細部に至るまで、当協会が障害をも

つ来訪者とスタッフに便宜をはかることこそ、基本的な到達点、かつ責任である。

　このことは、一見ごく少数の来訪者とスタッフにしか関係がないと捉えられるようであるが、障害をもつ人たちへのアクセシビリティの整備は、高齢者や英語を第一言語としない人びと、さらに博物館の施設やプログラムにあまり馴染みのない人たちにも有益となる。アクセシビリティとは、最低限の基準に見合うように障害物を取り除けばそれで良いというのではない。現在、そして将来にわたり、プログラムや施設を多様化する社会に対応させることは、哲学、そして意識の問題なのである。

　このように、アクセシビリティの保障が自己の果たすべき使命遂行のための基本的条件と捉え、それを基点として、あらゆる人が差別されることなく利用できるプログラムや施設の実現は、その責任と認識を自覚することからスタートするのである。スミソニアンの実践方針はこの点に対する理念と姿勢が明確に伝わってくるメッセージであり、多様性の尊重や平等の原則、各人がもつ障害を理解する価値などの理念を明らかにし、博物館が社会に表明することはきわめて意義深いといえる。だれもが支障なく利用できる博物館の実現は、館のスタッフだけでなく、社会全体において意識を高めることが重要なのである。

　スミソニアンでのこのような実践が牽引となり、アメリカ博物館協会では"Everyone's Welcome（だれをも迎え入れよう）"[5]が1998年に作成されている。すべての人が利用できる博物館にむけた運営と設計の指針であり、これを下地に、ユニバーサルサービスにかかわる独自の方針を掲げた博物館が増加しており、同様の状況はカナダやイギリスなどでも看取できる。

　また、だれもが博物館のプログラムに参加できるように、アメリカやイギリスでは博物館と利用者を結びつける役割を担う、アクセシビリティ・コーディネーター（Accessibility Coordinator）と呼ばれる専門スタッフの配置が進められている。その職務は、施設・設備や展示デザインへの評価と改善計画の立案、達成状況の監視、アクセスを保障するネットワークの構築とともに、教育プログラムの作成にも参画する。彼らの存在はこれらの整備と充実に対する貢献も大きいが、すべての人を迎え入れる理念や意識を博物館に育

み、それを理解して活動する人材の育成にも顕著な成果がみとめられる。

わが国の博物館でも、すべての人を迎え入れようとする実践は進められており、施設・設備のハードを中心に整備がおこなわれ、対応が可能なサービスを積極的に提示する例も増えつつある。けれども、なぜ自分たちがユニバーサルなサービスに取り組むのか、その根底を明らかにし、理念や方針を社会に向け強く主張する博物館は、今はまだほとんどみることができない。

明確にした理念を掲げ、その理解を推し進める努力をすることにより、遂行するスタッフや、さらにそれを見守る市民にも高い意識が育まれるに違いない。アクセシビリティ・コーディネーターの配置も必要であろうが、現状は容易ではなく、多くの博物館スタッフがアクセスコーディネートの能力を磨くことが望ましい。だれもが利用できる博物館の理念を正しく認識し、共感の心をもってすべての人を迎える意識を強く自覚したスタッフがいてこそ、博物館での学習の扉が開かれることとなる。

つまり、博物館におけるユニバーサルサービスの確立が博物館教育のスタートであり、基盤なのである。

註
1) 日本博物館協会 2001 『「対話と連携」の博物館―理解への対話・行動への連携―』pp.26-27
2) 日本博物館協会 2003 『博物館の望ましい姿 市民とともに創る新時代博物館』p.14
3) これからの博物館の在り方に関する検討協力者会議 2007 『新しい時代の博物館制度の在り方について』p.23
4) Smithsonian 1994 "Accessibility for People with Disabilities" Smithsonian Directive 215
5) edited by John P. S. Salmen 1998 "Everyone's Welcome―The Americans with Disabilities Act and Museums" American Association of Museums

■執筆者紹介（50音順）

相澤瑞季（あいざわ　みずき）　　　　　國學院大學大学院生

池田朋生（いけだ　ともお）　　　　　　熊本県教育庁文化課参事

上西　亘（かみにし　わたる）　　　　　國學院大學研究開発推進機構 助教

大貫英明（おおぬき　ひであき）　　　　元相模原市立博物館館長・國學院大學講師

落合知子（おちあい　ともこ）　　　　　國學院大學准教授

粕谷　崇（かすや　たかし）　　　　　　白根記念渋谷区郷土博物館・國學院大學講師

駒見和夫（こまみ　かずお）　　　　　　和洋女子大学人文社会科学系教授

中村　浩（なかむら　ひろし）　　　　　大阪大谷大学名誉教授

中村千恵（なかむら　ちえ）　　　　　　三重県総合博物館学芸員

■編著者紹介

青木　豊（あおき　ゆたか）

1951年　和歌山県橋本市生まれ。
國學院大學文学部史学科考古学専攻卒業。
現　　在　國學院大學文学部教授　博士（歴史学）
主な著書　『博物館技術学』『博物館映像展示論』『博物館展示の研究』『集客力を高める博物館展示論』（以上単著）、『史跡整備と博物館』『明治期博物館学基本文献集成』『人文系博物館資料論』『人文系博物館展示論』『人文系博物館資料保存論』（編著）、『博物館人物史㊤』『博物館人物史㊦』（以上共編著）、『博物館ハンドブック』『新版博物館学講座1　博物館学概論』『新版博物館学講座5　博物館資料論』『新版博物館学講座9　博物館展示論』『新版博物館学講座12　博物館経営論』『日本基層文化論集』『博物館危機の時代』（以上共著）、以上雄山閣
『和鏡の文化史』（刀水書房）、『柄鏡大鑑』（共編著、ジャパン通信社）、『博物館学Ⅰ』（共著、学文社）、『新編博物館概論』（共著、同成社）　他論文多数

2014年11月25日　初版発行　　　　　《検印省略》

人文系　博物館教育論
（じんぶんけい　はくぶつかんきょういくろん）

編著者　青木　豊
発行者　宮田哲男
発行所　株式会社 雄山閣
　　　　〒102-0071　東京都千代田区富士見2-6-9
　　　　ＴＥＬ　03-3262-3231／ＦＡＸ　03-3262-6938
　　　　ＵＲＬ　http://www.yuzankaku.co.jp
　　　　e-mail　info@yuzankaku.co.jp
　　　　振　替：00130-5-1685
印刷所・製本　株式会社ティーケー出版印刷

ⒸYutaka Aoki 2014　　　　　ISBN978-4-639-02337-1 C1030
Printed in Japan　　　　　　N.D.C.069　246p　21cm

雄山閣　博物館学関連書籍のご案内

博物館学事典　B5判・420頁・本体価格16,000円+税
全日本博物館学会 編
博物館学における重要語句・概念、法律や規則・指針など最新の成果を集大成。

人文系博物館資料論　A5判・238頁・本体価格2,400円+税
青木　豊 編
学芸員養成新課程の改編・新設科目を詳述するシリーズ第1巻。

人文系博物館展示論　A5判・245頁・本体価格2,400円+税
青木　豊 編
学芸員養成新課程の改編・新設科目を詳述するシリーズ第2巻。

人文系博物館資料保存論　A5判・220頁・本体価格2,400円+税
青木　豊 編
日本の博物館の発展に力を注いだ先人たちの生涯や研究の軌跡。

新装版 博物館展示の研究　A5判・422頁・本体価格8,000円+税
青木　豊 著
展示を「学」として捉え、体系的に組み立てた総合的研書

集客力を高める 博物館展示論　A5判・199頁・本体価格3,800円+税
青木　豊 著
"驚きと発見"の博物館展示の理念とその具体例。